国家出版基金项目
NATIONAL PLBLICATION FOUNDATION

国家出版基金项目
“十四五”时期国家重点出版物出版专项规划项目

高速铁路基础研究与技术创新丛书

工 程 设 计 系 列

高速铁路轨道工程
BIM 正向设计软件开发及实践

本丛书编委会　总主编
姚　力　刘大园　董凤翔　等编著
谢　毅　主　审

中国铁道出版社有限公司

2022年·北　京

内 容 简 介

本书为“高速铁路基础研究与技术创新丛书”之分册。随着国家“新基建”政策的提出和实施，基础设施建设将全力推进信息化和智能化，BIM技术是实现铁路“新基建”的三大关键因素之一，可以实现铁路工程基础设施的静态虚拟数字映射。全书共6章，基于铁路工程行业发展现状、高速铁路轨道工程设计理论及建设管理要求，对高速铁路轨道工程设计内容、设计需求、设计流程、管理流程及设计优化等方面进行了充分分析，根据正向设计需求完成框架体系和软件研发，并在项目实践中进行验证完善，确保研发成果符合我国国情及高速铁路轨道工程设计需求。

本书适合铁路轨道工程从业者、软件开发工程师、科研单位及高校铁道工程专业相关人员参考。

图书在版编目(CIP)数据

高速铁路轨道工程BIM正向设计软件开发及实践/姚力等编著.—北京：中国铁道出版社有限公司，2022.4
(高速铁路基础研究与技术创新丛书.工程设计系列)
“十四五”时期国家重点出版物出版专项规划项目
ISBN 978-7-113-28934-8

Ⅰ.①高…　Ⅱ.①姚…　Ⅲ.①高速铁路-轨道(铁路)-计算机辅助设计-应用软件-研究　Ⅳ.①U238-39

中国版本图书馆CIP数据核字(2022)第037558号

书　　名：高速铁路轨道工程BIM正向设计软件开发及实践
作　　者：姚　力　刘大园　董凤翔　等

策　　划：刘　霞
责任编辑：朱荣荣　　**编辑部电话：**(010)51873017　　**电子邮箱：**793376465@qq.com
封面设计：高博越　郑春鹏　　**封面摄影：**王明柱　　**丛书标识设计：**崔丽芳
责任校对：安海燕
责任印制：高春晓

出版发行：中国铁道出版社有限公司(100054，北京市西城区右安门西街8号)
网　　址：http://www.tdpress.com
印　　刷：北京联兴盛业印刷股份有限公司
版　　次：2022年4月第1版　2022年4月第1次印刷
开　　本：787 mm×1 092 mm 1/16　**印张：**12.25　**字数：**236千
书　　号：ISBN 978-7-113-28934-8
定　　价：78.00元

高速铁路基础研究与技术创新丛书

编　辑　组

组　长：王　滨

副组长：杨新阳

策　划：（以姓氏笔画为序）

王　健　王风雨　王明容　亢嘉豪　田　甜　朱敏洁　刘　霞
江新锡　李小军　李润华　李嘉懿　杨　哲　时　博　邱金帅
张　婕　陈小刚　金　锋　徐　艳　徐　清　黄　璐　曹艳芳
崔忠文　傅希刚　曾露平　熊安春　黎　琳　薛丽娜

编　辑：（第一期，以姓氏笔画为序）

王风雨　亢嘉豪　田　甜　白小玉　冯海燕　朱荣荣　朱敏洁
刘　霞　李小军　李润华　邱金帅　张　瑜　赵昱萌　赵雅敏
黄　璐　鹿金炜　曾丽辰　薛丽娜　魏　娟

统　筹：李小军　刘　霞

序

我国高速铁路起步晚、发展快、后劲足，经过几代人的不懈努力，通过原始创新、集成创新、引进消化吸收再创新，成功地走出了一条符合中国国情路情、具有中国特色的自主创新之路。我国已系统掌握各种复杂地质和气候条件下高速铁路建造成套技术；在工务工程、列车运行控制、牵引供电、动车组等高速铁路核心技术方面实现自主化；形成了复杂路网条件下处理跨线运行的运营管理成套技术，构建了人防、物防、技防三位一体的主动安全保障机制。我国已成为全球高速铁路运营里程最长、在建规模最大、运营速度最快、技术体系最全、运营和管理经验最丰富的国家。我国高速铁路技术已走在世界前列，成为推动世界高速铁路发展的重要力量。

为贯彻落实中共中央、国务院《交通强国建设纲要》，推进国铁集团《新时代交通强国铁路先行规划纲要》的落地，系统总结、梳理我国高速铁路各领域前沿理论和技术，向我国乃至世界高速铁路科研工作者和工程技术人员提供一套前沿性的参考书，中国国家铁路集团有限公司铁道出版社公司特组织编著出版“高速铁路基础研究与技术创新丛书”。

丛书以习近平新时代中国特色社会主义思想为指导，以国家自然科学基金课题、国家基金委-国铁集团高铁联合基金课题、国家“973”课题、国家重点研发计划课题等科研成果为支撑，从高速铁路前沿研究、补短板技术、核心技术、技术发展趋势等方向组织选题，涵盖动车组、供电、通信与信号、列控与检测、工程勘察与设计、智能建造、运营与管理、现代信息技术、安全和维护等领域，规模为100册，是全面系统论述我国高速铁路基础研究与技术创新成就的大型系列原创性科技著作。

丛书力求突出制高点、原创性、权威性、全覆盖特色。丛书各册内容以作者团队长期从事高速铁路科学研究的成果为依托，多数成果居于国内领先水平甚至世界先进水平，多种成果荣获国家科学技术奖一等奖、二等奖，国家技术发明奖一等奖、二等奖，茅以升科学技术奖，詹天佑铁道科学技术奖，铁道科技进步奖等奖项，丛书内容体现了我国当今最新、最前沿以及展现未来发展趋势的高速铁路相关研究成果和应用技术。丛书包括动车组、供电、工程施工与组织等十个系列，基本实现高速铁路各领域全覆盖。

丛书由编委会总负责。编委会阵容强大，认真负责。编委会各成员都是长期从事我国高速铁路科研、技术、生产和管理的一流专家学者，是所从事领域的翘楚，其中包括高速铁路及其相关领域的四位院士。编委会多次开会商讨丛书的体系、内容特色、作者条件及质量保障机制；分工负责，精心审订和修改各册编写提纲；多次遴选选题，先从150多个选题意向中遴选出100个选题，后又剔除了内容特色不太鲜明的8个选题，还对10多个选题提出了较大的改进意见，补充了8个关键技术和弥补技术空白的选题；最后邀请专人对各册内容进行审定，从而保证了各册内容的正确性和先进性。

2021年年底，国家新闻出版署经过严格评审，"高速铁路基础研究与技术创新丛书"(100册)成功入选"'十四五'时期国家重点出版物出版专项规划——重大出版工程"。这是对本丛书项目的认可，也是对编委会、作者和编辑等人员前期工作的认可，更是一种鞭策。我们相信，本丛书的出版，将助力于《交通强国建设纲要》的贯彻落实，推动我国乃至世界高速铁路事业的发展，也将为铁路领域的科研工作者、工程技术人员、管理人员，以及高校相关专业师生提供一套高水平、原创性、权威性、全覆盖的大型高铁科技精品著作。

中国工程院院士
"高速铁路基础研究与技术创新丛书"编委会主任 卢春房

2022年2月

前　言

本书为“高速铁路基础研究与技术创新丛书”之分册，按丛书要求，反映高速铁路轨道工程BIM软件方面的最新技术，力图体现制高点、前沿性、原创性特色。

国家“十四五”规划开启之年，党中央和国务院发布的《中华人民共和国国民经济和社会发展第十四个五年规划和二〇三五年远景目标纲要》，对数字化建设作了专篇论述，同时，发布的《国家综合立体交通网规划纲要》则为交通建设事业设定了具体的数字化指标，要求交通基础设施的数字化率达到90%。这是我国在基础设施建设领域首次提出数字化建设要求。近年BIM技术在国内建筑行业等领域得到大力推广和应用，在住建部2015年发布《关于推进建筑信息模型应用的指导意见》后，全国各省市相继出台BIM支持政策和相关地方标准。铁路行业于2013年成立了中国铁路BIM联盟来推动BIM技术的推广和应用，并依托铁路建设项目开展了BIM应用试点，编制了部分基础性团体标准。2021年3月国家铁路局发布首个铁路行业BIM标准——《铁路工程信息模型统一标准》(TB/T 10183—2021)是铁路行业最高标准，为铁路行业的BIM技术发展奠定了基础。同时，由于铁路建设工程多为带状的线性工程，与建筑工程存在较大差异，其规模更大、组成更复杂、管理部门众多、牵涉的外部条件复杂多变，其他行业BIM标准无法覆盖铁路行业，其他行业的应用经验也无法完全复制到铁路行业。因此，BIM技术在铁路行业均处于标准还不完善、成功应用经验少的起步阶段，需要铁路行业主管部门做好BIM技术发展的顶层规划和系统推进，需要铁路行业各从业人员共同实践和探索。

基于上述现状及当前高速铁路建设需求，为解决高铁轨道工程BIM正向设计问题，编著者基于近20年高速铁路轨道工程设计经验以及相关BIM设计平台的二次研发成果和项目BIM试点应用经验，编著了本书。本书内容包括高速铁路轨道工程、高速铁路轨道工程BIM标准、高速铁路轨道工程BIM设计场景、高速铁路轨道工程BIM正向设计软件研发、高速铁路轨道工程BIM正向设计软件应用实践以及展望等。

本书具有较高的学术创新价值，主要表现在四个方面。一是基于铁路联盟BIM团体标准，根据软件研发和项目应用实践完善了铁路轨道工程BIM相关标准，提出了深化的具体建议;二是构建了高速铁路轨道工程 BIM 正向设计场景;三是针对高速铁路轨道设计提出了优化设计方法;四是提出了轨道构件制造数据传递和现场施工控制数据传递方法。此外,本书具有较高的技术创新价值,主要表现在研发了高速铁路轨道 BIM 正向设计软件,该软件为目前国内外首个较完整的高速铁路轨道 BIM 设计系统。

本书可帮助读者了解铁路行业的 BIM 技术应用和开发现状,理解和熟悉高速铁路轨道工程概况以及轨道工程 BIM 设计更深入的应用和管理经验。本书可供铁路轨道工程从业者、软件开发工程师、科研单位或高等院校铁道工程专业相关人员参考。

本书在编著和出版过程中,得到中国铁道出版社有限公司、中国铁路 BIM 联盟、中铁二院工程集团有限责任公司 BIM 中心以及行业专家的大力帮助和支持,得到了中国中铁重点科研项目“铁路工程建设设计施工阶段 BIM 应用关键技术研究”“轨道交通工程 BIM 技术应用标准体系研究”“轨道交通工程 BIM 技术应用标准体系研究”的支持,得到了中铁二院工程集团有限责任公司“轨道 BIM 正向设计软件”开发项目的支持。同时,得到了中铁二院工程集团有限责任公司姚力轨道创新工作室各位同事的帮助,特别是巫江、苏乾坤、董远、王育恒、曾维富、王根平、杜华杨、邓希、何宁等在模型创建和图片编辑方面倾注了大量时间和精力,柏云、吴承锦、郝远行、邓存宥、翟淼、卢野、易佳俊等进行了软件测试,刘呈斌在软件开发编码方面付出了辛勤劳动。在此一并表示衷心的感谢。

限于编著者水平,书中错漏和不足之处在所难免,敬请读者批评指正。

编著者

2022 年 1 月

目　　录

绪　论

0.1　BIM 技术背景

0.1.1　国外 BIM 技术现状

美国佐治亚理工学院的查克・伊斯曼(Chuck Eastman)博士对 BIM 的定义:建筑信息模型综合了所有的几何模型信息、功能要求和构件性能,将一个建筑项目整个生命周期内的所有信息整合到一个单独的建筑模型中,而且还包括施工进度、建造过程、维护管理等过程信息。

McGraw Hill(麦克格劳・希尔)在市场调研报告中对 BIM 的定义:BIM 是利用数字模型对项目进行设计、施工和运营的过程。

美国国家 BIM 标准对 BIM 的定义:BIM 是一个三维数字化技术,是集成了建筑工程项目各种相关信息的工程数据模型,BIM 是对工程项目设施实体与功能特性的数字化表达。

国际标准组织设施信息委员会(Facilities Information Council)对 BIM 的定义:建筑信息模型(Building Information Model)是利用开放的行业标准,对设施的物理和功能特性及其相关的项目生命周期进行数字化形式的表现,从而为项目决策提供支持,有利于更好地实现项目的价值。

BIM 是信息模型在工程建设行业的一个应用,BIM 技术是创建并利用数字化模型对建设项目设计、建造和运营全过程进行管理、优化的方法和工具。

总之,BIM 技术既包含名义上建设项目各专业的模型(model)本身和建模(modeling)的方法和过程,也包含各参与方协同作业、信息交换和信息共享的服务建设项目全生命周期各阶段的管理(management)技术。

1. BIM 核心支柱

BIM 概念为世界各国及组织广泛认同和接受,相继开展 BIM 标准及其应用的相关研究。BuildingSMART 是开发研究 BIM 标准的主要机构,BIM 主要包括三大核心支柱:工业基础类 IFC(industry foundation classes);信息交付手册 IDM(information delivery manual);国际字典框架 IFD(international framework for dictionaries)。

1)工业基础类 IFC

IFC 使用类的概念来描述建筑对象,对象的属性及对象间的关系,并基于 STEP 标准在数据文件中记录。IFC 包含的内容非常丰富，包含了几何、拓扑、几何实体、建筑构件、建筑材料、人员、成本等，同时其扩展性非常强，可以根据各领域需要加入拓展的内容。IFC 已成为建筑工程全寿命周期中各阶段、各专业、各参与方信息的共享和交换标准。1996 年 12 月，国际协同联盟 IAI(2008 年改名为 buildingSMART international)组织发布了建筑工程数据交换标准的第一个完整版本 IFC1.0，经过二十几年的发展和更新，最新版本已发展到 IFC4.3。另外 IFC4.1 覆盖范围已扩展到对铁路、公路、桥梁、隧道、港口和水路等基础设施领域及其常用元素的描述。IFC 发展历程见表 0-1。

表 0-1　IFC 标准发展历程

版本号	版本名	ISO 版本	发行时间	当前状态
4.3.rc.2	IFC4.3 RC2	—	2020-11	Candidate
4.3.rc.1	IFC4.3 RC1	—	2020-04	Archived
4.2.0.0	IFC4.2	—	2019-04	Withdrawn
4.1.0.0	IFC4.1	—	2018-06	Withdrawn
4.0.2.1	IFC4 ADD2 TC1	ISO 16739-1:2018	2017-10	Official
4.0.2.0	IFC4 ADD2	—	2016-07	Retired
4.0.1.0	IFC4 ADD1	—	2015-06	Retired
4.0.0.0	IFC4	ISO 16739:2013	2013-02	Retired
2.3.0.1	IFC2x3 TC1	ISO/PAS 16739:2005	2007-07	Withdrawn
2.3.0.0	IFC2x3	—	2005-12	Retired
2.2.1.0	IFC2x2 ADD1	—	2004-07	Retired
2.2.0.0	IFC2x2	—	2003-05	Retired
2.1.1.0	IFC2x ADD1	—	2001-10	Retired
2.1.0.0	IFC2x	—	2000-10	Retired
2.0.0.0	IFC2.0	—	1999-10	Retired
1.1.1.0	IFC1.5 ADD1	—	1998-08	Retired
1.1.0.0	IFC1.5	—	1998-01	Retired
1.0.0.0	IFC1.0	—	1996-12	Retired

国际标准化组织 ISO 也发布了数据模型 IFC 标准 ISO 16739-1:2018 *Industry Foundation Classes (IFC) for data sharing in the construction and facility management industries*。

2)信息交付手册 IDM

IDM 用来定义特定项目、项目阶段、项目成员、特定业务流程所需要交换的信息及该流程产生的信息。目前 IDM 包括两个标准：ISO 29481-1:2016 *Building information modeling-Information delivery manual*；ISO 29481-2:2012 *Building information modeling-Information delivery manual*；以及规定数据模式及分类的 ISO 29481-3 正在制定中。

3)国际词典框架 IFD

IFD 是为了保证来自不同国家地区、语言文化背景的信息提供者和信息请求者对同一概念有完全一致的理解，给每一个概念和术语都赋予一个全球唯一标识码。目前 IFD 包括两个标准：ISO 12006-2：2015 *Building construction-Organization of information about construction works*；ISO 12006-3：2007*Building construction-Organization of information about construction works*（其新版正在编制中）。

IFC、IDM、IFD 构成了建设项目信息交换的三个基本支撑，因此也称之为成为 BIM 标准体系的三大支柱。

另外，ISO 发布了建筑全寿命周期中运用 BIM 进行信息管理的国际标准，第 1 部分：概念和原则（ISO 19650-1：2018），第 2 部分：资产交付阶段（ISO 19650-2：2018），第 3 部分：资产运营阶段（ISO 19650-3：2020），第 5 部分：注重安全的信息管理方法（ISO 19650-5：2020），以及正在制定的第 4 部分：信息交换（ISO 19650-4）。

2. 美国 BIM 发展

美国于 2007 年 12 月发布了 BIM 应用标准第一版 NBIMS V1P1，2012 年 5 月 BIM 应用标准第二版 NBIMS V2，2015 年 7 月发布的 BIM 应用标准第三版 NBIMS V3 为目前最新版本。NBIMS 规定了基于 IFC 数据格式的建筑信息模型在不同行业之间信息交互的要求，以实现建筑信息化。同时，于 2017 年发布了国家业主 BIM 指南 NBGO（national BIM guide for owners），该指南为建筑业主提供给设计团队在设计、施工、维护和运营过程中，制订标准的 BIM 文件，有助于业主通过 BIM 获取投资的全部价值和实现建筑设施统一 BIM 的要求。目前美国 BIM 的普及率与应用程度较高，政府或业主会主动要求项目运用统一的 BIM 标准，甚至有的州已经立法，强制要求州内的所有大型公共建筑项目必须使用 BIM。

3. 英国 BIM 发展

英国是全球 BIM 标准体系最健全及实施推广力度最大的地区。于 2009 年和 2011 年英国 AEC（UK）BIM 标准委员会发布了 AEC（UK）BIM Standard V1.0 和 V2.0，作为推荐性的行业标准。2011 年 5 月英国政府发表推动 BIM 的政策白皮书《政府建设战略》（*government construction strategy*），英国标准协会（BSI）基于 IFC 标准制定了 BS 1192 系列 BIM 标准，为 BIM 参与者及所有利益相关者提供应用 BIM 进行信息传递与共享的标准、指导、案例研究及共同经验等，其中 BS 1192：2007/A2：2016 与 PAS1192-2：2013 于 2018 年转版为 ISO 19650-1/2：2018。

4. 日本 BIM 发展

2009 年日本建筑师协会成立了综合项目交付工作组，专门研究 BIM 理论和标准的制定，并于 2012 年发布了 BIM 应用标准 *JLA BIM guideline*，该导则对设计事务所的 BIM 组织机构建设、BIM 建模规则、BIM 质量的控制与数据的版权、专业应用切入点和交付成果做了详细指导，同时探讨了 BIM 带给设计阶段数量计算、概预算编制、景观设计、性能模拟、监理管理及运维管理的一系列变革以及对策。2014 年日本国土交通省发布了基于 IFC 标准的《BIM 导则》，为日本政府承认的 BIM 应用规范。

5. 新加坡 BIM 发展

新加坡建筑管理署 BCA2011 年发布了新加坡 BIM 发展路线规划，明确推动整个建筑业在 2015 年前广泛使用 BIM 技术，强制要求提交建筑 BIM 模型(2013 年起)、结构与机电 BIM 模型(2014 年起)，并且最终在 2015 年前实现所有建筑面积大于 5 000 m^2 的项目都必须提交 BIM 模型的目标。目前已发布了 BIM 应用指南 2.0 版、BIM 发展路线、BIM 建筑指南、BIM 结构工程指南、BIM 机电工程指南、BIM 施工指南，也即将发布 BIM 设备管理指南，此外，新加坡建设局已制定了强制 BIM 电子审查制度，工程建设项目必须进行 BIM 成果提交审查，并正在研究制定强制 BIM 施工的相关政策。

此外，瑞典、加拿大、韩国、澳大利亚等国家均在大力推进 BIM 技术的推广应用，因此，从 BIM 发展来看，BIM 技术与建筑行业及基础设施等业务场景的结合日益紧密，逐步有效地应用到各个阶段，已成为了应用 BIM 技术的共识和发展方向。

0.1.2 国内 BIM 技术现状

2001 年建设部发布《建设事业信息化“十五”计划》(2003 年修改版)，提出了建设行业信息化的总体目标是：“完善建设领域信息化标准体系，加快建设领域信息化相关标准、规范的制定”，提出了建设事业电子政务、建设行业信息化以及建设企业信息化建设工作等重点任务，为我国 BIM 技术的研究发展奠定了政策基础，标志着我国开始大力推进建设领域信息技术的研究开发与推广应用。同时在“十五”、“十一五”期间启动了国家重点科技攻关项目——建筑企业信息化应用软件开发，国家科技支撑计划重点项目——建筑业信息化关键技术研究与应用等重大研究课题，重点就建筑业信息化标准体系、关键标准以及相关应用软件等开展了研究，以支撑我国 BIM 标准体系及应用软件的建立和开发。

2009 年清华大学成立了清华大学 BIM 课题组，课题组于 2011 年提出了建立中国 BIM 标准框架体系 CBIMS(chinese building information modeling standard)的概念，以全面性、扩展性、一致性和开放性为原则，提出了包括技术标准、实施标准的 CBIMS 标准体系。

CBIMS 技术标准的主要目的是实现建设项目全生命周期中不同参与方与异构信息间的互操作性，并为 BIM 实施标准提供技术基础，它的制定可为 BIM 软件、服务的开发者、管理者提供需求与规范，为 BIM 实施标准的制定提供依据。CBIMS 技术标准主要由数据存储标准、信息语义标准及信息传递标准组成。

CBIMS 实施标准同样涵盖建筑全寿命周期，它既要遵循和引用 CBIMS 技术标准，又要兼容现有行业和企业的相关标准，指导建立规划、设计、施工和运营各阶段的行业级实施标准和企业级实施标准或细则。CBIMS 实施标准主要由资源标准、行为标准和交付标准组成。

住房和城乡建设部 2011 年发布了《2011—2015 年建筑业信息化发展纲要》，加强了 BIM 技术建设的顶层设计，大力推进 BIM 技术应用。指出总体目标，"十二五"期间，基本实现建筑企业信息系统的普及应用，加快建筑信息模型（BIM）、基于网络的协同工作等新技术在工程中的应用，推动信息化标准建设，促进具有自主知识产权软件的产业化，形成一批信息技术应用达到国际先进水平的建筑企业。2016 年印发的《2016—2020 年建筑业信息化发展纲要》中指出，建筑业信息化是建筑业发展战略重要组成部分，也是建筑业转变发展方式、提质增效的必然要求，建筑企业应积极探索"互联网＋"形势下管理、生产的新模式，深入研究 BIM、物联网等技术的创新应用，创新商业模式，增强核心竞争力，实现跨越式发展。

为了推进我国 BIM 技术、标准和软件协调配套发展，实现技术成果的标准化和产业化，提高产业核心竞争力，2012 年成立了建筑信息模型（BIM）产业技术创新战略联盟（简称中国 BIM 发展联盟）。2013 年成立了中国工程建设标准化协会建筑信息模型专业委员会（简称"中国 BIM 标委会"），负责中国 BIM 领域的国家、行业及地方标准的制定、审查等相关工作。

2012 年开始住房和城乡建设部启动了国家 BIM 标准的编制工作并于 2016—2018 年相继发布，标准分三个层次，第一层为最高标准：《建筑信息模型应用统一标准》（GB/T 51212—2016）；第二层为基础数据标准：《建筑信息模型分类和编码标准》（GB/T 51269—2017）、《建筑信息模型存储标准》（GB/T 51447—2021）；第三层为执行标准：《建筑信息模型设计交付标准》（GB/T 51301—2018）、《制造工业工程设计信息模型应用标准》（GB/T 51362—2019）、《建筑信息模型施工应用标准》（GB/T 51235—2017）、《建筑工程设计信息模型制图标准》（JGJ/T 448—2018）。这些 BIM 领域的标准相继颁布实施，改变了我国 BIM 技术领域无标准可依的现状，为建筑业以及其他基础设施行业的 BIM 技术发展奠定了基础，标志中国国家 BIM 技术标准体系的初步建立。

为推动中国 BIM 技术持续健康发展，2018 年中国工程建设检验检测认证联盟正式启动"中国 BIM 认证体系"，开展工程项目、人员和信息技术环境三个方面的认证。中国 BIM 认证体系将对 BIM 服务企业自身能力、设备设施运营维护的信息化能力进行评价。工程认证除了常见的民用建筑领域之外，也包括工业建筑，基础设施建设中的铁路、水运交通等领域。中国 BIM 认证体系的启动，将为行业提供具有相关能力水平的人员以及优秀软硬件环境的选择，保证服务方采购获得符合要求的 BIM 成果，保证工程信息全生命期的协同交付。自此，BIM 在中国正式纳入了认证认可体制，为高质量推进中国 BIM 质量提供了保障机制。

从国际和国内 BIM 发展现状可以看出，BIM 主要在建筑行业（包括建筑、结构、暖通、电气等领域）已得到较大规模的应用，日趋成熟。而在铁路、公路等行业发展和应用较少，相关标准也不能涵盖铁路、公路行业，但 BIM 技术在建筑行业应用积累的丰富经验已可为铁路等其他行业借鉴和参考。

0.2 铁路行业 BIM 技术现状

0.2.1 铁路行业 BIM 技术发展

前文说到国际上 BIM 技术在铁路等行业发展和应用较少,也缺乏铁路行业的 BIM 标准,同时中国 BIM 标准体系也未涵盖到铁路行业。中国铁路行业推动 BIM 应用过程中,应结合国内外其他行业的经验和中国铁路行业的特点来开展工作。

为了推动铁路行业 BIM 技术应用的发展,中国铁路总公司于 2013 年 12 月在北京成立了中国铁路 BIM 联盟,标志着 BIM 技术在我国铁路行业的应用正式启动。其主要职能是开展铁路 BIM 应用总体规划与政策建议、标准制订、应用技术研究、研讨培训、技术服务与咨询、知识产权保护、编辑出版、国际交流与合作等业务。铁路行业 BIM 技术的推动同样注重顶层设计和标准体系的建立,总体推进思路:总体规划,标准先行,以勘察设计为突破口,以局部工点,或个别专业,或特定项目试点,稳步、有序推进,并探索后续阶段应用。2013 年中国铁路总公司立项开展了铁路工程信息化总体课题研究,共 20 个子课题,全面涵盖铁路工程建设信息化全生命周期主要技术和标准研究。2017 年,中国铁路 BIM 联盟在国际标准化组织下,成立铁路 IFC 国际标准编制项目组,成员包括德、法、瑞、奥等国家的铁路组织,拟将铁路 IFC 标准先纳入 IFC5 标准中,进而纳入 ISO 16739 标准中。

0.2.2 铁路行业 BIM 标准体系

铁路这种长大线性工程有其行业独特性,具有工程信息复杂多变、专业分工细、施工工序繁杂、环境差异大、建设及服役周期长、参与方众多等特点。现有国内外 BIM 标准无法覆盖铁路行业独有的建设要素,无法满足铁路工程全寿命周期的应用,需要构建中国铁路行业 BIM 标准体系。

中国铁路 BIM 标准体系构建时遵循了以下原则:(1)作为中国国家 BIM 标准体系下完整的行业标准之一,遵从了国家 BIM 标准体系和满足国家 BIM 的相关要求;(2)充分利用了建筑行业标准涵盖的以及国际标准已经定义的标准,主要对铁路行业独有的专业和流程进行定义和补充;(3)具备可扩展性,可以根据铁路行业的技术发展适时扩展。

中国铁路 BIM 标准体系由技术标准和实施标准两大部分组成。技术标准分为信息语义标准、数据存储标准、信息传递标准,主要供软件平台开发者使用;实施标准主要从资源、行为、交付物、协同管理四方面指导和规范 BIM 应用,主要供铁路工程实施者使用。通过上述两部分技术标准体系来规范专业软件套件开发,确保软件系统符合中国铁路特定条件,并规范化软件平台的使用,形成覆盖铁路项目规划、设计、施工、运营全生命周期范围的所有模型、信息、资产等管理的统一标准。中国铁路 BIM 标准体系框架如图 0-1 所示。

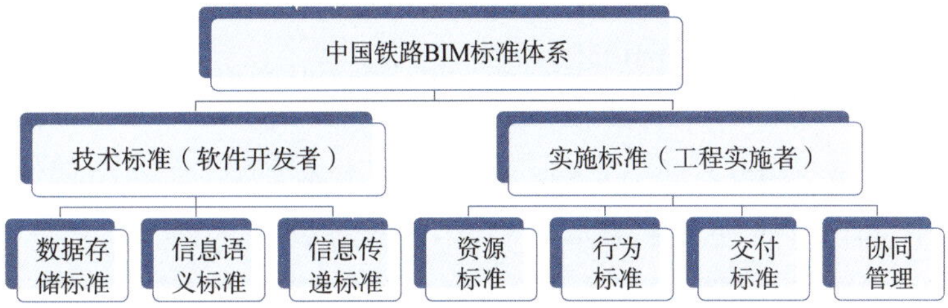

图 0-1　中国铁路 BIM 标准体系框架

中国铁路 BIM 联盟成立后开展了大量的 BIM 技术课题研究，对推动 BIM 技术在铁路技术上的应用发展做出了卓有成效的工作。并基于中国铁路 BIM 标准体系，陆续发布了一系列 BIM 标准，为特定专业、特定工点、特定铁路项目开展 BIM 技术的试验性应用提供了技术支撑。中国铁路 BIM 联盟目前已经发布实施的主要团体技术标准见表 0-2。

表 0-2　中国铁路 BIM 联盟已发布实施的技术标准

类别	标准名称	标准号	实施时间
技术标准	铁路工程信息模型分类和编码标准(1.0 版)	—	2015-01-01
	铁路工程信息模型数据存储标准(1.0 版)	CRBIM 1002—2015	2016-01-01
	铁路四电工程信息模型数据存储标准(1.0 版)	—	2016-07-08
实施标准	铁路工程实体结构分解指南(1.0 版)	—	2015-01-01
	铁路工程信息模型表达标准(1.0 版)	CRBIM 1003—2017	2017-09-06
	铁路工程信息模型交付精度标准(1.0 版)	CRBIM 1004—2017	2017-09-06
	面向铁路工程信息模型应用的地理信息交付标准(1.0 版)	CRBIM 1005—2017	2017-09-06
	基于信息模型的铁路工程施工图设计文件编制办法(1.0 版)	CRBIM 1006—2017	2017-09-06
	铁路工程 WBS 工项分解指南(试行)	CRBIM 1007—2017	2017-09-06
	铁路工程数量标准格式编制指南(试行)	CRBIM 1008—2017	2017-09-06
	铁路工程信息交换模板编制指南(试行)	CRBIM 1009—2017	2017-09-06
	铁路工程信息模型设计阶段设计标准(1.0 版)	CRBIM 1010—2018	2018-12-06
	铁路工程信息模型施工阶段实施标准(1.0 版)	CRBIM 1011—2018	2018-12-06

注：表中数据来源于中国铁路 BIM 联盟官方网站，截至 2022-01-22。

2021 年 3 月我国首部铁路行业 BIM 标准《铁路工程信息模型统一标准》(TB/T 10183—2021)由国家铁路局发布，该标准主要内容：明确铁路工程信息模型实施主体责任、应用阶段、信息分类、数据存储、信息交换、保密安全等方面的总体要求，规定铁路工程信息模型创建的主要原则和基本方法，提出铁路工程信息模型应用成熟度评价指标及计算方式，明确设计阶段、施工阶段铁路工程信息模型应用的主要内容，规定各参与方应用铁路工程信息模型的主要工作，统一基于信息模型技术的项目协同工作要求、工作程序、工作平台的功能与特性，明确铁路工程信息模型交付的基本原则、交付物、交付精度、交付物格式及交付方式等要求。该标准的实施将促进信息模型技术在铁路行业的应用和发展，规范和引导信息模型技术在铁路工程全生命周期的应用。

现有的铁路行业 BIM 标准以团体标准为主，行业标准仅颁布了《铁路工程信息模型统一标准》(TB/T 10183—2021)，还不完善。目前的团体标准规定了模型创建、工作分解、附属信息、模型精度和模型传递等各方面的要求，是指导铁路工程各专业以及全系统进行 BIM 正向设计的总体性标准文件，主要针对设计阶段的 BIM 标准制定，还无法满足铁路项目全寿命周期的 BIM 管理需求。为确保设计阶段的信息向施工及运营阶段传递，还需要继续补充和完善。另外是部分专业的分解深度尚无法满足后续阶段的需要，需要专业人员在铁路行业 BIM 标准架构下根据需求进一步分解，如轨道专业施工阶段的精调、运营阶段的维护等。

0.2.3　铁路行业 BIM 设计软件

目前铁路行业以铁路工程全寿命周期 BIM 应用为目标，各从业单位尤其是设计单位结合企业自身情况，有的走自主研发路线，也有引进先进平台和软件的路线来推动企业 BIM 技术的进步。

目前轨道设计主要依靠通用的平台，如 AutoCAD、Excel 等，部分计算检算工作编制了专用计算软件，如无缝线路检算软件、无缝道岔检算软件等，部分绘图工作实现了软件化等。

0.2.4　铁路行业 BIM 应用

近年来铁路行业依托铁路个别工点、典型项目相继开展了一系列从设计到施工的 BIM 技术应用。

沪昆高铁北盘江特大桥为全线最大跨度的桥梁工程，结构复杂、工程规模大、施工步骤多、控制难度大和控制因素多，设计建设过程中利用 BIM 技术构建地形、地质信息模型，全桥骨架及部件模型；实现了碰撞检查、工程量统计、制造一体化、施工仿真等功能；建立了集远程访问控制、模型管理、信息查询、文档管理、传感器数据传输、施工控制和运营维护为一体的工程管理系统。

京张高铁是首次设计时速为 350 km 的智能化高速铁路。针对京张高铁铁路信息化建设，成立了 BIM 项目组，不仅将“三站三隧”BIM 应用、BIM 与 GIS 融合三维可视化管控等技术应用于京张高铁，还利用 BIM 技术实现多维度数据的综合展示分析功能，提升对环境数据的综合利用，达到设计、施工及运营过程中环境在线监测设备获取现场数据与管理手段紧密结合的目标。

京雄城际铁路以打造“智能高铁”为目标，建造过程中应用了 BIM、物联网、云计算、大数据、北斗卫星定位等前沿技术。其中桥梁、隧道、路基、站场、站房、轨道、通信及信号等多个专业从设计、施工等阶段开展了 BIM 应用实践，雄安站是全国铁路建设首条全线、全专业、全过程采用 BIM 技术实现正向设计、技术交底、施工仿真、虚拟建造示范性工程。

其他铁路项目如宝兰客专石鼓山隧道、西成客专江油北站、海西线东方站、京沈客专、阳大铁路等铁路项目 BIM 技术得到了由工点到成段落的逐步深入应用，取得了丰富的应用成果，主要包括：

(1)初步建立了铁路行业 BIM 在设计、施工及建设管理等阶段的应用场景。

(2)初步建立了依据铁路联盟 BIM 标准的多个专业行业模型构件库。

(3)初步实现了多专业协同交互设计，利用 BIM 技术进行设计系统性、合规性和碰撞检查，设计方案优化，工程数量计算等。

(4)初步实现了施工技术交底、施工仿真、施工方案优化的 BIM 应用。

(5)初步建立了铁路工程项目 BIM 建设管理系统。

上述成果，为铁路项目建设全面推行 BIM 技术积累了经验，并为探索铁路行业运维阶段的 BIM 应用奠定了基础。

BIM 技术在铁路行业工程建设中的应用还处于探索阶段，目前主要以工点、专业或个别项目的试点试用为主。还存在各参与方主动性不强、标准还不完善、专业分解深度不够、专业性软件缺乏等问题。还需要国家铁路局及中国国家铁路集团有限公司做好顶层规划和设计，各铁路行业参与方需积极转变观念主动应用 BIM 技术，推动我国铁路行业数字化、信息化、智能化发展。

第 1 章　高速铁路轨道工程

1.1　轨道工程概况

1.1.1　高速铁路轨道类型

铁路轨道工程沿铁路线路铺设，其主要功能是引导机车车辆运行，直接承受列车荷载，并把其传递给线下基础。对于高速铁路轨道，还必须具有较高的稳定性、平顺性、耐久性和少维修等性能。另外，高速铁路均在建设期间一次铺设跨区间无缝线路。其轨道结构形式主要有有砟轨道和无砟轨道两种形式。

1. 有砟轨道

有砟轨道主要用于时速 250 km 及以下的高速铁路，与普速铁路有砟轨道相同，高速铁路有砟轨道由钢轨、扣件、轨枕、碎石道床等组成。为了满足高速行车需求，高速铁路有砟轨道对轨道部件及其材质、轨道几何状态、道床参数等提出更高的要求。有砟轨道及桥梁地段有砟轨道横断面示意图如图 1-1 和图 1-2 所示。

图 1-1　有砟轨道

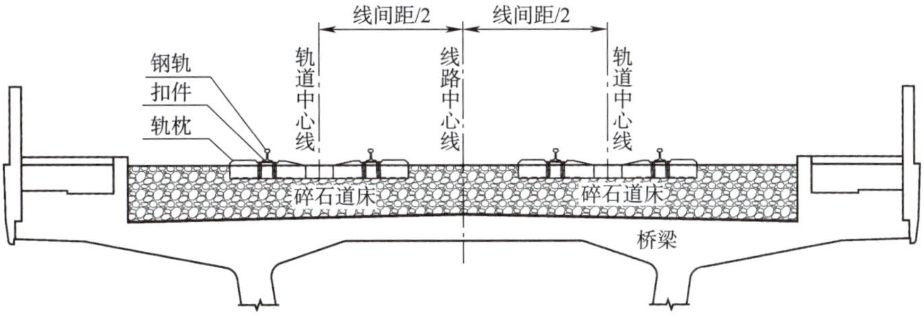

图 1-2　桥梁地段有砟轨道横断面示意图

2. 无砟轨道

无砟轨道主要用于时速 300 km 及以上的高速铁路，包括 CRTS 双块式无砟轨道，CRTSⅠ、Ⅱ、Ⅲ型板式无砟轨道等几种。

1)CRTS 双块式无砟轨道

CRTS 双块式无砟轨道是将预制的双块式轨枕组装成轨排，以现场浇筑混凝土方式将轨枕浇入钢筋混凝土道床内，并适应 ZPW-2000 轨道电路的无砟轨道结构形式。它由钢轨、扣件、双块式轨枕、现浇道床板、底座或支承层等组成。CRTS 双块式无砟轨道及桥梁地段 CRTS 双块式无砟轨道横断面示意如图 1-3 和图 1-4 所示。

图 1-3　CRTS 双块式无砟轨道

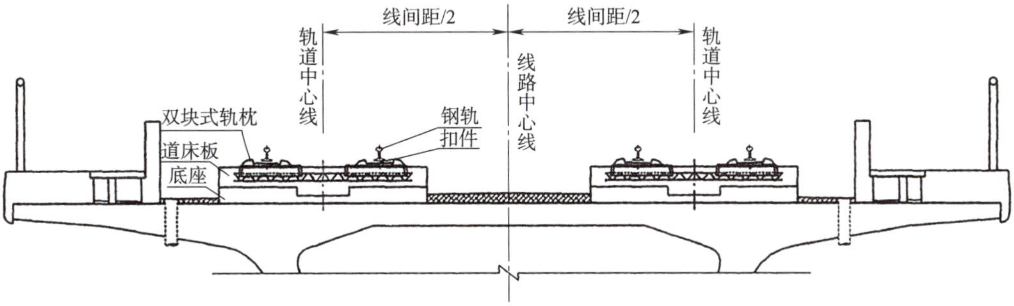

图 1-4　桥梁地段 CRTS 双块式无砟轨道横断面示意图

2)CRTSⅠ型板式无砟轨道

CRTSⅠ型板式无砟轨道是在现场浇筑的钢筋混凝土底座上铺装预制轨道板，通过水泥乳化沥青砂浆进行调整，凸形挡台进行限位，并适应轨道电路的单元板式无砟轨道结构形式。它由钢轨、扣件、轨道板、水泥乳化沥青砂浆充填层、底座、凸形挡台及其周围填充树脂等组成。CRTSⅠ型板式无砟轨道及桥梁地段 CRTSⅠ型板式无砟轨道横断面如图 1-5 和图 1-6 所示。

图 1-5　CRTSⅠ型板式无砟轨道

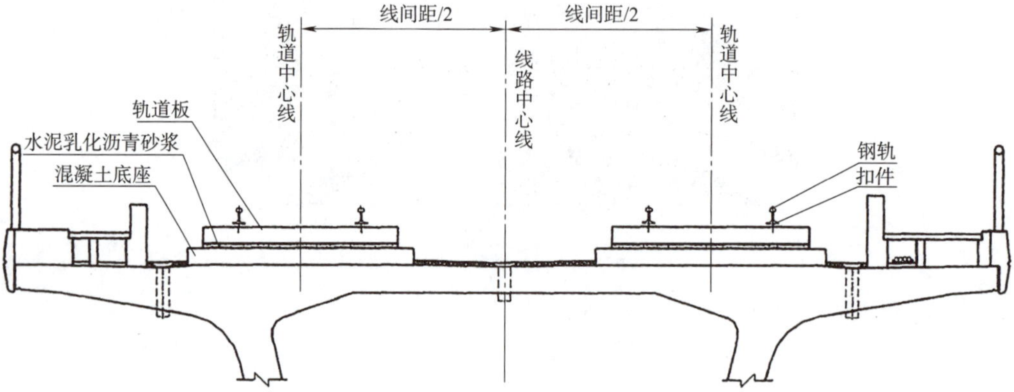

图 1-6　桥梁地段 CRTSⅠ型板式无砟轨道横断面示意图

3)CRTSⅡ型板式无砟轨道

CRTSⅡ型板式无砟轨道是在现场摊铺的混凝土支承层或现场浇筑的钢筋混凝土底座上铺装预制轨道板，通过水泥乳化沥青砂浆进行调整，并适应轨道电路要求的纵连板式无砟轨道结构形式。路基地段该轨道结构由钢轨、弹性扣件、轨道板、水泥乳化沥青砂浆充填层、支承层等组成。桥梁地段该轨道结构由钢轨、扣件、轨道板、水泥乳化沥青砂浆充填层、底座板、滑动层、高强度挤塑板、侧向挡块及台后锚固结构等组成。CRTSⅡ型板式无砟轨道及桥梁地段 CRTSⅡ型板式无砟轨道横断面示意图如图 1-7 和图 1-8 所示。

图 1-7　CRTSⅡ型板式无砟轨道

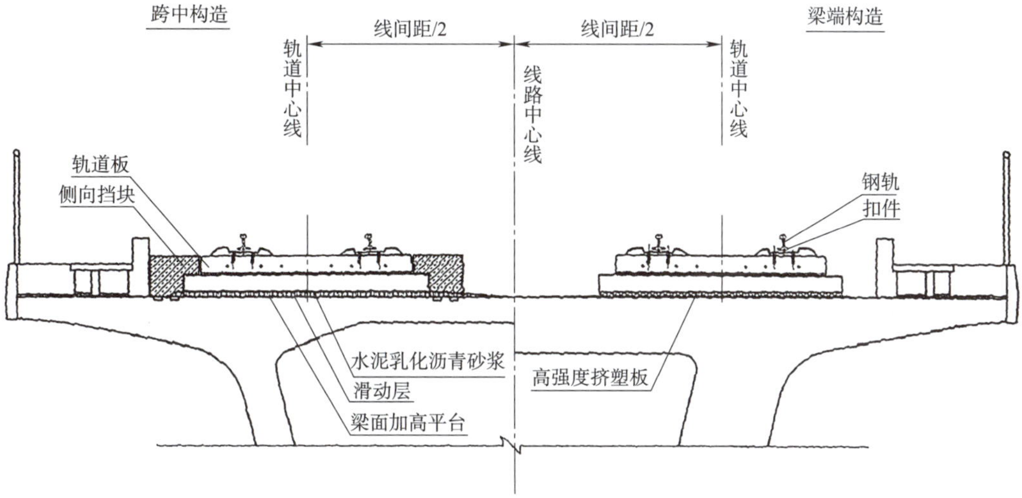

图 1-8　桥梁地段 CRTSⅡ型板式无砟轨道横断面示意图

4)CRTSⅢ型板式无砟轨道

CRTSⅢ型板式无砟轨道是在现浇的钢筋混凝土底座上铺装带挡肩的预制轨道板，通过自密实混凝土进行调整，通过板下门形筋、自密实混凝土和底座上凹槽进行限位，并适应 ZPW-2000 轨道电路的单元板式无砟轨道结构形式。它由钢轨、扣件、轨道板、自密实混凝土层、隔离层、底座及凹槽周围弹性垫层等组成。CRTSⅢ型板式无砟轨道及桥梁地段 CRTSⅢ型板式无砟轨道横断面如图 1-9 和图 1-10 所示。

图1-9 CRTSⅢ型板式无砟轨道

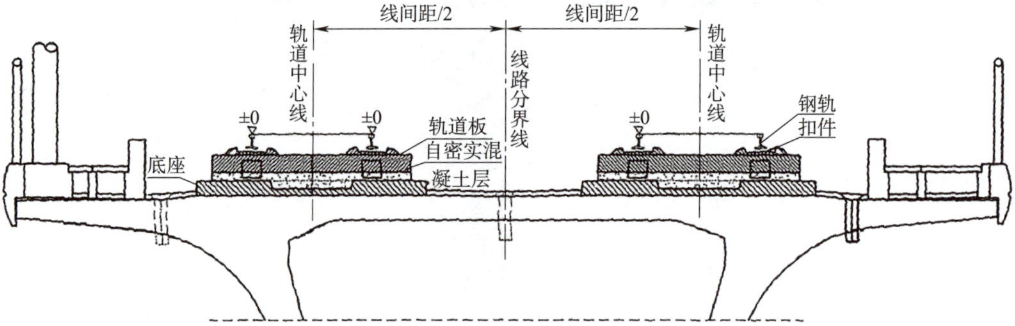

图1-10 桥梁地段CRTSⅢ型板式无砟轨道横断面示意图

3. 无缝线路

无缝线路是铁路轨道结构技术进步的重要标志，也是高速铁路得以发展的重要技术基础之一。无缝线路完全消除了轨道工程的钢轨有缝接头，目前高速铁路轨道均铺设跨区间无缝线路，使得钢轨从线路起点一直拉通铺到线路终点，这样的无缝线路使铁路列车更加平稳舒适、运行速度更高、设备使用寿命更长。无缝线路技术体系主要解决了无限长铺设的钢轨的热胀冷缩问题、钢轨焊接问题以及钢轨与桥梁下部基础的变形协调问题，使得无缝线路思想得以实现。

1.1.2 轨道结构服役特点

目前，高速铁路均采用轮轨系统来驱动列车，轨道结构服役期间长期承受高频循环轮轨动力作用。速度越高，轮轨动力作用越大，轨道工程结构及其部件在服役过程中其几何信息和非几何信息在不断演变和退化，将直接影响行车品质，甚至危及行车安全，需要建立相应的运营保障养修机制。这些服役特点与其他构筑物的服役环境存在较大差异。具体如下：

(1)轨道工程沿线路铺设，服役环境复杂，差异大。

(2)所有轨道部件均暴露于大气环境中，如金属件的腐蚀，非金属件的老化，将严重影响轨道部件的使用寿命。

(3)列车行驶过程中由于轮轨相互作用，钢轨会形成疲劳及磨耗。

(4)扣件系统为保证钢轨几何形位，长期承受高频振动，部件会形成残余变形及疲劳断裂。

(5)道床结构在列车荷载动力作用下，有砟道床将产生累积变形，道砟会逐渐粉化，无砟道床各层间及与线下基础间会形成离缝病害等。

在轨道工程设计时应充分重视这些因素，尤其是开展轨道工程 BIM 设计时，轨道结构及部件 BIM 信息的构建，运营阶段如何实时准确地掌握轨道结构及部件信息的变化情况，需要有别于其他构筑物的养护维修模式。

1.2　轨道工程设计

1.2.1　传统铁路设计流程

铁路工程是一个系统复杂、专业众多的带状工程，一般分为站前和站后工程，或分为土建和“四电”工程。铁路工程建设一般包含项目前期、项目实施、项目投产三大阶段，具体包括预可行性研究、可行性研究、初步设计和施工图设计四个阶段，铁路建设项目流程如图 1-11 所示。主要包括以下工作：规划研究→预可行性研究→可行性研究→初步设计→施工图设计→配合施工→竣工验收→项目建成。

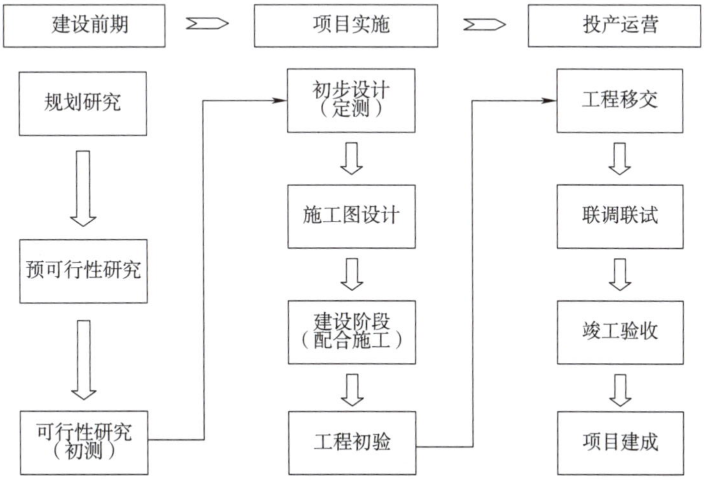

图 1-11　铁路建设项目流程图

从图 1-11 可以看出,传统铁路勘察设计基本属于流水线作业。通常各设计参与单位在参与铁路项目建设时,设计单位内部按工程性质分别配置相关设计专业并进行专业设计界面划分和分工,如土建类的专业就包括地质、测绘、线路、路基、桥梁、隧道、站场、轨道等专业。各专业根据建设项目设计要求依据相关规范按进度要求完成设计工作,因此设计单位内部也基本属于流水线作业。各主要专业设计流程如图 1-12 所示。

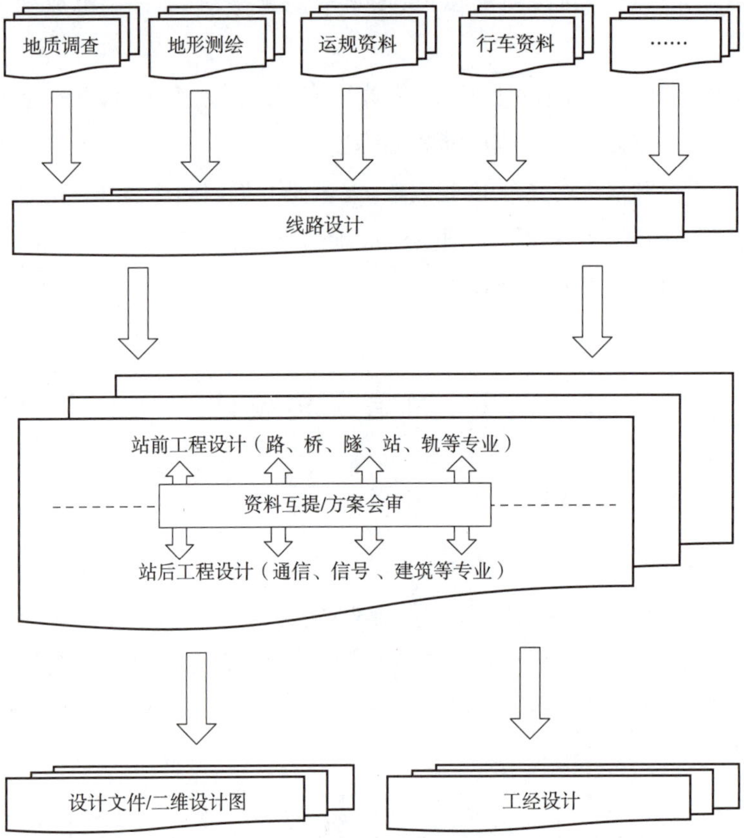

图 1-12 主要专业设计流程图

1.2.2 传统轨道设计流程

铁路工程勘察设计过程中各专业根据自身专业特点制定相应的设计流程。轨道工程沿线路铺设于线下基础上,跟线路、路基、桥梁、隧道及站场等专业接口众多,相互配合密切。轨道结构尤其是轨道部件(大多属于定型产品)通用性较强,不像其他土建专业的工点特性很强,因此其设计重点在轨道及部件的选型、轨道结构设计、无缝线路设计、特殊结构设计等。轨道工程设计作为铁路勘察设计中的一环,也基本属于流水作业。铁路轨道工程设计流程如图 1-13 所示。

轨道工程设计主要包含方案设计、设计接口资料互提、工程数量计算、无缝线路设计、轨

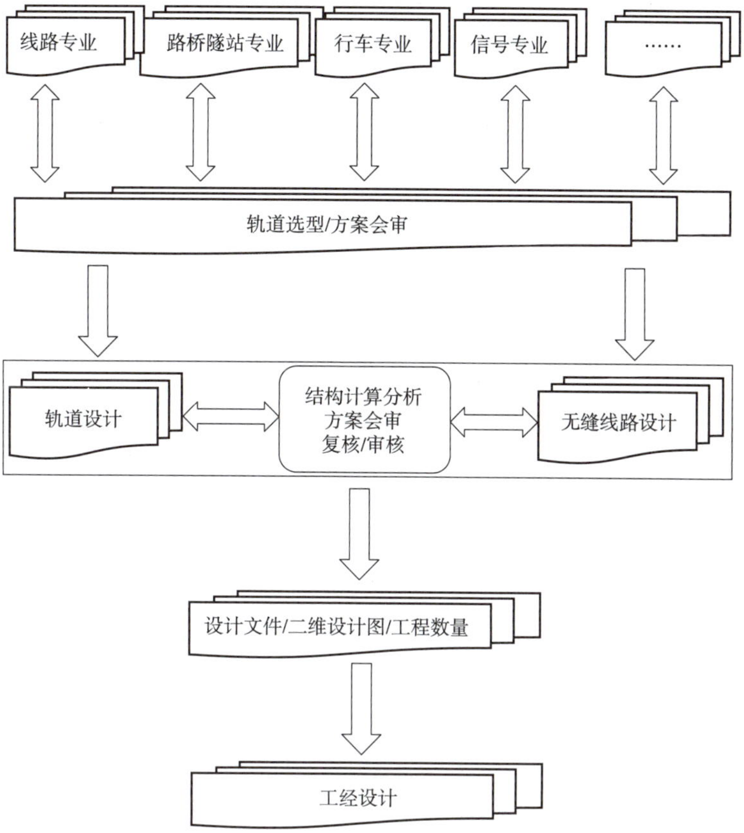

图 1-13　轨道工程设计流程图

道结构分析检算、无砟轨道详细结构设计等。目前绝大部分工作未实现软件化，特别是工程数量计算及无缝线路设计，因此设计工作效率较低，特别是工期紧张、比较方案较多、标段划分频繁变化、线路方案频繁变化等情况下，轨道设计工作更是难以跟上节奏，往往容易出现差错漏碰、接口冲突等情况，影响工程的建设。

1.2.3　传统设计流程弊端

从前文 1.2.1 中和 1.2.2 中可知，传统铁路勘察设计及包括轨道专业在内的各专业设计基本都属于流水线作业，主要存在以下弊端：

(1)专业间的接口处理多以方案会审(会议)或文件会签的方式来实现，信息传递主要以互提资料的方式实现，沟通效果不佳，且效率低下；

(2)专业间及专业内部无法有效开展协同交互设计，无法进行信息共享；

(3)专业间及专业内部设计结构(构件)无法关联，变更信息无法及时有效传递，容易造成返工，影响设计进度；

(4)专业间及专业内部无法进行冲突检查，容易出现“差错漏碰”现象；

(5)设计成果多以二维平面图纸呈现,视觉局限大;

(6)无法实现工程数量高效的精确计算。

目前,铁路轨道工程设计的手段还比较落后,仅有一些基于通用平台的绘图插件或者有限元分析计算插件得到开发和应用,如无缝线路计算软件、二维绘图插件等。轨道工程设计手段及设计成果还远远不能满足基础设施建设的国家政策信息化、智能化要求,需积极与相关专业一道推进 BIM 技术的应用,研发轨道工程正向设计的 BIM 软件。

第2章 高速铁路轨道工程BIM标准

根据前述0.2节关于BIM设计标准现状中铁路行业标准情况，我国铁路行业已经制定了相关的铁路工程实体结构分解指南(EBS)、铁路工程信息模型分类和编码标准(IFD)、铁路工程信息模型存储标准(IFC)和铁路工程信息模型交付精度标准等基础性标准。国际IFC标准制定者building SMART联合中国以及其他主要国家成立了铁路IFC项目组，共同制定缺失的铁路工程信息模型存储标准，目前已经发布了初步的研究报告，计划于IFC4.3版中正式发布包含铁路工程对象的IFC标准。

EBS是将铁路工程结构切分为基本的单元，便于设计、制造、施工、投资计算以及运维养护等工作；IFC是将EBS切分成的基本单元进行统一的类型定义和描述，将其抽象化、对象化成一种“约定俗成”的类型，便于铁路工程对象在不同阶段和不同使用环境下的信息存储和传递；IFD是将IFC定义的铁路工程结构基本类型进行编号，使得每种类型具有唯一的编号，软件内部可以通过编号来识别类型，确保编号和类型是唯一对应的。上述标准基本规定了铁路行业应用BIM技术的基础性的面向设计、施工、管理和工业软件开发等规则，以指导相应的工作推进和技术应用尝试。对于如何在铁路工程中进行BIM技术的应用，在世界上属于首次探索，没有经验可循，我国铁路部门采取的策略是标准先行，开展试点，逐步推进。首先根据别国及其他行业经验并结合我国铁路建设实际情况编制指导性标准，然后在实际工作应用和软件开发过程中对标准进行验证和优化，不断推进BIM技术在铁路工程领域的落地、完善和成熟。在实际的工作应用、软件开发过程中，对上述《铁路工程实体结构分解指南》《铁路工程信息模型分类和编码标准》《铁路工程信息模型数据存储标准》《铁路工程信息模型交付精度标准》等主要标准进行了执行和验证，并对验证过程中存在的问题进行优化研究。

2.1 轨道工程分解

《铁路工程实体结构分解指南》(EBS，engineering breakdown structure)，铁路工程实体结构分解，是为服务于铁路建设工程施工日志与工程竣工验收管理而制定标准的编码体系。为满足铁路建设工程项目施工管理的需要，实现对建设项目施工进度和投资使用情况的动态监控而编制本标准。通过 EBS 工程量分解，可将标段划分为众多工点，以工点为基础编制工程量清单，由工程量清单编码取得对应定额，从而快速得出全标段及相应工点的工程量及对应工程投资。

铁路工程实体结构分解（EBS）是指采用系统分析方法将铁路工程对象系统按照专业系统分解成相互独立、相互联系的工程项目单元，作为工程项目管理的对象，满足管理的需求。铁路工程实体结构分解和编码的核心功能是实现铁路工程实体的分类、检索和信息传递，应用于铁路建设管理信息化。

该 EBS 标准共包含轨道、路基、桥涵、隧道、站场、环保、通信、信号、信息、自然灾害、异物侵限监测系统、电力、牵引变电、接触网、给排水、机务、动车、车辆、综合工务维修、大临及过渡工程和迁改工程共 20 个专业的工点划分原则和 EBS 分解及编码要求。

铁路工程实体分解标准中规定了轨道专业的工点划分原则、工点编码规则、EBS 编码规则以及轨道工程实体结构分解表。轨道工程实体结构分解表包含 EBS 编码、层级、EBS 名称和单位等开项。轨道工程按区间轨道和站场轨道进行基本的分类，最大的层级深度为 9 级，其主要结构层级关系如图 2-1 所示，详情参见《铁路工程实体结构分解指南》。

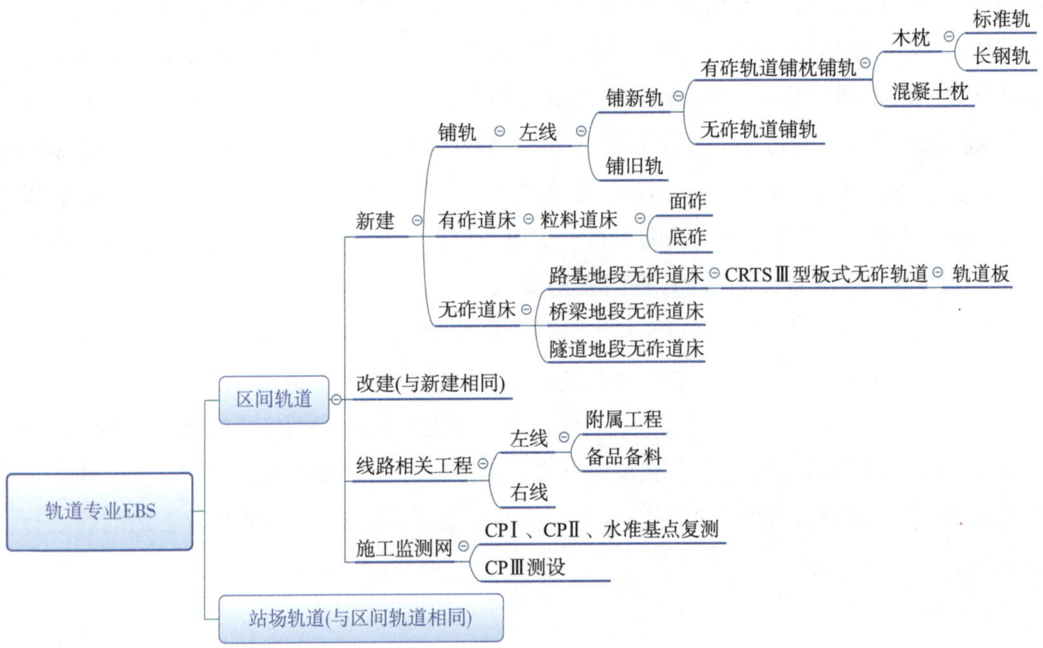

图 2-1　轨道工程专业 EBS 基本结构示意图

本节不再对《铁路工程实体结构分解指南》中轨道专业 EBS 进行一一赘述。轨道专业 EBS 大致情况为按照工点划分原则，分成区间轨道和站场轨道两大类，区间轨道分为新建、改建、线路相关工程和施工检测网四大类，同时包含更细层级的结构分解，最大层级为 9 级，是铺轨分支的钢轨类型，最小层级为 4 级，是施工监测网中的 CPⅢ测设。

根据前述分析，铁路工程实体结构分解是进行铁路工程 BIM 技术应用的基础，是后续设计、制造、施工和运维管理信息化的前提条件，要满足所有后续阶段的建设和管理需求，因此，铁路工程实体结构分解是否合理将直接影响到后续阶段的实施。

现行《铁路工程实体结构分解指南》轨道结构实体分解主要依据目前铁路工程建设过程中的工程数量清单和计价方式制定，满足当前设计和工程计价需求，但是尚缺乏对轨道工程产品制造、施工和运维阶段资产管理的支持，主要体现在扣件、道岔、钢轨伸缩调节器等设备的更细层级的分解。当前 EBS 指南中，铺轨工程实体分解的最基本单元未包含扣件系统及其基本组成单元，道岔结构以整组道岔为最小单元，未包含道岔下一级更细层级的分解。在轨道工程产品制造、施工和运维阶段均需要更细层级的分解才能满足。在产品制造阶段，扣件的零部件是由不同的生产厂家单独制造然后装配形成的，这就需要将扣件系统分解为基本的扣件零部件才能满足要求；道岔是由众多的零部件，如基本轨、尖轨、滑床板、橡胶件、辙叉、垫板、轨距块等，也是由不同的厂家生产然后装配而成的，需要更细层级的分解；钢轨伸缩调节器与道岔基本类似，也需要进行更细层级的分解。在施工阶段和运维管理阶段，比如轨道精调、轨道扣件零部件更换、道岔零部件更换以及钢轨伸缩调节器零部件更换维护等，均需要对更细层级的基本构件单元进行操作，因此，当前的轨道工程 EBS 分解标准需要进一步的优化，以满足铁路轨道工程在全生命周期的对象及其信息的表达、存储和传递。下面，分别对扣件、钢轨接头配件、弹性轨枕、道岔和钢轨伸缩调节器等实体结构进行深化的分解。

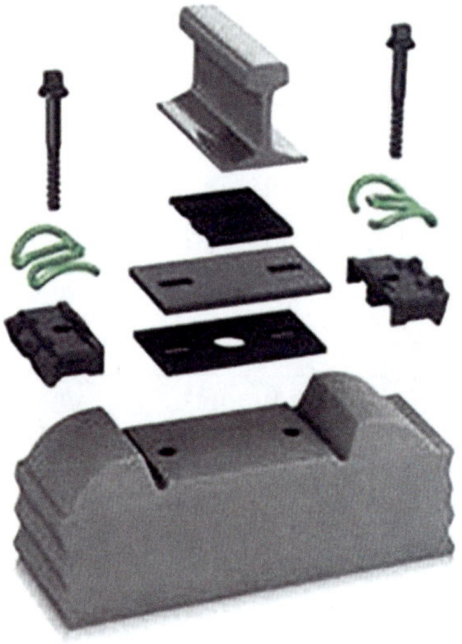

图 2-2　轨道扣件分解示意图

1. 扣件分解

铁路轨道扣件为扣压和固定钢轨的部件，主要由扣压件、弹性元件、支撑件、紧固件和调整件组成，如图 2-2 所示，不同的扣件组成大同小异但不尽相同，本节将基于目前大部分扣件的组成进行扣件结构的实体分解，分解出来的扣件零部件基本涵盖了现在的扣件组成，在使用过程中，根据扣件的实际组成情况选用基本元件即可。扣件的分解列表见表 2-1。

表 2-1　轨道扣件 EBS 分解及编码表

EBS 编码	层级	EBS 名称	单　位
010101010101010103	9	------------------扣件	套
01010101010101010301	10	----------------------扣压件 1	个
01010101010101010302	10	----------------------扣压件 2	个

续上表

EBS 编码	层级	EBS 名称	单　位
0101010101010101010303	10	·······················轨距调整件 1	个
0101010101010101010304	10	·······················轨距调整件 2	个
0101010101010101010305	10	·······················扣件锚固螺栓 1	个
0101010101010101010306	10	·······················扣件锚固螺母 1	个
0101010101010101010307	10	·······················扣件锚固垫圈 1	个
0101010101010101010308	10	·······················扣件锚固预埋套管 1	个
0101010101010101010309	10	·······················扣件锚固螺栓 2	个
0101010101010101010310	10	·······················扣件锚固螺母 2	个
0101010101010101010311	10	·······················扣件锚固垫圈 2	个
0101010101010101010312	10	·······················扣件锚固预埋套管 2	个
0101010101010101010313	10	·······················预埋铁座 1	个
0101010101010101010314	10	·······················预埋铁座 2	个
0101010101010101010315	10	·······················扣压件锚固 T 形螺栓 1	个
0101010101010101010316	10	·······················扣压件锚固螺母 1	个
0101010101010101010317	10	·······················扣压件锚固垫圈 1	个
0101010101010101010318	10	·······················扣压件锚固 T 形螺栓 2	个
0101010101010101010319	10	·······················扣压件锚固螺母 2	个
0101010101010101010320	10	·······················扣压件锚固垫圈 2	个
0101010101010101010321	10	·······················基板	个
0101010101010101010322	10	·······················轨下垫板	个
0101010101010101010323	10	·······················轨下调高垫板	个
0101010101010101010324	10	·······················基板下垫板	个
0101010101010101010325	10	·······················基板下调高垫板	个
0101010101010101010326	10	·······················减振基板	个
0101010101010101010327	10	·······················减振弹性垫板	个

表中编码以区间—新建铺轨—左线—铺新轨—有砟—木枕地段为例进行编制，其他地段按此结构组成与顺序编码，遇到特殊扣件则在最后依序新增 10 层级的 EBS 构件零部件名称即可。同时，在现行《铁路工程实体结构分解指南》中，所有铺轨工程中增加上述扣件实体分解列表。

2. 钢轨接头配件分解

钢轨接头配件用于有缝线路地段连接钢轨，通常位于站场轨道或低等级线路中。

钢轨接头配件主要由接头夹板、高强度螺栓紧固件组成，对于绝缘接头，还包含有绝缘垫片，如图 2-3 所示，其分解见表 2-2。

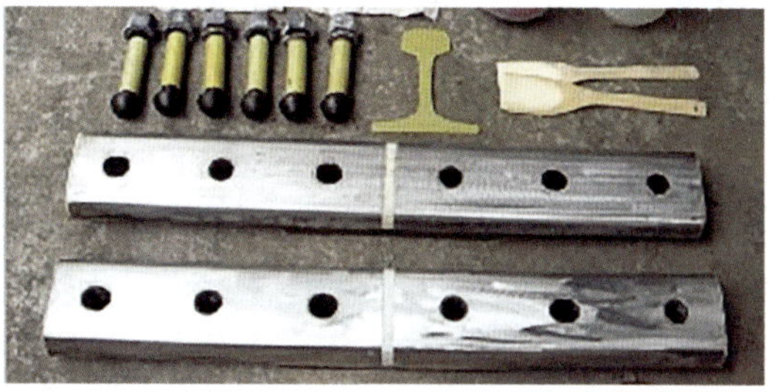

图 2-3　钢轨接头配件示意图

表 2-2　钢轨接头 EBS 分解及编码表

EBS 编码	层级	EBS 名称	单　位
0102010101010104	8	-------------------钢轨普通接头配件	套
010201010101010401	9	----------------------夹板 1	个
010201010101010402	9	----------------------夹板 2	个
010201010101010403	9	----------------------螺栓 1	个
010201010101010404	9	----------------------螺母 1	个
010201010101010405	9	----------------------垫圈 1	个
010201010101010406	9	----------------------螺栓 2	个
010201010101010407	9	----------------------螺母 2	个
010201010101010408	9	----------------------垫圈 2	个
010201010101010409	9	----------------------螺栓 3	个
010201010101010410	9	----------------------螺母 3	个
010201010101010411	9	----------------------垫圈 3	个
010201010101010412	9	----------------------螺栓 4	个
010201010101010413	9	----------------------螺母 4	个
010201010101010414	9	----------------------垫圈 4	个
010201010101010415	9	----------------------螺栓 5	个
010201010101010416	9	----------------------螺母 5	个
010201010101010417	9	----------------------垫圈 5	个
010201010101010418	9	----------------------螺栓 6	个
010201010101010419	9	----------------------螺母 6	个
010201010101010420	9	----------------------垫圈 6	个
010201010101010421	9	----------------------轨端绝缘垫片	个
010201010101010422	9	----------------------夹板绝缘垫片 1	个
010201010101010423	9	----------------------夹板绝缘垫片 2	个

编码以站场—新建—铺轨—铺新轨—有砟—木枕地段为例进行编制，其他地段按此结构组成与顺序编码，遇到特殊接头则在最后依序新增 9 层级的钢轨接头配件的 EBS 构件零

部件名称即可。同时,在现行《铁路工程实体结构分解指南》中,所有站场铺轨工程中增加上述钢轨接头配件实体分解列表。

3. 道岔分解

道岔为引导列车进行方向变换的特殊功能组件,此处道岔泛指所有道岔类型,包含单开道岔、单渡线道岔、交叉渡线道岔以及其他的道岔类型,正线无砟道岔如图 2-4 所示。

图 2-4 道岔示意图

道岔主要由钢轨件、岔枕和扣件组成,钢轨件主要分为基本轨、尖轨、辙叉、菱形交叉以及其他构件。道岔的分解见表 2-3。

表 2-3 道岔 EBS 分解及编码表

EBS 编码	层级	EBS 名称	单 位
N	i	········道岔	组
N01	$i+1$	················钢轨件	件
N0101	$i+2$	························基本轨	根
N010101	$i+3$	································基本轨 1	根
N010102	$i+3$	································基本轨 2	根
N01010n	$i+3$	································基本轨 n	根
N0102	$i+2$	························尖轨	根
N010201	$i+3$	································尖轨 1	根
N010202	$i+3$	································尖轨 2	根
N01020n	$i+3$	································尖轨 n	根
N0103	$i+2$	························辙叉	个

续上表

EBS 编码	层级	EBS 名称	单　位
N010301	$i+3$	······································辙叉 1	个
N010302	$i+3$	······································辙叉 2	个
N01030n	$i+3$	······································辙叉 n	个
N0104	$i+2$	·······························菱形交叉	个
N010401	$i+3$	······································菱形交叉 1	个
N010402	$i+3$	······································菱形交叉 2	个
N01040n	$i+3$	······································菱形交叉 n	个
N0105	$i+2$	·······························其他	件
N010501	$i+3$	······································间隔铁 1	个
N010502	$i+3$	······································间隔铁 2	个
N01050n	$i+3$	······································顶铁 n	个
N02	$i+1$	·····················岔枕	根
N0201	$i+2$	·······························岔枕 1	根
N0202	$i+2$	·······························岔枕 2	根
N0203	$i+2$	·······························岔枕 n	根
N03	$i+1$	·······························扣件	套
N0301	$i+2$	······································扣件 1	套
N0302	$i+2$	······································扣件 2	套
N030n	$i+2$	······································扣件 n	套

表中编码 N 为道岔层级的编码，层级 i 代表当前道岔的层级，后续道岔分解的下层级的编码在 N 的基础上按表格中的顺序进行编制。因为道岔中的零部件众多，且每种道岔的零部件数量不尽相同，所以在道岔分解表中，未按实际道岔的部件数来列举所有的部件，仅列出 3 项，其他未列出的构件包含在“其他”节点中，实际应用中应根据道岔的结构进行一一列举。同时，道岔扣件并非最基本的分解单元，所有道岔扣件还需进行更细层级的分解，扣件的分解遵循区间轨道的扣件分解原则和方法。

4. 钢轨伸缩调节器分解

钢轨伸缩调节器为用于调节无缝线路伸缩变形的特殊轨道组件，一般用于特殊桥上铺设无缝线路，一般有单向伸缩调节器和双向伸缩调节器之分。钢轨伸缩调节器结构复杂，与道岔类似，主要由可伸缩的基本轨和固定的尖轨、扣件、轨枕和抬轨器组成，如图 2-5 所示，其分解见表 2-4。

图 2-5　钢轨伸缩调节器示意图

表 2-4　钢轨伸缩调节器 EBS 分解及编码表

EBS 编码	层级	EBS 名称	单　位
N	i	--------钢轨伸缩调节器	组
N01	$i+1$	----------------钢轨件	件
N0101	$i+2$	------------------------基本轨	根
N010101	$i+3$	--------------------------------基本轨 1	根
N010102	$i+3$	--------------------------------基本轨 2	根
N01010n	$i+3$	--------------------------------基本轨 n	根
N0102	$i+2$	------------------------尖轨	根
N010201	$i+3$	--------------------------------尖轨 1	根
N010202	$i+3$	--------------------------------尖轨 2	根
N01020n	$i+3$	--------------------------------尖轨 n	根
N0103	$i+2$	------------------------其他	件
N010301	$i+3$	--------------------------------其他 1	个
N010302	$i+3$	--------------------------------其他 2	个

续上表

EBS 编码	层级	EBS 名称	单　位
N01030*n*	$i+3$	······················其他 *n*	个
N02	$i+1$	··············轨枕	根
N0201	$i+2$	·····················轨枕 1	根
N0202	$i+2$	·····················轨枕 2	根
N0203	$i+2$	·····················轨枕 *n*	根
N03	$i+1$	··············扣件	套
N0301	$i+2$	·····················扣件 1	套
N0302	$i+2$	·····················扣件 2	套
N030*n*	$i+2$	·····················扣件 *n*	套
N04	$i+1$	··············抬轨器	套
N0401	$i+2$	·····················钢梁 1	根
N0402	$i+2$	·····················钢梁 2	根
N0403	$i+2$	·····················钢梁 3	根
N0404	$i+2$	·····················钢梁 4	根
N0405	$i+2$	·····················钢枕 1	根
N0406	$i+2$	·····················钢枕 2	根
N0407	$i+2$	·····················钢枕 3	根
N0408	$i+2$	·····················钢枕 4	根
N0409	$i+2$	·····················活动铰 1	个
N0410	$i+2$	·····················活动铰 2	个
N0411	$i+2$	·····················钢梁紧固件 1	个
N0412	$i+2$	·····················钢梁紧固件 2	个
N040*n*	$i+2$	·····················钢梁紧固件 *n*	个

表中编码 N 为钢轨伸缩调节器层级的编码，层级 i 代表当前钢轨伸缩调节器的层级，后续钢轨伸缩调节器分解的下层级的编码在 N 的基础上按表格中的顺序进行编制。因为钢轨伸缩调节器中的零部件众多，且每种钢轨伸缩调节器的零部件数量不尽相同，所以在钢轨伸缩调节器分解表中，未按实际钢轨伸缩调节器的部件数来列举所有的部件，仅列出 3 项，其他未列出的构件包含在“其他”节点中，实际应用中应根据钢轨伸缩调节器的结构进行一一列举。同时，钢轨伸缩调节器扣件并非最基本的分解单元，所有钢轨伸缩调节器扣件还需进行更细层级的分解，扣件的分解遵循区间轨道的扣件分解原则和方法。

将上述深化的轨道工程实体结构分解与现行铁路轨道工程实体结构分解结合形成完整的铁路轨道工程实体结构分解表。

2.2 轨道工程编码

《铁路工程信息模型分类和编码标准》(International Framework for Dictionaries)，是铁路 BIM 的 IFD 标准，对每个概念和术语定义了唯一的类型编码。有了 IFD 规范标准，大大降低了不同国家、地区因文化语言背景差异而造成在项目生命周期内的沟通难度，使得项目参与者和软件间的信息交换更加便利、准确。该标准定义了铁路工程信息模型中各种部件、子模型等的唯一编码，确保不同专业、不同用户、不同软件之间的信息对等，确保接口数据唯一精确可靠。

在 IFD 编码标准中，铁路工程信息模型的分类有 22 种，见表 2-5，涉及轨道工程的分类表项主要有单项工程、构件、工项、产品等项目。

表 2-5　铁路工程信息模型分类表

序号	表编号	分类表名称	编制说明
1	10	按功能分建筑物	在国家标准基础上扩充铁路工程内容
2	11	按形态分建筑物	引用国家标准表 11
3	12	按功能分建筑空间	在国家标准基础上扩充铁路工程内容
4	13	按形态分建筑空间	引用国家标准表 13
5	14	元素	引用国家标准表 14
6	15	工作成果	引用国家标准表 15
7	21	行为	引用国家标准表 21
8	22	专业领域	在国家标准基础上扩充铁路工程内容
9	32	工具	引用国家标准表 32
10	33	信息	引用国家标准表 33
11	40	材料	引用国家标准表 40
12	41	属性	引用国家标准表 41
13	51	按功能分铁路单项工程	独立编制
14	52	按形式分铁路单项工程	独立编制
15	53	铁路工程构件	独立编制
16	54	铁路工程工项	独立编制
17	55	铁路工程项目阶段	独立编制
18	56	铁路工程人员角色	独立编制
19	57	铁路工程组织角色	独立编制
20	58	铁路工程产品	独立编制

续上表

序号	表编号	分类表名称	编制说明
21	59	铁路工程特性	独立编制
22	60	地理信息	在《地理信息分类与编码规则》(GB/T 25529—2010)基础上扩充铁路工程内容

单项工程指一个工程中,具有独立设计文件、竣工后可独立发挥生产能力的一组配套齐全的工程项目。对于轨道工程,按功能来区分的话,第一级为轨道,第二级分为正线轨道和站线轨道两类;按形式分类的话,第一级为轨道,第二级为有砟轨道和无砟轨道,其中无砟轨道具有第三级单项工程,包含板式无砟轨道、双块式无砟轨道、长枕埋入式无砟轨道等,详情及其对应的编码见表 2-6 和表 2-7。

表 2-6　按功能分铁路单项工程的轨道功能 IFD 编码表

编　码	第一级	第二级
51-01 00 00	轨道	
51-01 10 00		正线轨道
51-01 20 00		站线轨道

表 2-7　按形式分铁路单项工程的轨道形式 IFD 编码表

编　码	第一级	第二级	第三级
52-01 00 00	轨道		
52-01 10 00		有砟轨道	
52-01 20 00		无砟轨道	
52-01 20 10			板式无砟轨道
52-01 20 20			双块式无砟轨道
52-01 20 30			长枕埋入式无砟轨道
52-01 20 50			其他无砟轨道

构件为工程主体中独立或者与其他部分结合且满足工程主体至少一项主要功能的元素。构件为按功能特征定义的元素,不包含其技术实现、施工方法和材料组成等因素。轨道工程涉及的构件名称、分级及其编码部分摘录见表 2-8。

表 2-8　轨道工程构件 IFD 编码表

编　码	第一级	第二级	第三级
53-10 00 00	轨道		
53-10 07 00		轨排	
53-10 07 10			一般轨排
53-10 07 20			伸缩调节器轨排

续上表

编　码	第一级	第二级	第三级
53-10 07 30			道岔轨排
53-10 08 00		钢轨	
53-10 08 10			长钢轨
53-10 08 20			标准钢轨
53-10 08 30			缩短轨
53-10 08 40			异型轨
53-10 08 50			胶接绝缘轨
53-10 16 00		钢轨接头	
53-10 16 10			普通接头
53-10 16 20			绝缘接头
53-10 16 30			焊接接头
53-10 16 40			冻结接头
53-10 16 50			胶接绝缘接头
53-10 25 00		扣件	
53-10 33 00		轨枕	
53-10 41 00		道岔	
53-10 41 10			单开道岔
53-10 41 20			交分道岔
53-10 41 30			对称道岔
53-10 41 40			交叉渡线
53-10 41 50			组合道岔
53-10 41 70			其他特种道岔
53-10 49 00		钢轨伸缩调节器	
53-10 49 10			单向伸缩调节器
53-10 49 20			双向伸缩调节器
53-10 52 00		道岔零件	
53-10 52 10			尖轨
53-10 52 20			基本轨
53-10 52 30			辙叉
53-10 52 40			护轨
53-10 52 50			滑床板
53-10 55 00		垫板	
53-10 55 10			轨下垫板
53-10 55 20			板下垫板
53-10 55 30			铁垫板

续上表

编　码	第一级	第二级	第三级
53-10 55 40			调高垫板
53-10 57 00		碎石道床	
53-10 57 10			单层碎石道床
53-10 57 20			双层碎石道床
53-10 65 00		道砟层	
53-10 65 10			面砟层
53-10 65 20			底砟层
53-10 65 30			洼垄填砟
53-10 74 00		无砟道床	
53-10 74 10			轨道板
53-10 74 20			道床板
53-10 74 30			隔离层
53-10 74 40			调整层
53-10 74 50			底座
53-10 74 60			连接件
53-10 82 00		加强设备	
53-10 82 10			防爬器
53-10 82 20			防爬支撑
53-10 82 30			轨距杆
53-10 82 40			轨撑
53-10 90 00		附属设备	
53-10 90 10			轨枕间密封条
53-10 90 30			减振垫
53-10 90 50			护轮轨
53-10 90 70			过渡轨
53-10 90 80			挡砟块

工项为工作成果，指在工程施工、维修、拆除等活动中得到的建设成果，为按照工作类型定义的术语。轨道工程涉及的工项中，第一级为轨道工程，第二级包含铺轨、铺设道岔、铺设有砟轨道、无砟道床施工、无缝线路施工、轨道调整和拆除等七大类。第二级轨道结构工项除了无砟轨道施工，其他工项均包含更低级别的工项，此处不再赘述。

建筑产品为工程建设和使用过程中用到的用于工程建设中的永久性设备、材料等内容。轨道工程中涉及的建筑产品主要为钢轨及其紧固件、道岔及其配件等。

按功能、形式、工项和产品分类的轨道工程基本满足当前各阶段的设计和建设管理需求，但以功能特征定义的轨道构件的分类需要进一步深化，与前述EBS(1.2节“轨道工程分解”)对应的，其中扣件、普通钢轨接头、道岔和钢轨伸缩调节器等需要进行更细层级的构件分类，才能满足制造、施工以及运维资产管理的需求。此外，轨道工程结构的设计和管理均以轨排为对象，铁路轨道工程轨排主要包含区间轨道的一般轨排以及钢轨伸缩调节器、道岔和过渡段等特殊轨排。基于上述分析，对铁路工程构件分类表进行了扩充和修正，增加的内容包含如下：

删除“轨排”的既有下级分类，将所有轨排定义为一种对象，通过属性区分不同轨排类型，同时，将钢轨接头、扣件、轨枕、道岔和钢轨伸缩调节器调整为轨排的下级分类；

增加“扣件”的下级分类：“扣压件、轨距调整件、紧固件、预埋铁座、基板、轨下垫板、轨下调高垫板、基板下垫板、基板下调高垫板”；

增加第三级“钢轨接头零件”及其下级分类：“接头夹板、紧固件、轨端绝缘垫片、夹板绝缘垫片”；

增加第三级“紧固件零件”及其下级分类：“螺栓、螺母、垫圈、预埋套管”；

修改第三级“道岔零件”为“道岔及调节器零件”，并增加其下级分类：“轨撑、滚轮、其他、一体化抬轨器”，在“一体化抬轨器”节点增加下级分类：“钢梁、钢枕、活动铰、钢梁紧固件”；

删除第三级“垫板”及其下级的所有分类。

增加“道床”和“附属设施”的二级分类。

根据需求扩充和修正之后的铁路工程轨道构件分类汇总见表 2-9。

表 2-9 铁路工程轨道构件分类及编码表

编　码	第一级	第二级	第三级	第四级	第五级	说　明
53-10 00 00	轨道					
53-10 07 00		轨排				
53-10 07 10			钢轨			
53-10 07 20			钢轨接头			
53-10 07 30			钢轨接头零件			新增
53-10 07 30 10				接头夹板		新增
53-10 07 30 20				紧固件		新增
53-10 07 30 30				轨端绝缘垫片		新增
53-10 07 30 40				夹板绝缘垫片		新增
53-10 07 40			扣件			
53-10 07 40 05				扣压件		新增
53-10 07 40 10				轨距调整件		新增
53-10 07 40 15				紧固件		新增
53-10 07 40 20				预埋铁座		新增
53-10 07 40 25				基板		新增

续上表

编　码	第一级	第二级	第三级	第四级	第五级	说　明
53-10 07 40 30				轨下垫板		新增
53-10 07 40 35				轨下调高垫板		新增
53-10 07 40 40				基板下垫板		新增
53-10 07 40 45				基板下调高垫板		新增
53-10 07 50			紧固件零件			新增
53-10 07 50 10				螺栓		新增
53-10 07 50 20				螺母		新增
53-10 07 50 30				垫圈		新增
53-10 07 50 40				预埋套管		新增
53-10 07 60			轨枕			
53-10 07 80			道岔			
53-10 07 90			钢轨伸缩调节器			
53-10 07 95			道岔及调节器零件			
53-10 07 95 10				尖轨		
53-10 07 95 20				基本轨		
53-10 07 95 30				辙叉		
53-10 07 95 40				护轨		
53-10 07 95 50				滑床板		
53-10 07 95 60				轨撑		新增
53-10 07 95 70				滚轮		新增
53-10 07 95 80				一体化抬轨器		新增
53-10 07 95 80 10					钢梁	新增
53-10 07 95 80 20					钢枕	新增
53-10 07 95 80 30					活动铰	新增
53-10 07 95 80 40					钢梁紧固件	新增
53-10 08 00		道床				
53-10 08 10			碎石道床			
53-10 08 20			轨道板			
53-10 08 30			道床板			
53-10 08 40			隔离层			
53-10 08 40 10				隔离布		新增
53-10 08 40 20				泡沫板		新增
53-10 08 40 30				橡胶垫层		新增
53-10 08 50			调整层			

续上表

编　码	第一级	第二级	第三级	第四级	第五级	说　明
53-10 08 60			底座			
53-10 08 70			连接件			
53-10 08 80			伸缩缝			新增
53-10 08 80 10				填充体		新增
53-10 08 80 20				密封胶		新增
53-10 08 80 30				界面剂		新增
53-10 09 00		附属设施				新增
53-10 09 05			防爬器			
53-10 09 10			防爬支撑			
53-10 09 15			轨距杆			
53-10 09 20			轨撑			
53-10 09 25			轨枕间密封条			
53-10 09 35			减振垫			
53-10 09 45			护轮轨			
53-10 09 55			过渡轨			
53-10 09 60			挡砟块			

2.3　数据存储及交换

《铁路工程信息模型数据存储标准》是铁路 BIM 的 IFC(industry foundation classes)标准，IFC 标准是面向对象的三维建筑产品数据标准，由 building SMART 组织进行维护和发布，目前的最新版本为 IFC4.3。该标准的建立使得建筑业中不同专业及同一专业中的不同软件可以共享同一数据源，从而达到数据共享及交互的效果。现有 IFC 标准尚不能覆盖铁路行业独有的专业领域，因此根据铁路工程建设信息化总体方案部署及中国国家铁路集团有限公司建设管理信息化要求，在铁路 BIM 标准框架指导下，以与 buildingSMART international 组织发布的 IFC 标准体系结构保持最大限度的兼容性为原则，在 IFC4.1 基础上进行扩展，制定了《铁路工程信息模型数据存储标准(1.0 版)》——IFC 标准。目前本标准涵盖和涉及了线路、轨道、路基、桥梁、隧道、站场、路基排水、地质八个铁路专用领域。

在该标准中，与轨道工程相关的主要内容如下。轨道信息模型基础数据架构由空间结构单元(IFC spatial structure element)、组合件(IFC element assembly)、构件(IFC element)、零件(IFC element component)四种类型组成(图 2-6)。

轨道空间结构单元主要包括：轨道(IFC track)、轨道段(IFC track part)。轨道构件主要包括：钢轨（IFC track rail）、扣件（IFC track fastening）、轨枕（IFC track sleeper）、轨道板（IFC track slab）、道床板（IFC track concrete slab）、隔离层（IFC track isolation layer）、弹性垫层（IFC track elastic cushion）、调整层（IFC track adjustment layer）、底座（IFC track base）、道岔（IFC track turnout）、道砟层（IFC track ballast layer）、钢轨伸缩调节器（IFC track expansion joint）。轨道组合件主要包括：轨排（IFC track panel）、有砟道床（IFC ballast bed）。

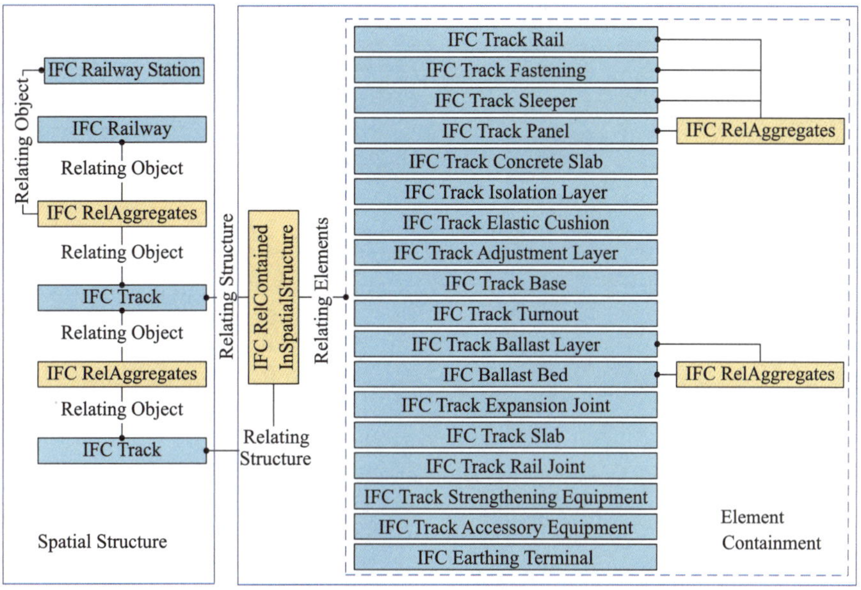

图 2-6　轨道工程 IFC 标准对象及其关系

通过上述铁路轨道工程 IFC 标准分析，轨道空间结构单元、轨道构件以及轨道组合件与实物轨道结构之间的对应关系如图 2-7 所示。

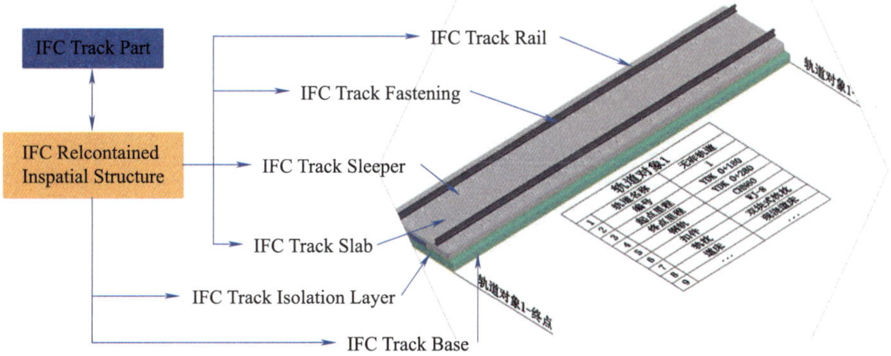

图 2-7　轨道工程 IFC 对象示意图

为简化轨道工程及其与组成构件之间的关系，结合轨道工程实际需求，依据 IFD 标准分析，所有分级下的轨道构件均采用相同的方式进行抽象化和定义，他们之间的区别是最低级别的构件为最基本的构件，高级别的构件则由最基本的构件装配而成，即轨道构件由基本构件和嵌套的高等级构件组成，构件的嵌套层级可不受限制。

优化后的轨道工程构件类型汇总及其层级关系见表 2-10。构件之间的结构层级关系为轨道空间结构单元构件，轨道由一个或多个轨道段构件组成，轨道段构件由轨排、道床和其他构件组成，轨排构件则由钢轨、扣件和轨枕等构件组成。

表 2-10　基于 IFC 的轨道工程构件汇总列表

顶层构件	二层构件	三层构件	四层构件	五层构件
轨道	轨道段	轨排	钢轨	
			钢轨接头	夹板
				紧固件
				轨端绝缘垫片
				夹板绝缘垫片
			扣件	扣压件
				轨距调整件
				紧固件
				预埋铁座
				基板
				轨下垫板
				轨下调高垫板
				基板下垫板
				基板下调高垫板
			紧固件	螺栓
				螺母
				垫圈
				预埋套管
			轨枕	
			道岔	
			钢轨伸缩调节器	
			道岔及调节器零件	尖轨
				基本轨
				辙叉
				护轨
				滑床板
				轨撑
				滚轮
				一体化抬轨器

续上表

顶层构件	二层构件	三层构件	四层构件	五层构件
轨道	轨道段	轨排	一体化抬轨器	钢梁
				钢枕
				活动铰
				钢梁紧固件
		碎石道床		
		轨道板		
		道床板		
		隔离层	隔离布	
			泡沫板	
			橡胶垫层	
		调整层		
		底座		
		连接件		
		伸缩缝	填充体	
			密封胶	
			界面剂	
		防爬器		
		防爬支撑		
		轨距杆		
		轨枕间密封条		
		钢弹簧隔振器		
		减振垫		
		吸音板		
		护轮轨		
		涂油器		
		过渡轨		
		挡砟块		

表 2-10 中轨道工程构件应根据其在铁路工程全生命周期的使用需求进行详细的存储模型和信息定义，规定各个轨道构件的实体模型和属性附加要求，供软件开发商进行轨道构件对象的抽象化和存储。所有轨道工程构件的详细定义见本专著附录 A“轨道工程构件 IFC 对象详细定义”，所有轨道工程构件的属性定义均包含了设计、施工、安装和运维全生命周期的属性信息，但在实际项目实践中，可能会根据具体的需求进行必要的调整以达到满足项目建设要求的目的。

2.4 BIM 模型交付

《铁路工程信息模型交付精度标准》(CRBIM 1004—2017)铁路工程信息模型交付精度标准制定的目的是统一铁路工程建设过程中工程设计参与的各方所交付的铁路工程信息模型的几何精度和附属信息的详细程度,确保最终的模型达到实际工程的建设各阶段的需求。该标准规定了模型交付原则、模型的几何精度要求、模型的附属信息深度要求等。模型精度基本等级要求见表 2-11。

表 2-11 模型精度基本等级表

等 级	英文名	简 称	阶段及用途
1.0 级精度	level of detail 1.0	LOD1.0	规划阶段、预可行性研究
2.0 级精度	level of detail 2.0	LOD2.0	可行性研究
3.0 级精度	level of detail 3.0	LOD3.0	初步设计
3.5 级精度	level of detail 3.5	LOD3.5	施工图设计
4.0 级精度	level of detail 4.0	LOD4.0	施工深化设计
5.0 级精度	level of detail 5.0	LOD5.0	竣工、运维

根据《铁路工程信息模型交付精度标准》要求,轨道工程施工图设计阶段及其之前的设计阶段的模型精度见表 2-12。

表 2-12 轨道工程模型精度要求表

编 号	轨道信息	LOD1.0	LOD2.0	LOD3.0	LOD3.5
1	轨道段	▲	▲	▲	▲
2	轨排	—	—	▲	▲
2.1	钢轨	—	—	▲	▲
2.2	扣件	—	—	▲	▲
2.3	轨枕	—	—	▲	▲
3	道床	—	—	▲	▲
3.1	轨道板(含预制板和现浇板)	—	—	▲	▲
3.1.1	非道岔板	—	—	▲	▲
3.1.2	道岔板	—	—	▲	▲
3.2	隔离层	—	—	▲	▲
3.3	弹性垫层	—	—	▲	▲
3.4	调整层	—	—	▲	▲
3.5	底座(含支承层)	—	—	▲	▲

续上表

编　号	轨道信息	LOD1.0	LOD2.0	LOD3.0	LOD3.5
3.5.1	非岔区底座	—	—	▲	▲
3.5.2	岔区底座	—	—	▲	▲
3.6	道砟层	—	—	▲	▲
4	钢轨伸缩调节器	—	—	▲	▲
5	道岔	—	—	▲	▲
5.1	单开道岔	—	—	▲	▲
5.2	交分渡线	—	—	▲	▲
5.3	对称道岔	—	—	▲	▲
5.4	交叉渡线	—	—	▲	▲
5.5	组合道岔	—	—	▲	▲
5.6	套轨道岔	—	—	▲	▲
5.7	其他特种道岔	—	—	▲	▲
6	加强设备	—	—	△	▲
6.1	防爬器	—	—	△	▲
6.2	防爬支撑	—	—	△	▲
6.3	轨距杆	—	—	△	▲
6.4	轨撑	—	—	△	▲
7	附属设备	—	—	△	▲
7.1	轨枕间密封条	—	—	△	▲
7.2	钢弹簧隔振器	—	—	△	▲
7.3	减振垫	—	—	△	▲
7.4	吸音板	—	—	△	▲
7.5	护轨	—	—	△	▲

注:表中“▲”表示应具备的信息;“△”表示宜具备的信息;“—”表示可不具备的信息。

针对铁路工程不同设计阶段,轨道结构工点 BIM 模型精度不同,随着设计、建造和运维管理的不断深入,轨道 BIM 模型也将不断完善和成长,包括几何模型和非几何属性的不断丰富。轨道工程设计阶段主要有预可行性研究、可行性研究、初步设计和施工图设计阶段等,对应不同的阶段,轨道 BIM 模型的完成度如下述 2.4.1～2.4.4 中,详细的轨道模型属性及其对应的阶段(或者对应的模型精度基本等级)详见附录 A 中的 IFC 对象信息表及其模型精度等级说明。

2.4.1 (预)可行性研究阶段

预可行性研究文件是项目立项的依据,根据国家批准的铁路中长期规划,收集相关资料，经社会、经济、运量调查及现场踏勘后编制。

在预可行性研究阶段，轨道专业需要根据项目的技术需求确定主要设计原则以及主要工程内容，确定总的有砟轨道和无砟轨道铺轨长度以便编制工程预算。

在可行性研究阶段，则应根据项目技术要求，进一步细化轨道设计原则，初步确定轨道结构的形式和无缝线路设计方案。若有新型轨下基础应提出相应的轨道工程初步方案，若项目存在特殊情况，轨道工程尚需进一步研究的问题也应在此阶段提出并开展相应研究作为设计支撑。该阶段应统计不同线下基础的轨道结构工程数量和无缝线路工程数量，以便编制项目成本估算作为项目决策依据。结合《铁路工程信息模型交付精度标准》，在该阶段仅表达轨道结构大致方案组成，并在线路上绘制轨道区段粗略三维模型或者附带信息的三维线型即可，如图 2-8 所示，模型精度达到 LOD2.0。

图 2-8 (预)可研阶段轨道模型示意图

2.4.2 初步设计阶段

初步设计文件是项目建设的主要依据，应根据批准的可行性研究报告进行现场调查，对局部方案进行比选，采用定测资料，依据批准的环境影响报告书、水土保持方案、地质灾害危险性评估、压覆矿产资源评估、地震安全性评价、防洪影响评价报告及通航论证报告等，进行比较详细的方案设计。

初步设计阶段应根据可行性研究阶段的审批意见，进行较详细的轨道工程方案设计，确定最终的有砟轨道方案和无砟轨道方案并进行较详细设计，如果有新型轨下基础，也则应确定其轨道结构方案。应确定有砟轨道、无砟轨道、无缝线路、附属设施设备、备品备料等的全部外部条件参数和主要的结构细节，应对特殊的轨道结构进行检算，应检算无缝线路设计方案，并编制安全和环保建议。应编制详细的各种轨下基础的不同种类轨道结构、轨道结构过渡段、备品备件、线路信号标志、列车整备所等的轨道工程数量，用于编制初步设计概算。

该阶段的轨道 BIM 模型精度应达到 LOD3.0，在模型中应表达主要的轨道结构及其零部件，如轨道区段、轨排、钢轨、扣件、轨枕、道床、底座、道岔、钢轨伸缩调节器等，辅助设备设施可不用表达，如图 2-9 所示。

图 2-9　初步设计阶段轨道模型示意图

2.4.3　施工图设计阶段

施工图文件是工程实施和验收的依据，应根据初步设计审批意见，采用定测及补充定测资料编制，为施工提供需要的图表和设计说明，并依据施工图工程数量编制投资检算。

在施工图设计阶段，为指导施工和验收，轨道工程设计应根据初步设计批复意见编制无砟轨道设计详图、有砟轨道设计详图、新型轨道结构形式的详图以及无缝线路设计详图。应编制详细施工图设计说明，应编制施工注意事项、运营注意事项、安全施工措施、环境保护注意事项等，应编制详细轨道工程数量和投资检算，应根据工程情况编制施工图设计交底并在施工期间进行施工配合工作。

该阶段的轨道 BIM 模型精度应达到 LOD3.5，在模型中按照实际尺寸和结构组成表达所有的轨道结构及其零部件，如图 2-10 所示。

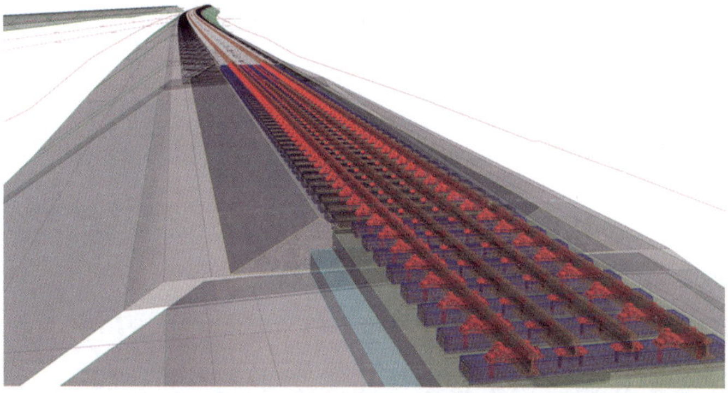

图 2-10　施工图设计阶段轨道模型示意图

2.4.4 施工配合阶段

该阶段应根据现场施工情况，将产生的变更或者结构细微调整情况，对轨道结构方案所有的调整和变化同步更新到模型中。同时，将施工过程的所有信息附加到模型中，使 BIM 模型不断生长，轨道工程信息模型与实际竣工工程相符合，如图 2-11 所示。

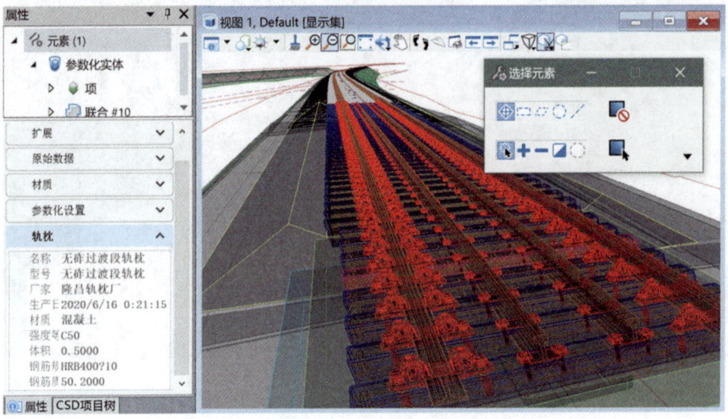

图 2-11 施工配合阶段轨道模型示意图

增加附加信息的规划内容，针对不同的阶段、不同的构件需要添加哪些信息，在设计交付的模型里面做好规划，要求在后续阶段添加相应的信息。

2.5 成果输出

铁路轨道工程成果输出主要包含工程数量清单、典型二维设计图纸、设计说明文件、轨道构件制造数据、无砟轨道施工数据等。

基于传统设计方法的轨道工程设计成果主要有前三项，而基于 BIM 技术的铁路轨道工程设计除了包含传统设计成果外，还将包含制造、施工等方面的数据成果，主要的区别是基于 BIM 技术的设计将所有信息集成于 BIM 模型之中，可以基于 BIM 模型提取任意的数据用于铁路工程项目的建设和管理过程。

2.5.1 既有成果输出标准

对于工程数量清单、典型二维设计图纸以及设计说明文件，铁路 BIM 联盟已经编制了相应的成果输出要求标准，下面对设计文件编制以及工程数量清单相关规定进行简单描述。

《基于信息模型的铁路工程施工图设计文件编制办法》(CRBIM 1006—2017)于 2017-09-05 发布，2017-09-06 实施。该办法以《铁路建设项目预可行性研究、可行性研究和设计文件编制办法》(TB 10504—2007,简称“原编制办法”)为基础,结合铁路 BIM 设计特点修编,与原编制办法相比,该办法主要变化体现在四个方面:

(1)说明部分增加设计单元划分情况、模型设计的相关要求和统一规定等与模型相关的说明。

(2)附件部分中增加设计单元目录、参考模型目录等与模型相关的附件,删除了可由模型表达或替代的附件。

(3)附图部分删除了一般可由信息模型表达和替代的附图。

(4)增加附模部分,附模部分按照参考模型和设计单元模型组织,主要由模型说明、模型、模型附件、模型附图四部分组成。

《基于信息模型的铁路工程施工图设计文件编制办法》明确了轨道工程施工图设计文件的编制要求,该编制要求既符合传统设计方法习惯又增加了 BIM 技术相关的模型成果文件编制要求,满足目前的设计建设管理需求。

《铁路工程数量标准格式编制指南》(CRBIM 1008—2017)于 2017-09-05 发布,2017-09-06 实施。该指南涉及迁改、线路、桥梁、隧道、站场、路基、轨道、接触网、牵引变电、电力、通信、信号、信息、自然灾害及异物侵限监测、土地利用、景观、机械、给排水、机务车辆、环评 20 个专业领域,建筑工程相关专业参照国标执行,包含总则、基本原则和附表三个部分。规定了工程数量标准格式清单是初步设计、施工图设计阶段设计单位向项目建设管理方交付的 BIM 设计产品之一,是项目概、预算的重要依据,同时规定了上述 20 个专业领域的详细的工程量清单列表开项和格式要求。对于轨道工程,规定的工程数量清单主要分成新建轨道、改建轨道、封锁线路作业工程、备料、施工过渡以及行车干扰等类型,新、改建轨道中按照铺轨工程和铺道床工程分列。

上述基于 BIM 技术的文件编制以及工程数量清单要求基本满足当前的设计管理需求,但仍然需要在后续的设计中进行实践验证和不断优化。

下面对基于 BIM 技术设计的轨道工程制造数据、施工数据和交验数据等成果输出进行论述。

2.5.2　制造数据成果输出

对于铁路轨道工程,设备的制造主要涉及轨道工程上部的铁件、高分子材料部件和混凝土部件等,铁件主要包含钢轨件、扣件、紧固件等,高分子材料部件主要包含用于轨道绝缘并提供弹性支撑的零部件,混凝土部件主要是轨枕和轨道板等。从制造的工艺来区分主要包含模铸件和机加工件两类,一般扣件系统中的各类垫板和轨距调整件、普通钢轨、轨枕和轨道板等均为模铸件,其他的为机加工件。

基于传统的设计方法,不论轨道设备采取什么样的制造工艺,设计的输出成果均为二维设计图纸。从设计端到制造端的流程是一致的,其大概过程是设计端输出二维设计图纸给制造端，制造端根据二维设计图纸进行模具的设计和制作，或者进行机加工的制造图纸编制，然后进行轨道设备的生产制造。由于要进行图纸的转换和数据的转换，不仅降低了效率而且会造成设计到制造过程误差累积。

基于 BIM 技术的设计方法，对于轨道工程设备制造数据成果输出，应根据制造工艺需求提供不同的数据成果格式。对于采用模铸工艺制造的轨道设备构件，应直接输出轨道设备构件的三维几何精确模型，便于制造厂商直接将轨道设备三维模型无缝导入到模具设计软件中，进行模具的设计和轨道设备的生产（图 2-12）；对于采用机加工工艺制造的轨道设备构件的制造，应同时输出轨道设备构件的三维几何精确模型以及关键断面数据，通过转换后可直接输入机加工设备从而进行轨道设备的生产（图 2-13）。基于 BIM 技术的轨道工程设计，可以从 BIM 模型中提取任意的几何模型数据并按特定的格式传递到制造端，这样有利于提高轨道设备从设计端到制造端的数据传递效率并提高制造的精度。

图 2-12　轨道设备模铸工艺设计到制造流程

图 2-13　轨道设备机加工工艺设计到制造流程

2.5.3　无砟轨道施工数据成果输出

无砟轨道是轨道工程施工中较为特殊的结构，与线下基础的桥梁、隧道和路基混凝土结构工程的施工类似。因其施工完成后位置和形状无法改变或者改变困难，所以施工要求高，不允许出现较大的施工误差或者差错，否则将带来大量的反复施工和废弃工程等，浪费资源和影响工期。但在传统的设计和施工过程中，因为施工数据需要依据设计资料进行进一步的计算才能得到，各种中间转换过程以及施工原因，所以仍然会出现不可避免的施工差错、施工误差不可接受等现象，造成工程废弃。基于 BIM 技术的设计和建造，则可以基于 BIM 模型提取详细的正确且精确的数据用于指导施工，减少中间数据转换或传递造成的偏差和错误，可进一步提高设计信息向施工阶段传递的效率和精度，进而提高工程建设的质量。本章针对目前主流的 CRTS 双块式无砟轨道和 CRTSⅢ型板式无砟轨道，结合现场施工需求和 BIM 相关分解及编码标准，研究了无砟轨道施工数据成果输出的标准统一格式，用于指导基于 BIM 技术的轨道工程设计的无砟轨道施工数据成果输出。主要包含无砟轨道轨排数据清单、CRTS 双块式无砟道床数据清单、CRTSⅢ型板式无砟道床数据清单和无砟轨道底座数据清单。

无砟轨道轨排数据清单格式和开项见表 2-13，包含了轨排信息、组成、起终点信息、道床信息、底座信息以及编码信息等，主要用于为施工承包商提供了解无砟轨道沿线路分布的数据信息，并可用于施工过程的资源配置管理基础数据。

表 2-13　无砟轨道轨排数据清单格式表

名　称	格　式	单　位	说　明
序号	数字	—	轨排序号
轨排名称	字符串	—	
钢轨名称	字符串	—	
扣件名称	字符串	—	
轨枕名称	字符串	—	
每公里轨枕根数	数字	根	
起点里程	字符串	—	
终点里程	字符串	—	
长度	数字	m	
轨枕根数	数字	根	当前轨排的轨枕总数
扣件组数	数字	组	当前轨排的扣件总数
道床体积	数字	m^3	当前轨排的道床体积
道床材料	字符串	—	
道床板块数	数字	块	当前轨排的道床板块数
道床板钢筋	字符串	—	当前轨排的道床板钢筋列表
底座体积	数字	m^3	当前轨排的底座体积
底座材料	字符串	—	
底座块数	数字	块	当前轨排的底座块数
底座钢筋	字符串	—	当前轨排的底座钢筋列表
隔离层	字符串	—	
EBS 编码	字符串	—	
IFD 专业领域编码	字符串	—	
IFD 功能单项编码	字符串	—	
IFD 形式单项编码	字符串	—	
IFD 构件编码	字符串	—	
唯一编码	字符串	—	

CRTS 双块式无砟道床数据清单格式和开项见表 2-14，包含了道床基本信息、尺寸信息、起终点信息、关键节点信息以及编码信息等，主要为施工承包商提供无砟轨道道床及其定位信息，用于指导其施工。由于 CRTS 双块式无砟轨道道床板为现浇结构，为了指导轨道板的现浇施工，为每块轨道板输出关键节点的控制坐标。道床板关键节点坐标信息包含

节点 1～节点 14 共 14 个关键节点，其表示的位置如图 2-14 所示。

表 2-14 CRTS 双块式无砟道床数据清单格式

名 称	格 式	单 位	说 明
序号	字符串	—	道床序号
构件名称	字符串	—	
厚度	数字	mm	
宽度	数字	mm	
顶面横坡	数字	%	顶面双侧横坡
长度	数字	mm	
道床体积	数字	m^3	
道床材料	字符串	—	
适用铁路等级	字符串	—	
描述	字符串	—	
钢筋列表	字符串	—	当前道床板钢筋列表
起点里程	字符串	—	
终点里程	字符串	—	
节点 1	坐标	m	
节点 2	坐标	m	
节点 3	坐标	m	
节点 4	坐标	m	
节点 5	坐标	m	
节点 6	坐标	m	
节点 7	坐标	m	
节点 8	坐标	m	
节点 9	坐标	m	
节点 10	坐标	m	
节点 11	坐标	m	
节点 12	坐标	m	
节点 13	坐标	m	
节点 14	坐标	m	
轨排编码	字符串	—	
EBS 编码	字符串	—	
IFD 专业领域编码	字符串	—	
IFD 功能单项编码	字符串	—	
IFD 形式单项编码	字符串	—	
IFD 构件编码	字符串	—	
唯一编码	字符串	—	

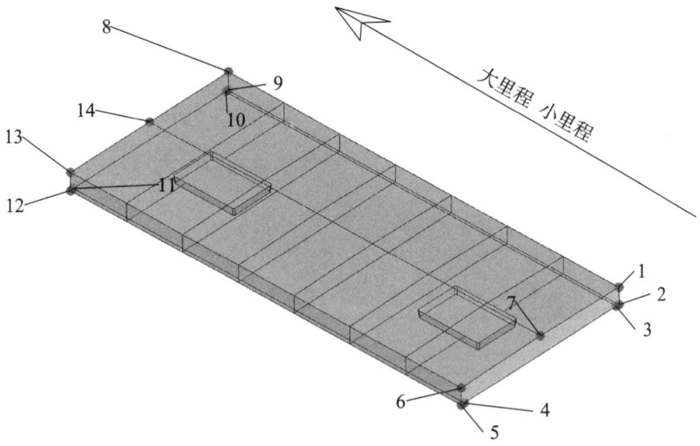

图 2-14　CRTS 双块式无砟道床关键节点位置图示

CRTSⅢ型板式无砟道床数据清单格式和开项见表 2-15，包含了道床基本信息、尺寸信息、起终点信息、关键节点信息以及编码信息等，主要为施工承包商提供无砟轨道道床及其定位信息，用于指导其施工。由于 CRTSⅢ型板式无砟轨道道床板为预制结构，无需现浇，轨道板的定位采用 4 点定位的方式，为每块轨道板输出 4 个关键节点的控制坐标。道床板关键节点坐标信息包含节点 1～节点 4 共 4 个关键节点，其表示的位置如图 2-15 所示。

表 2-15　CRTSⅢ型板式无砟道床数据清单格式表

名　称	格　式	单　位	说　明
序号	字符串	—	
构件名称	字符串	—	
厚度	数字	mm	
宽度	数字	mm	
顶面横坡	数字	%	顶面双侧横坡
长度	数字	mm	
道床体积	数字	m^3	
道床材料	字符串	—	
适用铁路等级	字符串	—	
描述	字符串	—	
钢筋列表	字符串	—	当前道床板钢筋列表
起点里程	字符串	—	
终点里程	字符串	—	
节点 1	坐标	m	
节点 2	坐标	m	
节点 3	坐标	m	
节点 4	坐标	m	
轨排编码	字符串	—	

续上表

名　称	格　式	单　位	说　明
EBS 编码	字符串	—	
IFD 专业领域编码	字符串	—	
IFD 功能单项编码	字符串	—	
IFD 形式单项编码	字符串	—	
IFD 构件编码	字符串	—	
唯一编码	字符串	—	

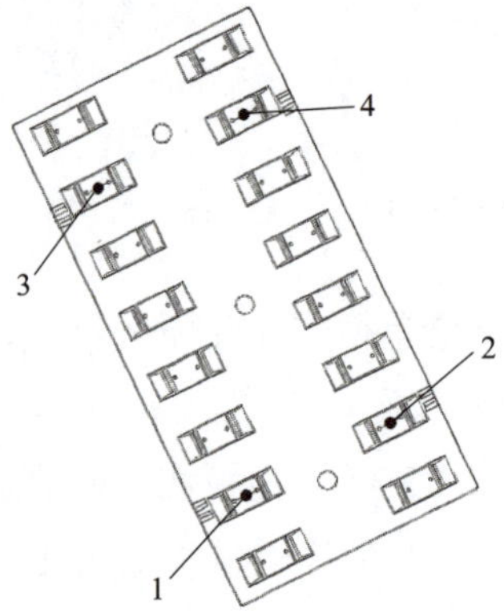

图 2-15　CRTSⅢ型板式无砟道床关键节点位置图示

无砟轨道底座数据清单格式和开项见表 2-16，包含了底座基本信息、尺寸信息、起终点信息、关键节点信息以及编码信息等，可同时用于 CRTS 双块式无砟轨道和 CRTSⅢ型板式无砟轨道，主要为施工承包商提供无砟轨道底座及其定位信息，用于指导其施工。由于无砟轨道底座为现浇结构，为了指导底座的现浇施工，为每块底座板输出关键节点的控制坐标。底座板关键节点坐标信息包含节点 1～节点 12 共 12 个关键节点，其表示的位置如图 2-16 所示。

表 2-16　无砟轨道底座数据清单格式

名　称	格　式	单　位	说　明
序号	字符串	—	
构件名称	字符串	—	
厚度	数字	mm	
宽度	数字	mm	
顶面横坡	数字	%	顶面双侧横坡
底面横坡	数字	%	底面面双侧横坡
混凝土体积	数字	m^3	
混凝土等级	字符串	—	
钢筋列表	字符串	—	当前底座板钢筋列表

续上表

名　称	格　式	单　位	说　明
适用铁路等级	字符串	—	
描述	字符串	—	
起点里程	字符串	—	
终点里程	字符串	—	
节点 1	坐标	m	
节点 2	坐标	m	
节点 3	坐标	m	
节点 4	坐标	m	
节点 5	坐标	m	
节点 6	坐标	m	
节点 7	坐标	m	
节点 8	坐标	m	
节点 9	坐标	m	
节点 10	坐标	m	
节点 11	坐标	m	
节点 12	坐标	m	
轨排编码	字符串	—	
EBS 编码	字符串	—	
IFD 专业领域编码	字符串	—	
IFD 功能单项编码	字符串	—	
IFD 形式单项编码	字符串	—	
IFD 构件编码	字符串	—	
唯一编码	字符串	—	

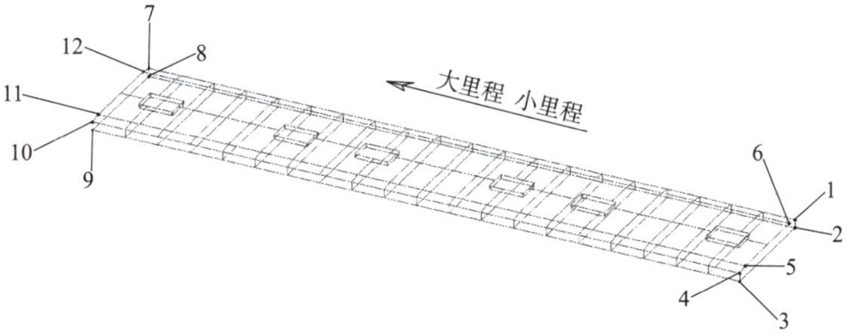

图 2-16　无砟轨道底座关键节点位置图示

附录 B 中附表 B-1～附表 B-3 分别演示了无砟轨道轨排数据清单、CRTS 双块式无砟道床数据清单和无砟轨道底座数据清单的示例数据，在施工阶段可将该数据列表按照施工机械的数据接口要求转换厚直接用于施工测量，最大程度地提高无砟轨道施工的效率、精度和质量。

本章对现有铁路行业 BIM 标准体系中与设计和软件开发应用关联密切的轨道工程分解标准、轨道工程编码标准、轨道工程数据存储和交换标准以及交付标准进行了深化研究。对扣件、轨枕、道岔、钢轨伸缩调节器等轨道工程构件进行了更加深入的分解、编码和信息交换的论述和补充，同时对轨道工程成果输出标准进行了分析研究，制定了相应的成果输出标准建议参考范例，为后续的软件设计需求分析和实现打下基础。

第3章 高速铁路轨道工程 BIM 设计场景

根据前述第 0～1 章中关于高速铁路工程 BIM 设计现状分析，可见在铁路工程设计中引入 BIM 技术应用虽然尚处于起步阶段，但这是未来铁路工程数字化以及实现铁路设施万物互联的基础。实现铁路设施万物互联实际上就是要实现铁路设施的数字孪生，创建现实铁路设施的虚拟数字化世界，在此基础上引入物联网技术，实现铁路设施现实世界与虚拟数字世界的互联互通，在虚拟数字世界中模拟并优化现实世界的运行，以达到让现实铁路设施更好运行的目的。实现铁路设施数字孪生的前提条件是 BIM 信息模型的建立，因此高速铁路 BIM 信息模型的创建是一切数字化的基础。当然铁路基础设施的数字化涉及从规划、设计、建造、运维直至拆除的全生命过程，其覆盖的范围之广，涵盖的时间周期之长，且涉及的资源管理和配置之复杂，是需要巨大的篇幅才能阐述清楚的，本章仅结合当前的现状和需求，仅从高速铁路轨道工程 BIM 设计应用的角度进行相关需求和场景的论述，包含高速铁路轨道工程 BIM 设计应用主要目标和内容、BIM 正向设计软件的主要功能和性能以及协同设计需求等。

3.1 轨道 BIM 设计应用目标与内容

3.1.1 应用目标

高速铁路轨道工程 BIM 设计的应用目标宏观上应包含可协同设计、确保各阶段数据信息通畅传递、提高设计效率、提高设计质量和节省工程全生命周期投资。

协同设计包含专业内部结构之间的协同设计和与外部专业间的协同设计。轨道专业内部协同设计即确保轨道专业内部各个组成结构之间的内部接口关系正确，结构合理，相互约束恰当，具体体现为轨道结构各个组成部分及其之间关系均参数化，确保其中某个部件变化或者某个约束参数变化后，轨道结构系统可进行自动调整，避免内部冲突。与其他专业间协同设计主要是高速铁路工程各专业之间的设计协同，避免差错漏碰。从协同设计的内容来说包含设计资源的协同和设计行为的协同两方面，设计资源协同要求各专业间数据等资源能够无缝传递，设计行为协同则是对参与设计的机构和人员进行有序和协同管理。

确保各阶段数据信息通畅传递，针对轨道工程设计来说，主要是设计阶段向后续轨道工程部件制造和现场施工阶段的延伸。BIM 正向设计的过程本质是 BIM 模型从无到有、从简单到详细、从无信息到附加任何信息的过程，从设计阶段到部件制造阶段，再到现场施工阶段，BIM 模型将进一步完善和细化，BIM 模型信息将进一步积累和附加，因此必须确保相互之间的模型信息的通畅传递，才能实现 BIM 模型的继承和发展。

提高设计效率是设计企业亘古不变的要求，运用 BIM 技术进行设计，就是要在逐步实现协同设计的基础之上，建立高效的基于三维模型的、联动的设计流程，同时实现设计过程中的各种几何计算、数据评估、结构配置、数量计算和切图计算等算法并集成到专用设计软件中，以此来实现提高效率的目标，否则，以传统的手段来进行 BIM 技术的应用，将需要进行大量重复的人力计算，其难度是可想而知的，不仅无法提高设计效率，也容易出错。

提高设计质量包含提高设计精度和设计成果水平两个方面。设计精度主要体现在基于 BIM 三维模型的设计中，可以对任意的工程全部或者局部进行精确的设计和展现，促使能够进行更加准确的工程数量统计和投资估算，得到设计下游阶段的工程材料的精确制造和采购，减少工程材料废料等有益效果。设计成果水平主要体现为设计的成果系统协调性更好更合理，减少了设计成果的相互冲突和不闭合等情况，进而减少工程设计和后续制造施工阶段的变更。

节省工程全生命周期投资是高速铁路工程建设系统性工程的终极目标，通过 BIM 设计技术应用目标的实现，可实现在确保工程设计质量的前提下，在设计阶段实现节省投资的目标，当然，节省高速铁路工程全生命周期的工程投入还需要在施工以及运维阶段进一步合理利用 BIM 技术并结合管理优化，找到投入和产出比的合理平衡点来实现。

此外，对于设计企业来说，实现上述 BIM 设计应用目标的情况下，可同时提高设计企业的盈利效率。

基于上述分析，高速铁路轨道工程 BIM 设计的具体目标是：

1. 实现设计行为协同

建立设计阶段的 BIM 实施标准，规范 BIM 实施内容和过程，提炼对轨道工程设计和建设具有实际工程价值的应用点并形成标准操作指南，减少现阶段的盲目应用所造成的大量财力、物力、人力和时间等社会资源的浪费，降低实施轨道工程设施 BIM 数字化的成本和风险。通过 BIM 技术的规范化操作和协作化运行，最终实现在 BIM 模式下的规模化、规范化设计，从根本上提高设计生产效率。对于铁路工程而言，主要应对项目设计过程中的机构配置、人员组织、设计程序等进行详细规定，确保行为相互配合，设计有序推进。

2. 实现设计资源协同

建立设计阶段的 BIM 数据及其传递标准，确保设计全流程中的初始数据、过程数据和成果数据之间的有效组织和无缝传递，最大限度减少甚至消除不同部门、不同专业和不同流程中的数据的转换工作，提高数据存储和传递效率。此外，基于 BIM 信息模型，应用 BIM

技术将不同专业的设计成果在统一的三维协同设计环境中进行装配和分析，进行技术方案优化、差错漏碰检查等协同设计工作，避免因误解或沟通不及时造成的设计错误，提高设计质量和效率。

3. 轨道工程设计成果三维可视化

应用 BIM 技术将专业、抽象的轨道工程方案描述三维可视化，将轨道工程设计交底三维可视化，使得各专业设计人员、业主、项目审查人员、施工承包商和其他参与者更易理解设计意图，提出改进方案或者高效高质量实施方案，进一步提高项目建设的质量和效率并最大化各参与方的利益。

4. 轨道工程精细化设计

传统的轨道工程设计中，由于设计工具的缺乏、设计工期要求紧张，导致精细化设计能力不足或者根本无法达到精细化设计的目的。比如无法进行曲线地段轨道道床工程数量的精确计算，无法进行曲线地段无砟轨道结构的精确设计，无法进行多专业的精确的排水综合设计，无法进行大量轨道工点的设计，无法进行工点无砟轨道结构钢筋等的精确设计，无砟轨道工点的配置设计效率不高能力不足等，导致轨道施工设计可交付的成果有限，大都以通用图的形式和设计原则要求的形式交付下游施工阶段，在施工配合阶段进行大量的细节设计和计算，往往导致较多的施工配合工作量和后期变更设计。基于 BIM 技术的轨道工程设计则要求所有的细节设计必须在设计阶段完成，所有的配置计算等成果需要在设计阶段完善。因此，轨道工程精细化设计是应用 BIM 技术必须解决的问题。

5. 轨道工程设计成果可优化

利用 BIM 技术可实现三维模型与数值分析软件的联动，实现将轨道 BIM 信息模型导入到无缝线路计算软件、结构受力分析软件、轮轨动力学仿真软件或者车辆控制系统仿真软件中进行受力或者性能仿真分析，并将分析结果反馈到模型中，优化轨道 BIM 模型。

利用 BIM 模型与三维渲染软件之间数据联动，即将轨道 BIM 模型或者多专业整体模型直接导入三维渲染软件进行项目三维场景的渲染和后期处理，为方案设计和优化提供直观的可视化对象。

此外，应用 BIM 技术对设计成果进行三维可视化集成，能直观查询设计参数、工程数量和投资估算，分析方案合理性，能对设计方案进行修改，保证方案可行、最优。利用 BIM 技术可实现设计阶段的整体三维模型的碰撞检验和防排水设计的优化、轨道工程数量的精确计算以及不同轨道结构区段之间的可视化定位等。

6. 开发高效的轨道工程专业化 BIM 设计软件

由本节前述 1～5 项 BIM 设计应用目标可以看出，轨道工程 BIM 设计应用目标的实现，仅依靠现有传统的设计手段和方法是不可能完成的，即使能够完成也将付出过大的时间成本和人力资源代价，是得不偿失的。开展轨道工程 BIM 设计，所涉及的流程管控、几何计算、模型创建、设计分析计算、成果提取展示、接口数据传递、过程数据流转等均需要进行大量的计算,且这些计算是特殊的、专业化的。因此,必须开发出高效的轨道工程专用 BIM 设计的工业设计软件,才能实现上述轨道工程 BIM 设计应用目标。

3.1.2 应用内容

目前铁路工程 BIM 设计应用仍然处于起步阶段,需要经历一个从传统设计过渡到真正的 BIM 正向设计的阶段。因此 BIM 设计的应用内容需要兼顾传统设计需求,同时需要探索后续阶段数字化制造、施工和养护维修的需求,此外,尚需结合施工机具和养护设备的数字化和自动化转型实际情况确定。

轨道专业应用框架总体包含设计、建模、信息附加、模型应用以及施工接口等方面,如图 3-1 所示,设计包含轨道结构方案设计和构件设计,建模包含构件库的创建、线上工点模型创建和特殊工点详细模型创建,信息附加包含材质信息和技术条件等非几何信息,模型的应用包含基于模型的工程数量计算、无缝线路设计、接口检查、基于模型切图、基于模型的可视化交底和符合规范的模型交付等,施工接口主要包含轨道模型信息与施工设备关联的接口、轨道模型信息与轨道零部件制造设备关联接口等。

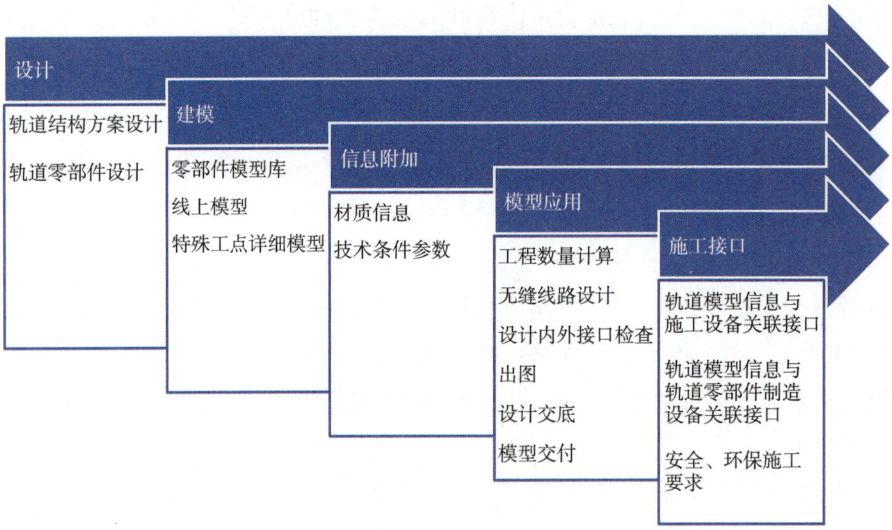

图 3-1　轨道专业 BIM 应用框架

根据轨道专业 BIM 应用框架,轨道 BIM 模型的创建是一切 BIM 应用的基础。轨道专业与传统站前专业和站后专业存在一些显而易见的差别,轨道专业不仅包含站前的土建工程内容,还包含站后专业的设备工程内容,因此轨道专业的 BIM 应用需要同时兼顾这两方面的便利性。

基于目前的实际情况和需求,高速铁路轨道工程 BIM 设计的应用内容主要有以下几个方面。

1. 快速创建模型

铁路轨道结构是基于线路的三维空间线形敷设的，同时还要考虑轨道结构本身在敷设过程中处于曲线地段时的超高设置。特别是处于缓和曲线或者超高过渡段区域的超高渐变设置，轨道结构的道床或者底座等尚需要根据超高的变化而变化其本身的横断面形状，扣件、轨枕等单个构件需要根据超高的变化而进行特定的位置调整，因此，轨道结构的敷设是一个更加复杂的过程，这也反映了工点轨道模型的创建是一个特别复杂的过程，需要进行大量的计算和图形的绘制。针对这种情况，如果采用传统的方法来创建工点轨道结构的模型，在现有的工期要求和铁路工程建设环境要求下是不可能完成的任务。快速创建模型，就是要基于轨道结构自身内部的规则，结合外部条件的接口要求，编制专业的工业软件，将各种复杂的几何算法嵌于软件中，利用计算机的计算和三维造型能力，实现快速创建工点轨道模型的目的。

2. 接口检查

包含轨道结构内部接口检查和与外部专业的接口检查。通过轨道模型结构内部的碰撞检查，发现和修正轨道结构内部各组成部分之间的冲突问题，优化轨道系统设计方案；通过与其他专业合模后的碰撞检查，发现和修正轨道结构与相关专业之间的接口冲突问题，优化铁路系统设计方案。

3. 基于 BIM 模型的轨道结构方案审查

进行基于创建的 BIM 模型的设计方案审查，探索其优势以及存在的问题。

4. 工程数量统计

基于各阶段最终的轨道模型，通过轨道 BIM 正向设计软件统计功能按照标段划分要求统计工程数量，通过直接读取最终的轨道工点模型信息提取轨道工程数量，确保轨道工程数量的准确和精度，同时提高工程数量计算的效率。

5. 工程图纸输出

鉴于当前的铁路工程行业 BIM 技术应用现状和后续施工等阶段的技术需求及能力水平，二维的施工图纸仍然是施工的主要依据，完全消除二维施工图纸而采用电子化的模型信息尚有很远的路程要走。因此，在当前阶段，基于工程模型并提取二维工程图纸是必不可少的工作和应用内容。基于轨道 BIM 模型的轨道工程图纸的输出主要包含两个方面的内容，即轨道结构通用图和工点设计图。由于轨道结构沿线路敷设，大部分的区间结构均为标准化的结构，标准化的结构可以通用图的方式来表达，而对于特殊工点结构，则需要编制特殊的工点设计图纸以表达。对于轨道结构通用图，通过读取三维轨道结构设计方案中轨道结构参数直接生成轨道结构方案通用图。对于特殊的工点结构设计图，则可通过直接对特殊工点模型进行切图的方式生成轨道工点设计二维图纸。

6. 轨道可视化施工设计交底

基于轨道施工设计 BIM 模型，进行可视化的轨道施工设计交底工作，向施工承包商及其技术人员展示完整的三维轨道结构，准确传达设计意图，同时将施工中的重点、难点进行重点可视化表达，特别使容易出错的地方进行三维可视化提示。

此外，基于轨道施工设计 BIM 模型，辅助施工承包商进行特殊工点的轨道施工组织模拟和施工计划控制模拟，对施工过程进行预演，配合制定合理的轨道施工计划和相关的保障措施。通过对施工过程的模拟，对施工配料提出指导性意见，达到更精确配料的目的，以减少材料浪费。

7. BIM 标准验证与执行

目前，中国铁路 BIM 联盟已经发布了相关的团体标准，国家铁路局也将陆续编制铁路行业的相应标准，在当前的铁路 BIM 技术应用起步阶段，应在实践应用过程中对相关 BIM 标准进行验证，发现其中的问题并不断修改优化和完善铁路相关 BIM 标准。高速铁路轨道工程 BIM 技术实践中，也应基于当前 BIM 标准体系，逐步验证轨道专业相关的标准条款。

8. 仿真分析延伸

结合长大跨度桥梁地段的桥梁与轨道 BIM 模型，提取相关数据或直接导出关键模型进行无缝线路检算以及轨道结构关键结构的受力分析，达到方便地验证结构设计合理性的目的。

9. 轨道零部件设计

轨道工程包含土建工程与设备设施，轨道工程主要由钢轨、扣件、轨枕、道岔、调节器与下部道床等结构组成，其由众多零部件装配而成的特点明显。轨道工程设计主要分为零部件设计和轨道工程工点设计两大部分，其中零部件设计是基础的工作。对于高速铁路工程，轨道工程零部件基本为标准化的构件，无需再进行重复设计，但在更高标准的高速铁路的设计中，可能需要进行基于现有基础技术的创新设计，包括钢轨、扣件系统、轨枕甚至道床等的创新设计，因此，轨道零部件的设计也是轨道工程设计中至关重要的一环。采用 BIM 技术进行轨道零部件的设计可以将设计过程中所有的信息进行统一管理，使得优化设计和修改设计更加方便快捷，同时可以更加紧密的关联试验、制造环节，提高轨道零部件设计、研发和成品的效率。

10. 轨道零部件制造数据传递

根据前述成果输出标准分析和研究，基于 BIM 技术设计的轨道零部件成果模型能方便地输出包括轨道零部件几何三维模型、关键结构断面数据、材质数据等在内的所有数据，能方便地将轨道零部件信息模型由设计端传递至制造端，在轨道零部件“设计—制造”环节中应进一步研究应用数据流的传递方式、渠道和效率。

11. 轨道现场施工数据传递

根据前述成果输出标准分析和研究，基于 BIM 模型，可以提取轨道工程现场施工的关键控制数据，可根据现场施工机械设备、测量设备的数据接口要求，将从 BIM 模型中提取的施工控制关键数据无缝传递至现场施工的机械设备和测量设备中，打通“设计—施工”环节的数据流传递，提高效率，提高精度，减少人为误差和差错。

12. 轨道工程结构的属性附加

根据数据存储及交换标准及其深化研究成果，在不同设计、建设及运营阶段为轨道工程结构附加相关的非几何属性，满足下游施工管理和后期运维阶段资源管理的需求。

3.2　正向设计流程

基于前述的分析，可见基于 BIM 技术进行轨道工程的设计，将会克服传统设计中信息传递不畅、信息无法即时共享、接口脱节冲突、设计成果无法形象表达以及无法高效精确统计数量等弊端，取而代之的是，提高设计精度和质量、提高设计的协同能力、减少接口冲突、检查系统差错漏碰、减少设计变更、提高设计的可视化能力以及节省工程材料等，但同时引起设计的工作量大大增加了，势必造成设计效率的降低。如何解决上述设计益处和设计效率降低之间的矛盾是一个急需解决的问题。最好的解决办法便是开发专用的轨道工程 BIM 设计软件，将所有轨道设计过程中的计算集成到计算机算法中，利用计算机进行计算和模型生成，通过更新设计手段来提高设计效率，兼得鱼和熊掌。此外，设计对象的表达形式发生变化、设计手段的升级、设计成果的变化将促使设计的审查流程和对象产生变化，从而引起轨道工程 BIM 设计应用场景产生变化，传统的设计流程和场景将不再适合基于 BIM 的设计过程。

总之，采用 BIM 技术进行铁路轨道工程设计，带来的主要变化包括设计内容的变化、设计流程的变化以及设计工具的变化，上述变化引起了轨道设计场景变化。目前尚无相关的文献对基于 BIM 技术的轨道工程设计场景进行研究，也未见相关技术标准或指南发布，本节将根据 BIM 技术的应用需求和在试点项目中总结的经验，研究铁路轨道工程 BIM 设计场景，形成适用于铁路轨道 BIM 设计的设计流程和指南。

3.2.1　BIM 设计流程

1. 设计总流程

根据前述基于 BIM 技术的铁路轨道工程设计的特点，轨道 BIM 设计应采用基于云平台的设计理念和架构，所有的设计初始模型数据、过程模型数据和成果模型数据均位于云平台上，所有的设计参与方通过云平台和网络连接在统一的指导规则限制下进行工作，通过有效组织所有参建方达到协同和高效完成项目设计的目的。轨道 BIM 设计总流程如图 3-2 所示，云平台用于设计数据组织、数据协同、权限管理、流程管理和审签意见管理等，设计、咨询和审查者均围绕云平台中的设计模型和数据进行工作。

轨道 BIM 设计总流程：首先确定宏观的技术方向，接着进行标准模型设计，标准模型设计包含构件信息模型设计和方案信息模型设计两个部分，标准模型设计完成后进行工点信息模型设计，工点信息模型设计完成后进行多专业的合模检查及修改优化，继而形成优化后的供咨询审查的设计成果，该设计成果包含轨道工程工点模型及其他基于模型提取的设计文件。设计成果下一步将提交给咨询单位进行设计审核，咨询审核通过后提交给相关部门进行审查，最后形成最终的交付模型和成果（图 3-2）。

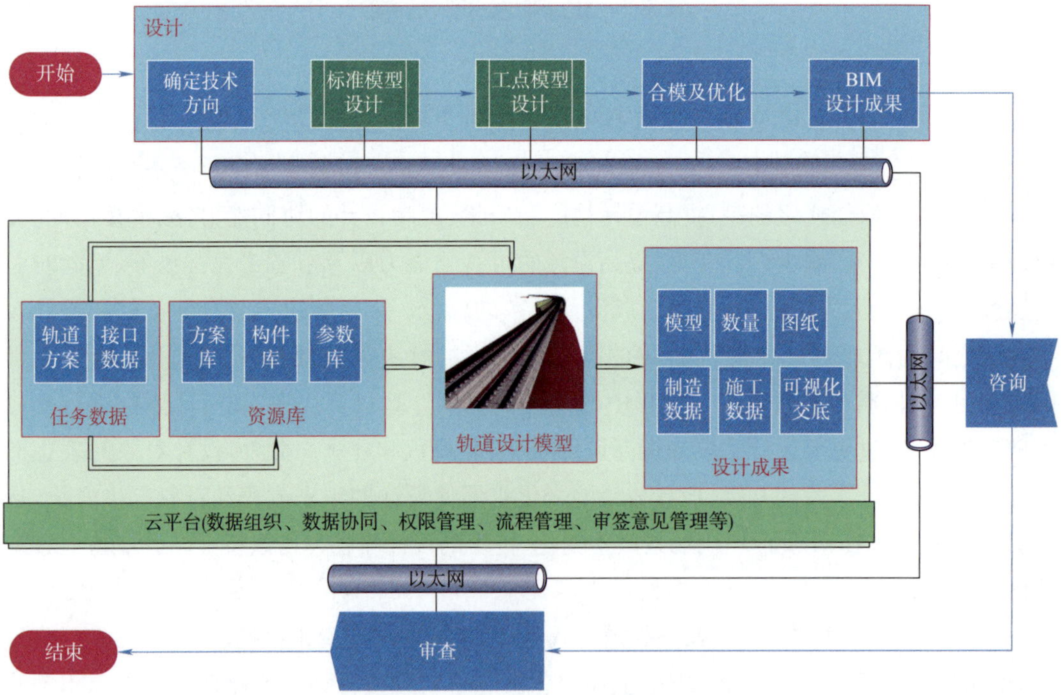

图 3-2 轨道 BIM 设计总流程

2. 轨道标准模型设计

轨道标准模型设计包含轨道构件信息模型设计和轨道标准方案信息模型设计两个部分。轨道构件信息模型设计主要包含钢轨、扣件、轨枕、轨道板、道岔、钢轨伸缩调节器、过渡段以及辅助设施等类型构件的设计。轨道标准方案信息模型设计则是直接引用轨道构件信息模型来进行轨道标准方案的结构组成及布置参数设计。

轨道构件信息模型设计包含了标准构件信息模型和非标准构件信息模型设计两个分支。标准构件是指目前已经形成标准图纸且已经经过上道试验的构件，即铁路部门已经正式发布可以在铁路建设设计中直接选用的各种定型的标准构件，包含钢轨、扣件、轨枕、轨道板、道岔、调节器等类型。非标准构件则是指为了满足功能需求而全新设计和研发的铁路轨道构件，这类构件在经过严格的研发流程和上道许可等程序且满足要求后成为标准构件。

轨道标准方案信息模型宜采用参数化的方式进行设计，包括轨道结构组成、各组成部分接口参数、各组成构件参数以及轨道结构沿着线路方向的布置参数等，可在轨道方案设计过程中进行自由的定制。

1)轨道构件信息模型创建及入库

轨道构件信息模型的创建和入库流程如图 3-3 所示，首先设计和创建构件三维几何模型，或者直接导入构件的三维几何模型（将来轨道标准的制定者直接发布轨道标准构件，设计单位直接调用即可），接着为构件三维几何模型附加非几何信息，经过设计、复核和内部审查等程序后即可入库。

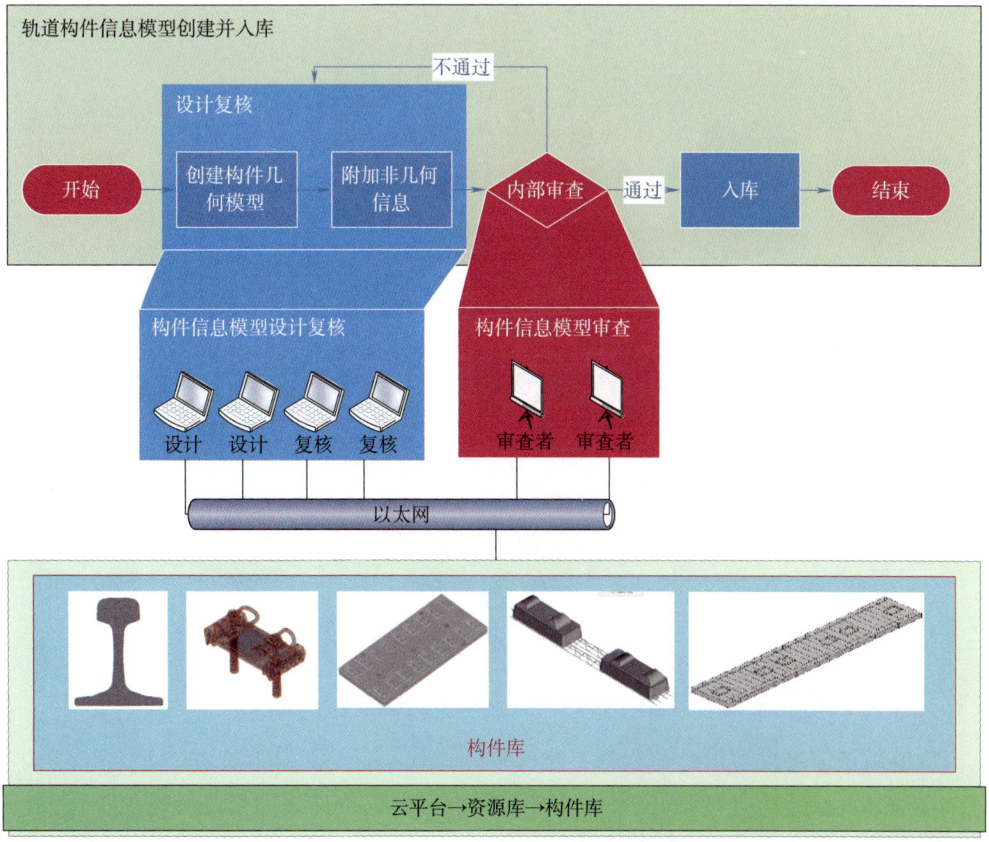

图 3-3　轨道构件信息模型创建入库流程

构件类型应按照《铁路工程信息模型交付精度标准》中模型精度基本等级的要求，分不同的等级进行几何模型创建和非几何信息的附加，供设计人员在不同的设计阶段进行选用。

2)轨道标准方案信息模型设计及入库

在完成轨道构件设计后即可进行轨道结构方案设计，轨道结构方案设计的过程引用已创建的轨道构件信息模型，采用搭积木的方式进行轨道标准方案信息模型的设计，通过参数化的方式设定轨道标准方案中的构件组成和相互约束关系。其流程如图 3-4 所示，完成设计、复核和审查程序后得到定型的轨道标准方案信息模型。在实际的项目设计中，根据线下基础的不同，可能存在多个适应于不同线下基础的轨道标准方案信息模型。

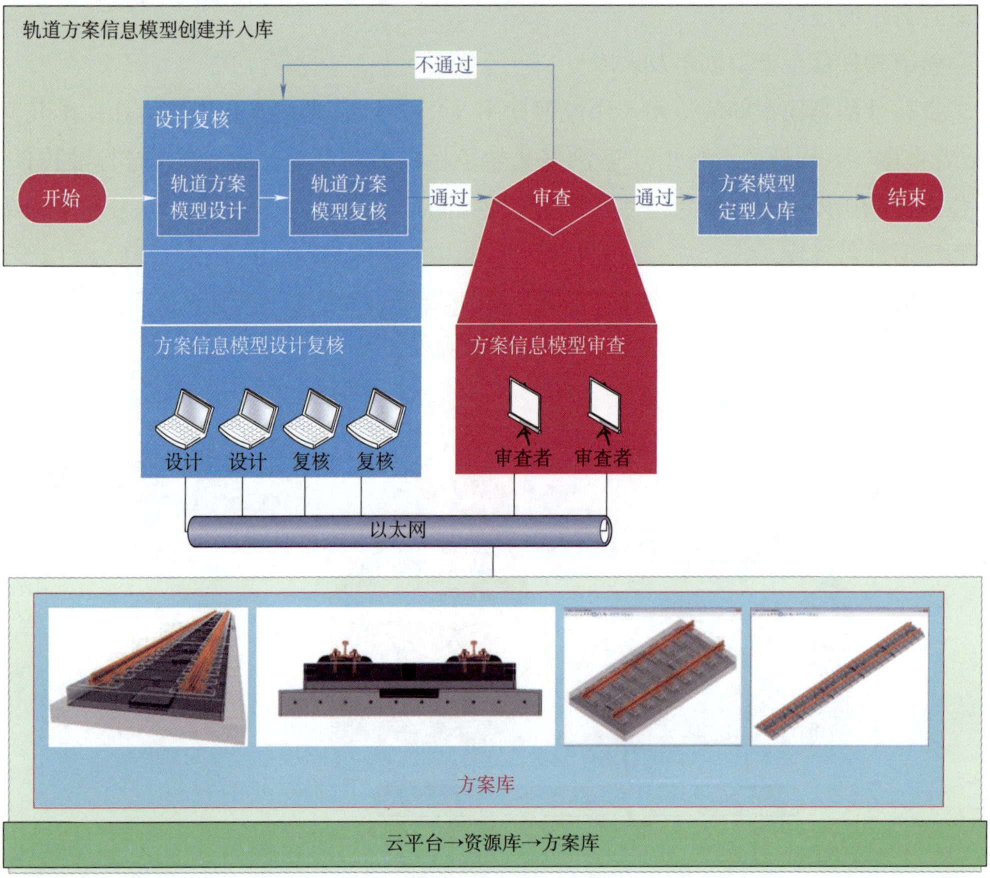

图 3-4　轨道标准方案信息模型设计流程

3. 轨道工点模型设计

1)轨道工点信息模型设计流程

在具备了轨道结构方案、线路条件和规范标准等前提条件后即可进行轨道工点设计，其具体流程如图 3-5 所示，经过设计、复核、负责人审查以及后续审查后即可最终确定工点设计方案和提取设计成果。

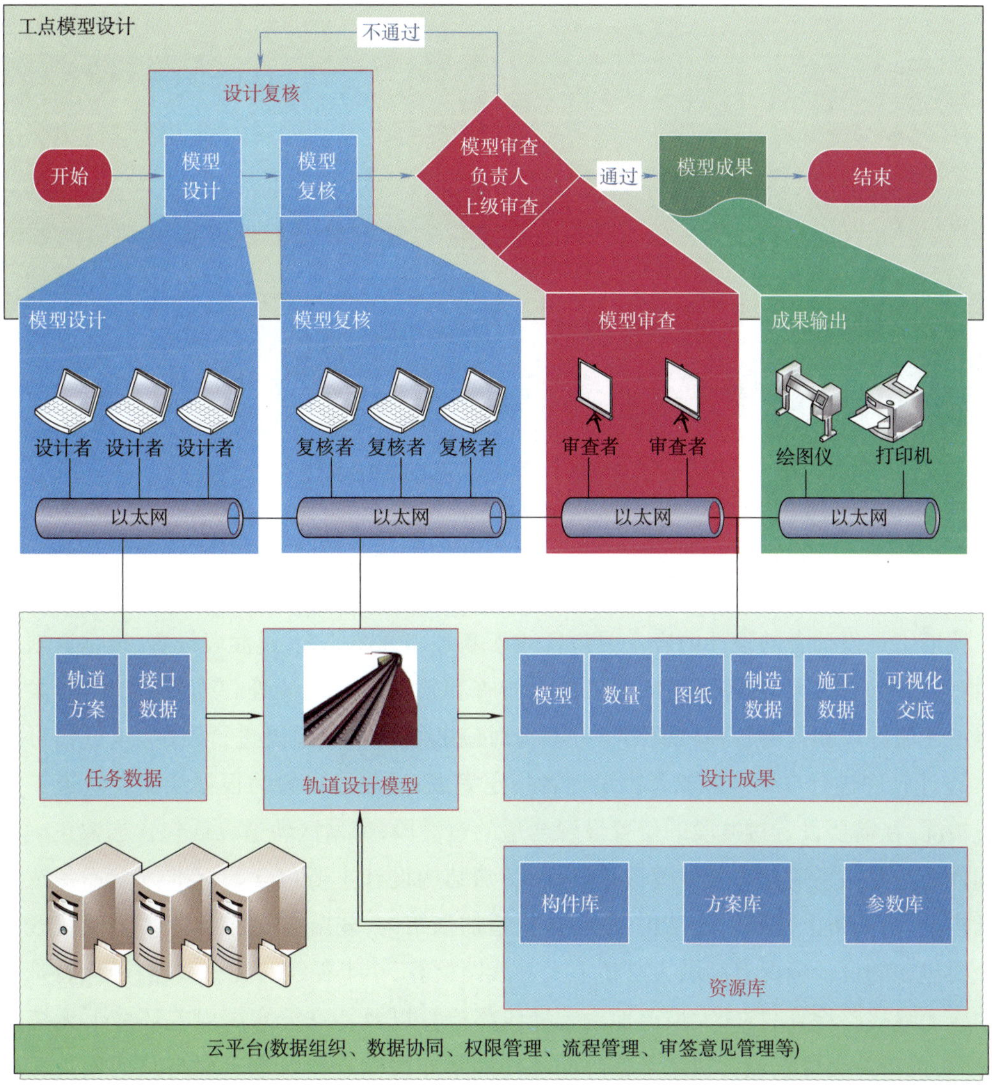

图 3-5　轨道工点模型设计流程

轨道的工点设计完全基于网络和云平台进行设计,所有设计基础数据、设计过程数据、设计模型、设计资源以及设计成果等均以文件、模型或数据库的形式存储于云平台中。从设计开始到设计结束,所有数据在不同设计角色和部门之间的传递和流转均基于网络传输完成。设计流程中各个环节的参与人员无需进行面对面交流或者集中办公也可以快速完成所有的设计流程。

2)轨道工点信息模型设计的内容

在轨道工点模型设计过程中,设计者、复核者、设计负责人、后续审查等各级别的主要工作内容如图 3-6 所示。

图 3-6　轨道工点信息模型设计内容

轨道工点设计者的设计内容主要包含线下基础与方案匹配、过渡段设置、道岔区轨道设计、特殊结构设计、无缝线路设计、接口冲突检查和轨道超高设计等。线下基础与方案匹配即将前述流程中创建的各种轨道结构方案与对应的线下基础地段进行匹配，该过程可以由 BIM 设计软件进行自动匹配或者由设计者指定完成；过渡段设置为根据线路上轨道工点的布置情况，在需要设置过渡段的位置设置合适的过渡段；道岔区轨道设计包含选取正确的道岔构件并按照站场道岔布置位置进行设计；特殊结构设计主要包含与标准方案不一致的工点结构设计，如桥上特殊轨道结构、地震区轨道加强结构、减振轨道结构设计等；无缝线路设计主要包含的设计情况有高墩大跨桥上无缝线路检算、小半径线路无缝线路检算、特殊桥上道岔区无缝线路检算、特殊大坡道地段无缝线路检算以及特殊严寒高温差环境下无缝线路检算等；接口冲突检查包含轨道工程内部各构件间冲突检查和轨道工程与其他相关工程之间的冲突检查；轨道超高设计为根据线路和行车条件进行所有曲线的轨道超高值计算和最优设置方案的确定。

轨道工点复核者应对方案选用、线下基础与方案的匹配情况、过渡段设置正确性、道岔区设计正确性、特殊轨道结构设计正确性、无缝线路设计检算、接口以及轨道曲线超高设计方案进行复核。

轨道设计负责人审查应重点关注方案选用的合理性、接口协调性、特殊轨道结构设计的合理性、超高设计值的合理性以及无缝线路设计是否恰当等。

后续更高级别的审查则应重点关注方案的合理性、特殊轨道结构设计合理性、超高设计方案合理性以及无缝线路设计方案的合理性。

基于 BIM 技术的轨道工程设计审签过程，设计、复核和审查重点关注设计模型和设计过程，传统的设计成果，诸如工程数量、设计图纸以及其他任何数据均直接由轨道 BIM 模型生成或者自动提取得到，这些设计成果无需进行重复的复核和审查。

4. BIM 设计成果

基于 BIM 技术的轨道工程设计的主要成果为统一的轨道 BIM 模型，包含了轨道工点的几何三维模型以及任意的非几何信息，基于统一的轨道 BIM 模型可以提取任何需求的设计成果。根据当前的铁路工程建设需求和建设水平，二维的设计图纸仍然是施工建造的主要依据，因此二维图纸是不可或缺的。轨道 BIM 设计成果主要包含 BIM 交付模型以及基于轨道 BIM 模型提取的二维图集、轨道工程数量清单、施工控制数据集、设计说明文件、设计交底文件和其他专题报告文件，交付的 BIM 模型应包含几何模型、所有可附加的非几何信息以及可关联的文档等(图 3-7)。

图 3-7　轨道 BIM 设计成果列表

3.2.2　设计管理平台功能框架

由于轨道 BIM 设计是完全基于统一的 BIM 模型进行设计的，其包含的几何模型和非几何数据存储在统一的模型数据源中，设计者、复核者、设计负责人以及审查者均需要基于统一的 BIM 模型进行工作，因此轨道工程设计审签程序应贯穿于整个轨道设计过程。为了将设计模型与审签管理程序相互关联，需要一个独立的设计管理平台来实现设计流程和设计审签程序管理，设计管理平台整体的功能框架包含轨道 BIM 设计软件、BIM 模型集成审签管理平台以及与其他专业的协同设计接口三个功能模块，如图 3-8 所示。整体的数据流传递流程是在轨道 BIM 设计软件中进行轨道工程设计，通过协同设计接口与其他专业进行协同设计，BIM 模型集成审签管理平台读取轨道设计模型进行管理和审查，通过多次互动完成审签程序最终形成轨道 BIM 设计成果模型。轨道 BIM 模型集成及审签管理平台可以集成于轨道 BIM 设计软件中，也可以采用独立的管理平台，如 Bentley Project Wise 等。

轨道 BIM 模型集成及审签管理平台应具备项目信息管理、模型浏览、流程控制、接口管理、权限管理、审签记录、模型及文件版本控制等功能。项目信息管理用于对整个项目的技术标准和基本信息进行管理。模型浏览主要用于对轨道工程 BIM 模型进行浏览和局部检视，支持对模型进行分解、剖切、旋转、缩放等，支持非几何信息的浏览，支持对任意对象的定位等。流程控制主要用于对整个设计、复核、审查流程进行详细严格的控制，确保符合轨道工程设计审签程序要求。接口管理主要用于对接口数据进行管理和显示。权限管理用于对参与设计的各个层级的人员进行管理和设计任务指派，根据用户权限显示指定的任务信息，引导设计人员完成特定的设计任务等。审签记录用于记录特定层级特定设计人员的设计、复核和审查意见等,同时将各层级设计审查意见与轨道 BIM 模型关联,创建审查意见的模型关联快照等,便于设计者快速进行意见的理解和模型的修改优化,也便于后续阶段对审签信息的查询和理解。模型及文件版本控制主要用于对设计模型和文件进行版本和存档控制,便于后期对设计文件进行溯源、查询,帮助后续阶段项目参与者快速了解项目情况和事件的来龙去脉。

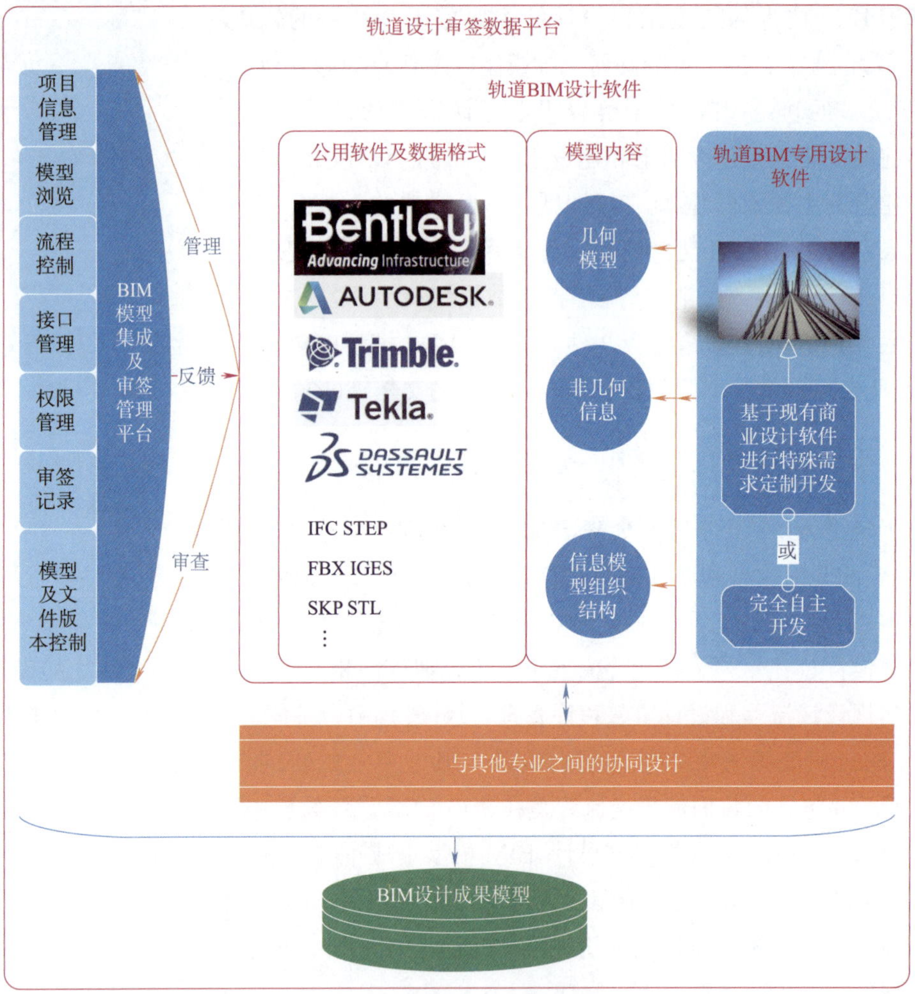

图 3-8　设计管理平台功能架构图

3.3　BIM 软件正向设计功能需求

高速铁路轨道工程 BIM 正向设计软件的功能分析,需要着重考虑如何实现轨道工程的 BIM 正向设计。要实现正向设计,则必须首先研究分析轨道工程 BIM 设计的完整流程,包括业务流程、数据传递关系、资源的合理配置等,需要将 BIM 设计的完整流程嵌入到 BIM

设计软件中，实现基本的流程框架。为此，本节依据对轨道工程 BIM 设计的业务过程和数据关系的分析来确定轨道 BIM 正向设计软件的主体功能框架、详细功能模块及功能模块之间的关系。

3.3.1　数据流关系图

轨道 BIM 正向设计软件依托轨道工程相关的设计流程、设计接口、设计阶段、设计成果等需求进行业务管理和数据组织。轨道设计通用的数据流程如图 3-9 所示。

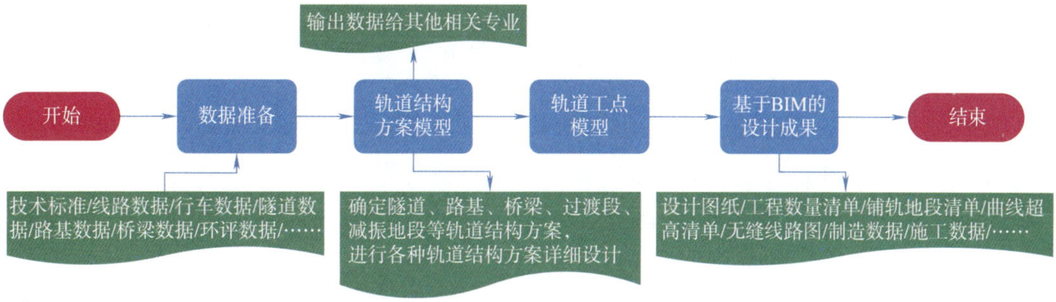

图 3-9　轨道设计数据流程示意图

第一步，进行 BIM 设计的数据准备，接收总体及其他专业的接口数据，包含线路技术标准、线路数据、行车数据、隧道数据、路基数据、桥梁数据、环评数据以及站后专业相关数据。

第二步，根据接收的线路技术标准以及线路、行车、隧道、路基、桥梁等相关数据形成轨道设计方案信息模型和工作环境。

第三步，根据轨道方案输出接口数据给其他相关专业。根据接口数据以及确定的轨道结构方案模型，进行轨道工点设计，包含工点划分、方案关联，继而创建全线的轨道结构模型，并补充详细必要的属性信息。

第四步，提取轨道设计成果，根据每个阶段的设计需求提取相关的设计成果，包含设计图纸、设计说明、工程数量及制造施工数据等。

3.3.2　软件功能概览

轨道 BIM 正向设计软件是一套系统性设计软件，该软件以模块化的方式进行开发，通过串联各个功能模块实现轨道系统设计全过程的 BIM 设计应用，具有外部数据导入接口、轨道设计参数库管理、轨道构件库管理、轨道方案库管理、轨道方案辅助设计、轨道智能布置、轨道交互布置、设计文件交付、工程数量自动统计等功能。

1. 轨道设计参数库模块

将现行铁路轨道设计标准相关参数纳入参数库中，用以指导设计。

2. 轨道专业构件库模块

构件库包含钢轨、扣件、轨枕、道岔等零部件，有砟轨道及现浇式无砟轨道结构横断面的参数化模板，提供新零部件及新模板创建功能。轨道构件库中的构件信息模型可在不同的项目和线路间共享复用。

3. 轨道专业标准方案库模块

用于管理和创建轨道专业的标准的、典型的方案信息模型，轨道标准方案信息模型由各种轨道构件按照特定的约束关系构建，方案库模块提供创建和管理参数化的轨道方案信息模型的功能。方案库中的轨道方案信息模型可共享复用，供项目设计中进行选用或者参照。

4. 项目信息模块

该模块提供项目信息管理，如项目名称、项目技术标准、项目设计阶段、项目参与人员、项目审签过程等。在设计过程中附加审签程序的相关人员信息。

5. 轨道方案信息模型辅助设计模块

该模块的功能为，根据线路资料、线下基础资料、地质资料、项目技术标准等进行轨道方案的设计，软件具有根据输入资料自动确定项目所要采用的轨道方案并提供人工调整的交互设计功能。定型的轨道方案信息模型可导入轨道方案库供其他项目参考选用。

6. 轨道智能布置模块

根据确定的轨道方案、轨道设计原则，由软件自动根据边界条件完成线路上的轨道布置。边界条件包含：线路方案、路基位置、桥梁位置、隧道位置、站场道岔布置、轨道布置原则、标段划分信息等。

7. 线上轨道布置交互设计模块

该模块提供在软件界面进行全线轨道布置的手动交互设计功能，可以对已有的轨道布置方案进行调整。

8. 轨道工程数量计算

该功能根据线路上的轨道 BIM 模型，标段划分要求，自动计算轨道工程数量，并输出轨道工程数量清单。

9. 设计文件交付

根据《铁路建设项目预可行性研究、可行性研究和设计文件编制办法》(TB 10504—2018)中不同阶段的设计文件要求，输出设计文件和模型。

3.3.3 轨道设计参数库

轨道设计参数库的管理权限应为设计部门技术统筹管理员，参数库可包含轨道工程设计相关的任意标准和标准参数。轨道参数库应为可在授权范围内任意进行扩展和共享的公共资源库。

1. 创建轨道设计参数库的目的

创建轨道设计参数库的目的是首先将轨道工程相关设计标准电子化,便于设计过程中进行查看浏览。同时,需要将标准中的涉及确定轨道工程方案和详细工点设计的关键参数进行标准化管理和存储,便于轨道 BIM 正向设计软件使用的过程中,在相应的位置能够自动检索参数进行显示,以供设计者、复核者和审查者进行参考和核实,确保轨道工程设计方案符合标准规定的要求。

2. 轨道设计参数库的管理

轨道设计参数库档案应独立于软件内置数据,采用轨道 BIM 正向设计软件中的轨道参数库模块进行统一管理,但是可以自由地进行分发。

轨道设计参数库档案库应采用标准的数据格式文件进行存储,应便于分发,需要管理员权限进行统一管理,管理的操作应包含至少两级的操作,即一级的标准管理和二级的标准参数的管理。一级的标准管理包含标准的创建、修改、删除和标准对应的完整电子版的附加和删除;二级的标准参数管理包含对应的标准中的关键参数的创建、修改和删除,应可以增加任意行数的关键参数。

3. 轨道设计参数库的参数数据格式

轨道设计参数库中参数的数据应符合统一的格式要求,具体格式见表 3-1,包含用途、参数名称以及参数值三个字段,用途中包含参数所涉及的内容的关键字,参数名称根据标准确定。

表 3-1　轨道参数库数据格式表

序　号	字　段	说　明
1	用途	用于对参数进行简要描述,为字符串格式
2	参数名称	参数的名称,若有单位,应在参数名称末尾增加单位名称,为字符串格式
3	值	参数的具体数值,为数值或者字符串格式

3.3.4　轨道专业构件库

轨道结构构件的类型按照结构的类型进行分类,分成轨道区段、钢轨、扣件、轨枕、有砟道床、无砟道床、道岔、钢轨伸缩调节器、过渡段、附属设备及其他 11 种类型,如图 3-10 所示。构件可以嵌套成为更高级别的构件。轨道专业构件库是一个公共的资源库,可在授权的范围内进行任意的扩展、共享和复用。

从构件的形态及其敷设方式分成两种类型,一种是沿着线路方向间隔布置的具有固定形状的构件,这种构件为三维构件,如扣件、轨枕等;另一种是沿着线路方向连续布置,其断面形状或位置根据线路敷设条件变化的构件,这种构件为平面构件,如钢轨、现浇道床等。

1. 轨道构件精细度要求

按照《铁路工程信息模型交付精度标准》要求，每个设计和建设阶段轨道工程交付的信息模型的精度是不同的，规定了模型精度基本等级。同时，要求模型单元的建立、传输、交付和解读应包含模型单元的几何造型和信息属性，对模型单元几何造型的几何精度等级和属性的信息深度等级进行了规定。模型精度基本等级见表 2-12，模型单元几何精度等级和模型单元信息深度等级分别见表 3-2 和表 3-3。

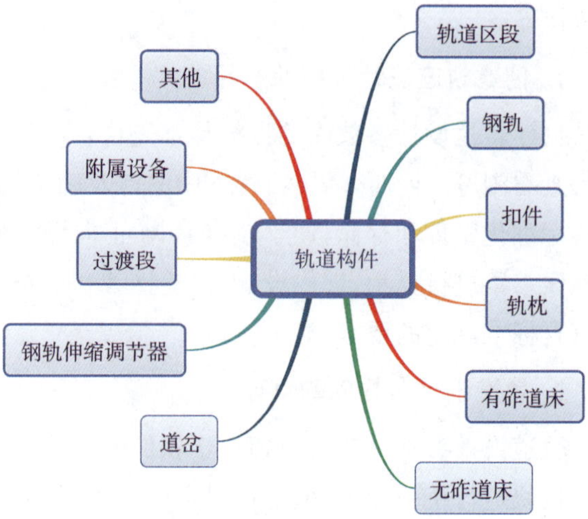

图 3-10 轨道构件信息模型类型

表 3-2 模型单元几何精度等级

等 级	英文名	代 号	等级要求
1 级精度	Grade1	G1. 0	满足符号化识别需求的几何精度
2 级精度	Grade2	G2. 0	满足空间占位等粗略识别需求的几何精度
3 级精度	Grade3	G3. 0	满足真实外观等精细识别需求的几何精度
4 级精度	Grade4	G4. 0	满足结构施工、产品制造等高精度识别需求的几何精度

表 3-3 模型单元信息深度等级

等 级	英文名	代 号	等级要求
1 级信息深度	Level 1 of information detail	N1. 0	宜包含信息模型的基本信息、身份描述、项目信息、组织角色等信息
2 级信息深度	Level 2 of information detail	N2. 0	宜包含和补充 N1. 0 等级信息、增加尸体系统关系、组成及材质、性能或属性等信息
3 级信息深度	Level 3 of information detail	N3. 0	宜包含和补充 N2. 0 等级信息，增加生产信息和安装信息
4 级信息深度	Level 4 of information detail	N4. 0	宜包含和补充 N3. 0 等级信息，增加资产信息和维护信息

根据前述标准精度要求并结合轨道工程各阶段实际需求，可以确定轨道工程构件各个阶段的精度等级具体要求见表 3-4。

表 3-4 轨道工程构件各个阶段的精度等级

序号	阶段名称	阶段对应的模型精度基本等级	构件几何精度等级	构件信息深度等级
1	规划及预可行性研究阶段	LOD1. 0	G1. 0	N2. 0
2	可行性研究阶段	LOD2. 0	G2. 0	N2. 0
3	初步设计阶段	LOD3. 0	G3. 0	N2. 0
4	施工图设计阶段	LOD3. 5	G4. 0	N2. 0

续上表

序号	阶段名称	阶段对应的模型精度基本等级	构件几何精度等级	构件信息深度等级
5	施工深化设计阶段	LOD4.0	G4.0	N3.0
6	竣工、运维阶段	LOD5.0	G4.0	N4.0

规划及预可行性研究阶段对应模型精度基本等级为 LOD1.0，轨道构件几何精度等级为 G1.0，几何造型满足符号化识别需求的精度即可。轨道构件信息深度等级为 N2.0，构件信息包含基本信息、身份描述、项目信息、组织角色信息、结构实体组成及材质等。

可行性研究阶段对应模型精度基本等级为 LOD2.0，轨道构件几何精度等级为 G2.0，几何造型满足空间占位粗略识别的精度，即包含构件占位的粗略几何外形包络造型即可。轨道构件信息深度等级为 N2.0，构件信息包含基本信息、身份描述、项目信息、组织角色信息、结构实体组成及材质等。

初步设计阶段对应模型精度基本等级为 LOD3.0，轨道构件几何精度等级为 G3.0，几何造型满足真实外观精细识别的精度，即需要真实反映构件的外观形态。轨道构件信息深度等级为 N2.0，构件信息包含基本信息、身份描述、项目信息、组织角色信息、结构实体组成及材质等。

施工图设计阶段对应模型精度基本等级为 LOD3.5，轨道构件几何精度等级为 G4.0，几何造型满足轨道构件结构制造和施工的精细化识别的精度，即需要真实反映构件的内部和外观形态。轨道构件信息深度等级为 N2.0，构件信息包含基本信息、身份描述、项目信息、组织角色信息、结构实体组成及材质等。

施工深化设计阶段对应模型精度基本等级为 LOD4.0，轨道构件几何精度等级为 G4.0，几何造型满足轨道构件结构制造和施工的精细化识别的精度，即需要真实反映构件的内部和外观形态。轨道构件信息深度等级为 N3.0，构件信息包含基本信息、身份描述、项目信息、组织角色信息、结构实体组成材质以及生产和安装等信息。

竣工和运维阶段对应模型精度基本等级为 LOD5.0，轨道构件几何精度等级为 G4.0，几何造型满足轨道构件结构制造和施工的精细化识别的精度，即需要真实反映构件的内部和外观形态。轨道构件信息深度等级为 N4.0，构件信息包含基本信息、身份描述、项目信息、组织角色信息、结构实体组成材质、生产、安装、资产和维护等信息。

2. 铁路轨道工程主要构件

1）钢轨构件

钢轨构件为沿着线路方向连续延伸的轨道部件，钢轨构件为二维平面构件，其内容包含钢轨横断面几何模型以及属性两部分。钢轨构件几何模型示意如图 3-11 所示，属性包含高度、材质、强度和标志其类型的 IFD 相关编码等，属性详细列表见附录 A.5。

2）扣件构件

扣件构件为沿着线路敷设方向间隔布置的构件，为三维立体构件，同时扣件构件为嵌套型构件，由弹条、道钉、绝缘块、轨距挡板、轨下橡胶垫板、铁垫板、铁垫板下垫板、套管、平垫圈等子构件组成。扣件构件包含上述子构件及其装配件的几何模型以及装配件的属性。扣件构件几何模型示意如图 3-12 所示，属性包含高度、扣压力、纵向阻力、调高量、轨距调整量以及标志其类型的 IFD 相关编码等，属性详见附录 A.7。

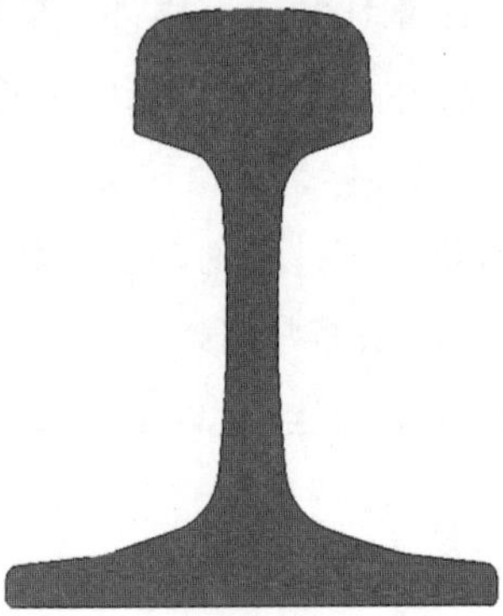

图 3-11　钢轨构件几何模型示意图

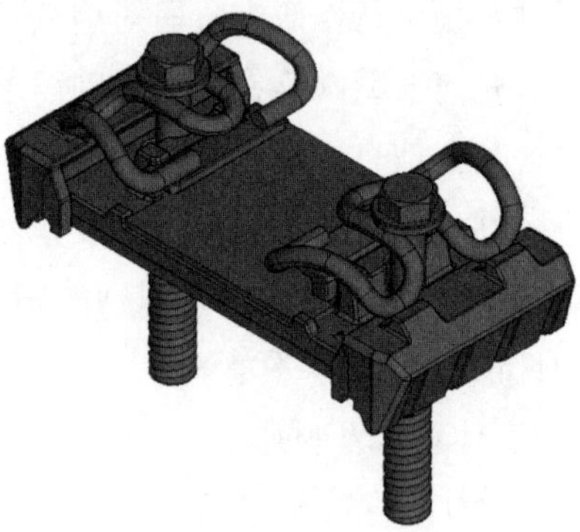

图 3-12　扣件构件几何模型示意图

3）轨枕构件

轨枕构件是沿着线路敷设方向间隔布置的构件，为三维立体构件。轨枕构件包含轨枕几何模型以及属性两部分。轨枕构件几何模型示意如图 3-13 所示，属性包含高度、混凝土信息以及标志其类型的 IFD 相关编码等，详见附录 A.19。

4）预制轨道板构件

预制轨道板构件是沿着线路敷设方向间隔布置的构件，为三维立体构件。预制轨道板构件包含预制轨道板几何模型以及属性两部分。预制轨道板构件几何模型示意如图 3-14 所示，属性包含高度、混凝土信息以及标志其类型的 IFD 相关编码等，详见附录 A.34。

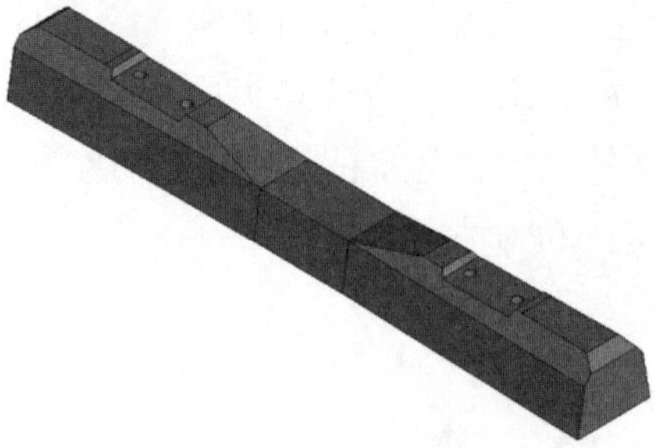

图 3-13　轨枕构件几何模型示意图

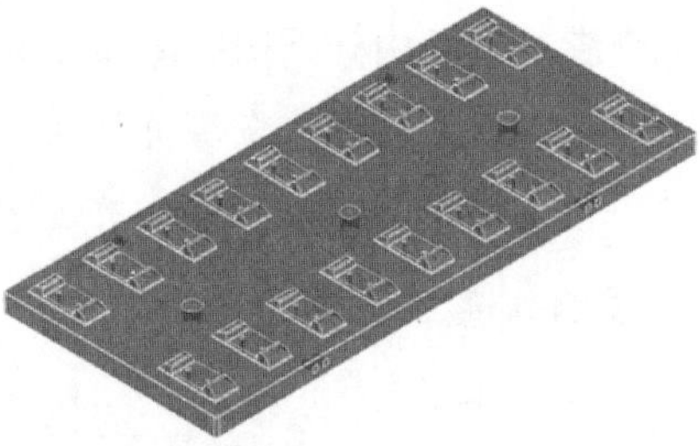

图 3-14　预制轨道板构件几何模型示意图

5）单开道岔构件

单开道岔构件是沿着线路敷设方向间隔布置的构件，为三维立体构件。单开道岔构件包含单开道岔几何模型以及属性两部分。单开道岔构件几何模型示意如图 3-15 所示，属性包含道岔类型、混凝土信息以及标志其类型的 IFD 相关编码等，详见附录 A. 20。

6)单渡线道岔构件

单渡线道岔构件是沿着线路敷设方向间隔布置的构件，为三维立体构件。单渡线道岔构件包含单开道岔几何模型以及属性两部分。单渡线道岔构件几何模型示意如图 3-16 所示，属性包含道岔类型、混凝土信息以及标志其类型的 IFD 相关编码等，详见附录 A. 20。

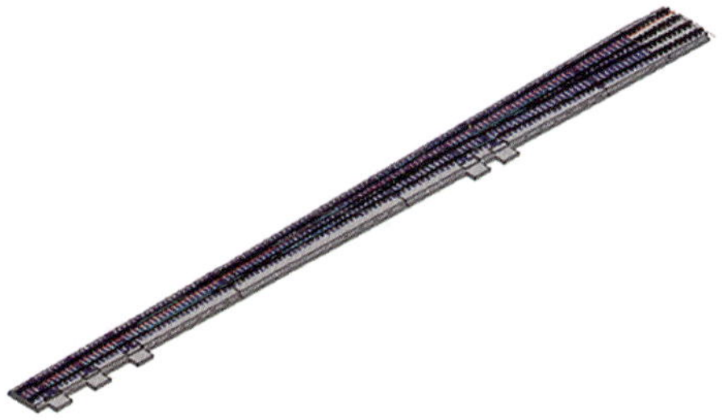

图 3-15　单开道岔构件几何模型示意图

图 3-16　单渡线道岔构件几何模型示意图

7)钢轨伸缩调节器构件

钢轨伸缩调节器构件是沿着线路敷设方向间隔布置的构件，为三维立体构件。钢轨伸缩调节器构件包含单开道岔几何模型以及属性两部分。钢轨伸缩调节器构件几何模型示意如图 3-17 所示，属性包含钢轨伸缩调节器类型、混凝土信息以及标志其类型的 IFD 相关编码等，详见附录 A. 21。

8)过渡段构件

过渡段构件是沿着线路敷设方向间隔布置的构件，为三维立体构件。过渡段构件包含单开道岔几何模型以及属性两部分。过渡段构件几何模型示意如图 3-18 所示，属性包含钢轨伸缩调节器类型、混凝土信息以及标志其类型的 IFD 相关编码等，详见附录 A. 3。

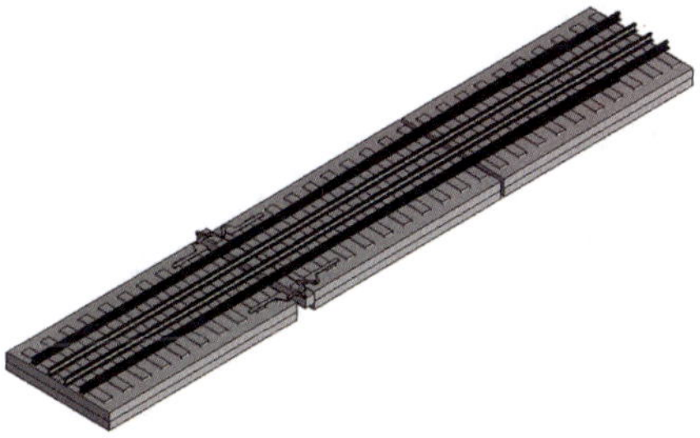

图 3-17　钢轨伸缩调节器构件几何模型示意图

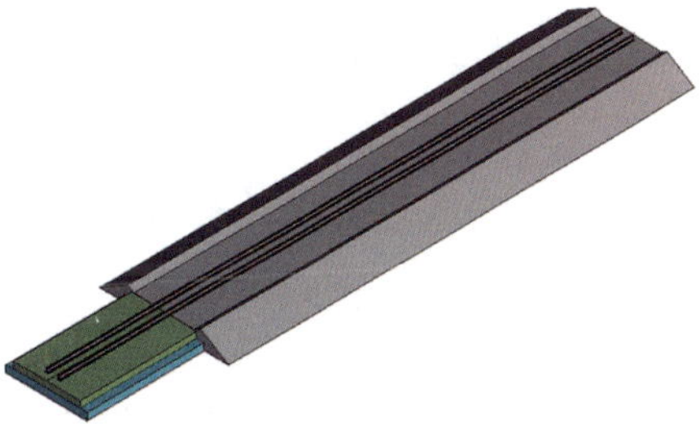

图 3-18　过渡段构件几何模型示意图

9)有砟道床构件

有砟道床构件是沿着线路敷设方向连续布置的构件，为二维平面构件。有砟道床构件包含有砟道床横断面几何模型以及属性两部分。有砟道床构件几何模型示意如图 3-19 所示，附加属性包含道床尺寸、道床材质、线间堆砟要求以及标志其类型的 IFD 相关编码等，详见附录 A. 33。

图 3-19　有砟道床构件几何模型示意图

10)无砟道床构件

无砟道床构件是沿着线路敷设方向连续布置的构件,为二维平面构件。无砟道床构件包含无砟道床横断面几何模型以及属性两部分。无砟道床构件几何模型示意如图 3-20 所示,属性包含道床尺寸、道床材质以及标志其类型的 IFD 相关编码等,详见附录 A. 35。

图 3-20　无砟道床构件几何模型示意图

11)无砟底座构件

无砟底座构件是沿着线路敷设方向连续布置的构件,为二维平面构件。无砟底座构件包含无砟道床横断面几何模型以及属性两部分。无砟底座构件几何模型示意如图 3-21 所示,属性包含道床尺寸、道床材质以及标志其类型的 IFD 相关编码等,详见附录 A. 41。

图 3-21　无砟底座构件几何模型示意图

3. 3. 5　项目信息模块

项目信息模块主要应包含项目及设计人员信息的管理。

项目管理包含新建项目、打开既有项目、查看修改项目以及项目管理器等功能。新建项目用于创建一个新的项目,在创建新项目的过程中,可设置项目的相关属性,项目的属性见表 3-5。

表 3-5　项目信息表属性

序号	名　称	类　型	单位	备　注
1	名称	字符型长度 255	—	项目的名称
2	设计阶段	下拉选择列表	—	选择项目的设计阶段,通过数据源提供,包含:预可行性研究、可行性研究、初步设计、施工图设计及施工配合
3	铁路等级	下拉选择列表	—	选择项目的铁路等级,通过数据源提供,包含:高速铁路、城际铁路、客货共线铁路Ⅰ级、客货共线铁路Ⅱ级、重载铁路>250 Mt、重载铁路 101～250 Mt、重载铁路<100 Mt

续上表

序号	名　　称	类　　型	单位	备　　注
4	客车设计速度	下拉选择列表	—	选择项目的客车设计速度，通过数据源提供，包含：350 km/h、≥250 km/h、200 km/h、160 km/h、120 km/h、≤120 km/h
5	货车设计速度	下拉选择列表	—	选择项目的火车设计速度，通过数据源提供，包含：≤120 km/h、≤100 km/h、≤80 km/h
6	轴重	下拉选择列表	—	选择项目的车辆轴重，通过数据源提供，包含：≤17 t、≤25 t、25 t、27 t、25～30 t、30 t
7	设计负责人	下拉选择列表	—	选择项目的设计负责人，通过数据源提供，由上节功能模块提供；设计负责人可以多选
8	所审人	下拉选择列表	—	选择项目的所审人，通过数据源提供，由上节功能模块提供
9	处审人	下拉选择列表	—	选择项目的处审人，通过数据源提供，由上节功能模块提供
10	单双线	下拉选择列表	—	选择项目的设计阶段，通过数据源提供，包含：双线、单线
11	项目位置	字符型长度 255	—	项目存储位置（目录）

项目创建成功后，将在设定的项目位置创建一个项目文件并保存设定的项目信息。

打开项目用于直接打开一个已经创建的项目文件，软件将打开并读取项目信息以供设计人员进行项目设计工作。

在打开项目的前提下，可以对项目信息进行修改，可以查看和修改的信息包含：项目名称、设计阶段、铁路等级、客车设计速度、货车设计速度、轴重、设计负责人、所审人、处审人、单双线、项目位置等。此外，在项目信息浏览和修改界面中，可以保存上级单位的正式审查意见和意见执行情况，供项目设计人员参考。

项目管理器为一个树形结构的项目信息归集显示器，包含项目的全部信息的索引显示，其示例如图 3-22 所示。

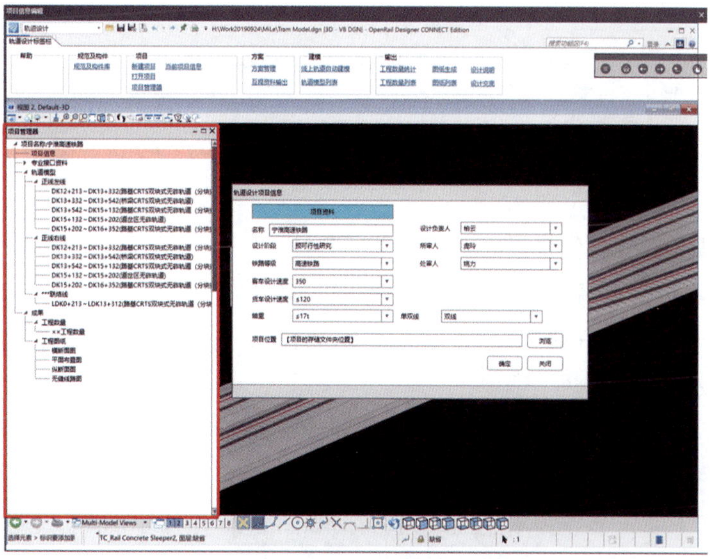

图 3-22　项目管理器示意图

“项目管理器”的信息详情示例如图 3-23 所示。

“项目管理器”树形结构的一级、二级树结构的组成如下：

第一级为项目名称，只有一个节点。

第二级包含四个节点，分别为项目信息、专业接口资料、轨道模型、成果。

点击“项目信息”节点，将得到项目信息的查看和修改对话框。

“项目信息管理修改”对话框(图 3-24)包含的内容如下：

左侧为项目新建时的信息，与新建项目时的信息开项完全一致；

右侧为项目的(项目层级的)上级以及其他各方审查意见的集合列表。

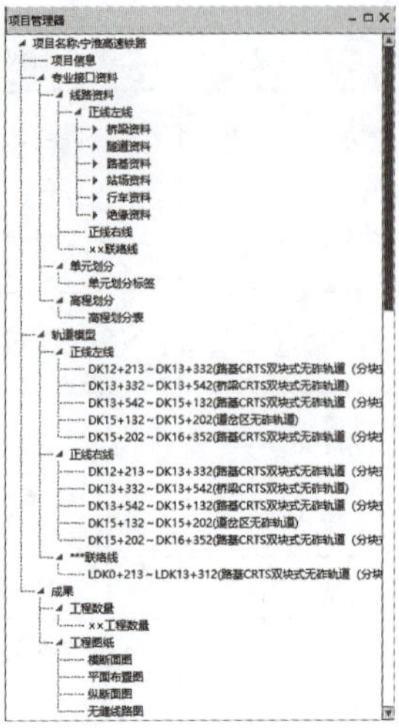

图 3-23　项目管理器组成示意图

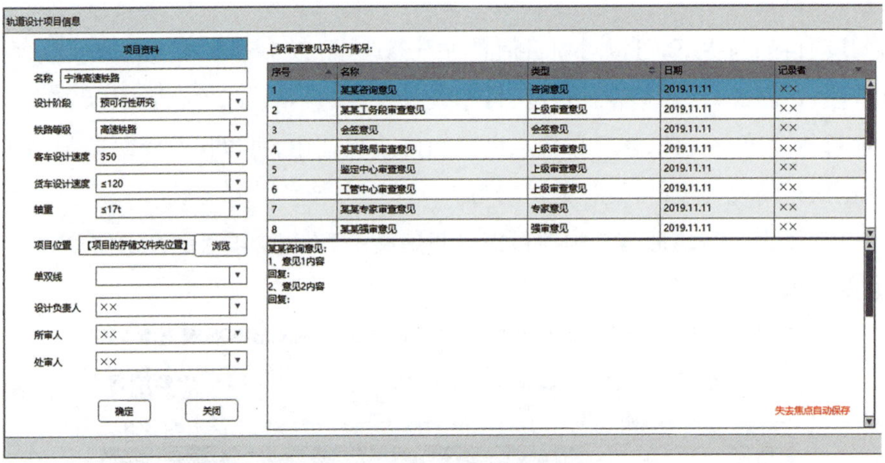

图 3-24　项目信息管理示意图

“专业接口资料”节点包含线路资料、单元划分以及高程划分；而线路资料下面的子节点包含桥梁资料、隧道资料、路基资料、站场资料、行车资料、绝缘资料等(图 3-25)。

分别点击“专业接口资料”下的各个子节点，将提供一个右键快捷菜单，该快捷菜单提供导入数据表以及导入模型两个选项。

其中“线路资料”子节点的快捷菜单包含“新建线路”菜单项，点击该菜单项后调用新建线路功能，创建一条新的线路，并在其子节点中显示出来。

“线路资料”下属子节点为新建的线路名称，如图 3-25 中所示的“正线左线”“正线右线”“某某联络线”等。右键点击每条线路名称，显示一个快捷菜单，菜单项为导入线路模型、导

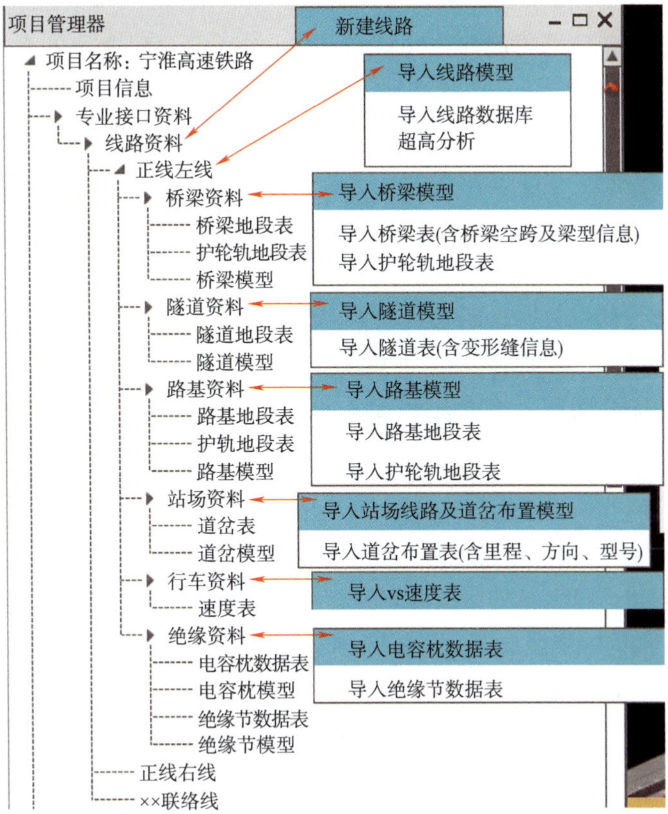

图 3-25　接口资料管理开项及菜单示意图

入线路数据库、超高分析，分别调用相应功能模块进行工作，调用超高分析模块进行该线路的超高分析，分析完成后将超高方案信息存储在对应的线路资料中。每条创建的线路下自动生成图中所示的子节点，包含专业接口内容，桥梁资料、隧道资料、路基资料、站场资料、行车资料、绝缘资料等。

“桥梁资料”右键快捷菜单包含：导入桥梁模型、导入桥梁表、导入护轮轨地段表，其子节点包含桥梁地段表、护轮轨地段表以及桥梁模型，桥梁模型下属子节点列出桥梁模型的列表（按里程位置顺序列表）。

“隧道资料”右键快捷菜单包含：导入隧道模型、导入隧道表，其子节点包含隧道地段表以及隧道模型。“隧道模型”下属子节点列出隧道模型的列表（按里程位置顺序列表）。

“路基资料”右键快捷菜单包含：导入路基模型、导入路基地段表、导入护轮轨地段表，其子节点包含路基地段表、护轮轨地段表以及路基模型，“路基模型”下属子节点列出路基模型的列表（按里程位置顺序列表）。

“站场资料”右键快捷菜单包含：导入站场线路及道岔布置模型、导入道岔布置表，其子节点包含道岔表以及道岔模型，“道岔模型”下属子节点列出道岔模型的列表（按里程位置顺序列表)。

"行车资料"右键快捷菜单包含导入 vs 速度表,其子节点包含速度表,该速度表用于计算轨道结构曲线超高。

"绝缘资料"右键快捷菜单包含:导入电容枕数据表、导入绝缘数据表,其子节点包含电容枕数据表、电容枕模型、绝缘节数据表及绝缘节模型,"电容枕模型"下属子节点列出电容枕模型的列表(按里程位置顺序列表),"绝缘节模型"下属子节点列出绝缘节模型的列表(按里程位置顺序列表)。

"轨道模型"节点的子节点为项目中包含的线路,再下一级子节点为各个区段的轨道结构分段模型,根据不同的轨道结构类型进行划分。

"成果"节点包含轨道设计成果内容,包含工程数量、工程图纸等内容。

3.3.6 轨道方案信息模型辅助设计

轨道三维方案辅助设计的主要目标是,根据输入资料生成各种不同下部基础的轨道结构方案。方案的创建可以由软件根据需求自动创建或者由设计人员根据设计需求手动创建和设置,同时包含轨道方案的浏览、复制和删除等;此外,还应满足方案审查信息管理等需求。

进入轨道三维方案辅助设计器中,其界面应包含三个主要的功能区,分别为方案列表区、方案可视化区和方案属性区。方案列表区用于显示当前已经创建的轨道设计方案的列表,同时包含方案创建和删除的功能按钮以及方案的审签信息记录管理。方案可视化区是轨道设计方案的三维可视化显示区域,用于显示当前选择的轨道结构方案的模型,包含横截面、平面,以及不同"三维"视角设置,用于切换显示模式。方案属性区为当前选定的轨道设计方案的关键参数显示,设计人员可在属性区中修改相应的轨道结构方案参数,进行轨道三维方案的辅助设计。当设计人员修改任意的属性时,轨道三维方案可视化区域将能自动刷新轨道结构方案,保持与参数属性联动一致。

轨道三维结构方案辅助设计应包含有砟轨道、CRTS 双块式无砟轨道及 CRTSⅢ型板式无砟轨道等主流铁路轨道结构方案的设计。

3.3.7 轨道工点布置模块

1. 线上轨道工点自动化布置

线上轨道工点自动化布置的目的是:根据确定的轨道方案、轨道设计原则,软件自动根据边界条件完成线路上的轨道工点布置。边界条件包含:线路方案、路基位置、桥梁位置、隧道位置、站场道岔布置、轨道布置原则、标段划分信息等。

线上轨道工点自动化布置的基本流程:提示设计人员选择线路,软件将根据线路、线下基础接口信息进行轨道工点的自动计算和划分,按照不同线下基础类型,划分出不同的轨道段，同时，为不同的轨道段自动关联对应的轨道结构设计方案。软件完成轨道工点自动计算划分之后，可方便查看工点划分和关联轨道设计方案的简化列表，以便对工点划分和轨道方案进行检查核实，确保轨道段及其关联轨道设计方案的正确性。

2. 线上轨道工点人机交互布置

线上轨道工点人机交互布置的目的是：提供在软件模型界面进行全线轨道布置的人机手动交互设计功能，可以对已有的轨道布置方案进行调整，亦可以进行站线、配线区的局部轨道结构交互式设计。

线上轨道工点人机交互布置的基本流程：提示设计人员选择需要进行轨道工点布置设计的线路模型，接着提示在线路模型上交互式选择需要布置的轨道段的起点和终点，完成选择后提示选择轨道段的轨道结构方案，确定后即可完成轨道段（即轨道工点）的交互式布置设计。

3. 线上轨道工点布置方案的修改

完成轨道工点的布置设计之后，线路模型上即按不同的样式显示已经完成布置的轨道段。当设计人员在设计区选择其中的某个轨道段后，设计区的轨道段应高亮显示，同时增加显示轨道段的起点里程、终点里程以及轨道段的轨道结构方案名称。在起终点里程处同时显示可拖拽的里程标签和标记，可以通过修改里程标签的数值修改起终点位置，也可以通过拖拽起终点的里程标记修改起终点里程，同时可以采用下拉选择的方式修改轨道段的轨道结构方案，如图 3-26 所示。此外，上述轨道段的属性信息在轨道段被选定后，应显示在属性栏中，可以在属性栏中修改对应的起终点位置和轨道段对应的轨道结构方案。

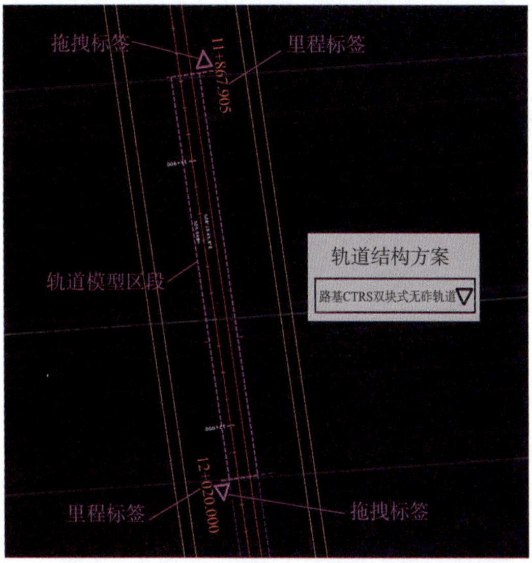

图 3-26　线上工点轨道方案修改示意图

4. 轨道段内的无砟轨道排布自动计算

对于无砟轨道结构而言，完成轨道工点布置之后，每个工点内的轨道段内部还应进行无砟轨道的排布计算和设计，该排布设计是在一定的规范标准规定的条件下确定无砟轨道板以及底座等结构的合理分段大小和排布方式。在设计过程中，如何得到合理甚至最优化的无砟轨道排布设计方案，需要进行多次的迭代优化计算才能确定。本书将在第 4 章设计软件研发章节进行详细的算法分析和设计。

3.3.8 线上工点轨道模型创建模块

线上工点轨道模型创建模块的目的是：轨道工点布置以及方案配置完成之后，应能够进行线上轨道工点模型快速生成。

3.3.9 轨道工程数量统计模块

轨道工程数量统计模块目的是：根据线路上的轨道 BIM 模型、标段划分要求，自动计算轨道工程数量，并输出轨道工程数量表，数量表开项、格式满足工程概预算估算需求，同时可根据模型生成轨道铺设地段表。

轨道工程数量统计的基本流程是：首先选定需要统计数量的线路，接着进行标段的划分，最后按照标段划分基于轨道 BIM 模型进行工程数量的统计。

工程数量清单格式按照《铁路工程数量标准格式编制指南》(CRBIM 1008—2017)中轨道附表要求执行。

3.3.10 二维图纸模块

二维图纸模块的目的是根据《铁路建设项目预可行性研究、可行性研究和设计文件编制办法》(TB 10504—2018)中不同阶段的设计文件编制要求，输出相应阶段的设计图纸。

轨道工程的设计图纸主要包含如下两个阶段的图纸：

初步设计阶段典型结构图：

- 路、桥、隧、站地段无砟轨道结构图；
- 典型和特殊平面布置图；
- 过渡段布置图。

施工图阶段的无砟轨道结构通用设计图：

- 无砟轨道布置图；
- 路基地段无砟轨道设计图；
- 桥梁地段无砟轨道结构设计图(含 32 m、40 m、48 m、64 m 等各种跨度及梁式)；
- 隧道地段无砟轨道结构设计图；
- 道岔区无砟轨道设计图；

- 特殊工点无砟轨道设计图(如伸缩调节器等)；
- 结构设计图；
- 过渡段设计图。

3.3.11　模型交付

三维模型交付为向建设方交付满足《铁路工程信息模型交付精度标准》要求的轨道工程 BIM 模型，其中几何模型精度、非几何信息深度应满足对应阶段的要求。

本章基于前述的 BIM 标准深化研究成果，根据轨道工程设计中标准构件应用众多的特点，结合传统的轨道工程设计需求和采用 BIM 技术进行设计的区别，从 BIM 设计应用目标、应用内容出发，确定了轨道工程 BIM 设计的技术路线，分析确定了轨道 BIM 的设计流程，并依据确定的设计流程分析了铁路轨道 BIM 正向设计的主要功能模块，为高速铁路轨道工程 BIM 正向设计软件的开发提供基本条件。

第4章 高速铁路轨道工程 BIM 正向设计软件研发

4.1 软件框架研究

4.1.1 研发方案

目前，研发三维模型设计系统的方案主要有三种类型，分别为完全独立研发的三维设计系统、基于成熟商业软件的二次开发插件和基于成熟商业图形核心的独立三维设计系统。

1. 完全独立研发的三维设计系统

开发一套完全独立的三维设计系统是利用独立的三维图形引擎如 OGRE 和 OpenGVS 等，从零开始研发三维设计系统，通过大量编码实现建立三维建模内核、系统框架、业务框架、数据架构、交互界面等内容，从而构建完整的三维设计系统。

1)缺点分析

三维图形引擎只负责处理三维图像的渲染与展示，而三维设计核心是需要在三维图形引擎基础上构建的、成熟的且经过实际生产验证的三维几何建模组件。三维建模核心组件应支持在一个集成框架中进行实体建模、广义单元建模以及自由曲面建模，包括丰富的模型创建与编辑实用程序。比如功能强大的建模布尔运算能力、特征建模支持、先进曲面处理能力、自由的曲面和实体编辑能力等，需要耗费巨大的资源和时间去积累和完善，比如著名的三维建模核心组件软件 Parasolid 从 1981 年开始研发，投入了大量金钱、人员、精力才形成其 CAD 功能核心。目前以我们的实力开发类似的三维建模组件困难较大，无法短期实现应用，因此利用三维图形引擎从零开始开发一套完全独立的三维设计系统不仅将耗费我们大量金钱、时间，而且可完成性非常低。

2)优点分析

从零开始对软件结构、功能进行设计，开发的软件产品具有完全自主知识产权，不需要支付如核心建模组件等的技术使用费，还能达到国际先进技术水平并体现核心竞争力。以后对于软件产品的优化与扩展将不受限制，对于持续研发有核心竞争力软件设计产品有极大益处。

2. 基于成熟商业软件的二次开发插件

目前 Bentley(本特利)、Autodesk(欧特克)、Dassault(达索)公司这三大设计平台均有铁路设计相关的支持,同时具备了丰富的线路模型创建和运算基础模块,但其在轨道设计方面支持深度尚浅,均无法用于实践生产应用中。

1)缺点分析

(1)可自由定制化程度相对较低。采用成熟的商业建模平台作为基础平台,数据组织和应用方式都必须与选择的平台契合。如需改变平台整体风格、平台使用模式、数据分级加载显示等高级功能不易实现。

(2)功能存在局限性。采用成熟的三维建模软件作为基础平台,只能使用平台提供的接口功能,平台内部核心数据无法触及,如后期开发涉及相关内容,需要花大量精力与时间来匹配平台应用。

(3)需要支付平台使用费用:每个软件版权都需购买基础平台产品,对其支付平台使用费用。

2)优点分析

(1)开发难度小:成熟的商业三维建模平台提供大量的三维建模、三维显示、信息管理、数据存储、信息附件及铁路相关专业的功能。开发时更多运用业务知识,不用涉及太多底层框架及算法相关知识。

(2)开发时间短:在成熟的平台上开发,已有很多核心的算法库、工具库,需要完成的工作相对于其他方案来说工作量大大减少。

(3)多数据格式兼容:构建的三维设计模型可以通过中间格式方便的转换出外部各种软件可以使用的数据格式,BIM 设计的沿用性较强。

3. 基于成熟商业图形核心的独立三维设计系统

基于成熟商业图形核心的独立三维设计系统是在诸如 Parasolid 三维建模组件上进行扩展形成。需要完成的主要工作除业务架构外,还需要包括系统框架、数据架构、交互界面、数据格式输入输出等内容,来完成三维设计系统。

1)缺点分析

(1)技术难度大:采用 Parasolid 等建模组件进行开发,虽然可以帮助我们解决底层图形建模问题,但技术难度依旧很大。研发这样的软件需要长时间积累,且开发出来软件未经过市场检验,难以保证其稳定性。

(2)工作量大、开发时间长:缺乏底层框架与组件支持,很多功能需要重新研发和大量测试保证其稳定性。同时投入资金、人员、时间成本大,导致项目风险性增加,按时保质完整可能性低。

(3)数据兼容性差:这种方式研发软件产品还需要考虑数据的兼容性,输入数据的兼容性与输出数据的兼容性都需重新进行开发,增加很多额外的工作量。如不处理这个问题,设计软件只能自己内部使用，无法与外部进行数据交换与分享。

(4)需要支付技术使用费用：每个软件版权都需购买建模组件费用，对其支付平台使用费用。

2)优点分析

自主性较强，开发的软件产品具有部分自主知识产权，以后对于软件产品的优化与扩展将不受限制，对于持续研发有核心竞争力软件设计产品有极大益处。

4. 方案选择

铁路工程是一个庞大的系统工程，其规模和复杂度均非常之大，对应的其 BIM 设计软件需要有更好的性能和优化。目前国内尚不具备快速开发高性能建模核心组件与独立系统架构系统的能力，结合现有研发水平和经验，从可行性、可实现、快速起步应用、低风险原则出发，充分考虑资金、人员、时间投入成本，综合分析轨道工程正向设计软件特点，采用基于成熟商业三维图形软件平台的二次开发插件的研发方案是合理可行的。

4.1.2 整体框架

经过比对本特利、欧特克和达索三大主要商业模型平台的应用能力，本特利平台对铁路工程的支持较为完善。内容方面，从测绘、地质、路线、土建结构以及设备等方面均有不同程度的基础图形平台，较符合铁路工程设计、建设和管理流程的全生命周期工作内容；性能方面，具有较好的大数据处理和图形显示能力，能较好满足铁路工程大体量模型需求。为此，高速铁路轨道工程 BIM 正向设计软件以本特利的 ORD(OpenRail Designer)平台技术为基础，运用 BIM 设计基础框架平台(核心库)实现轨道专业基于 BIM 技术的全流程设计，如图 4-1 所示。

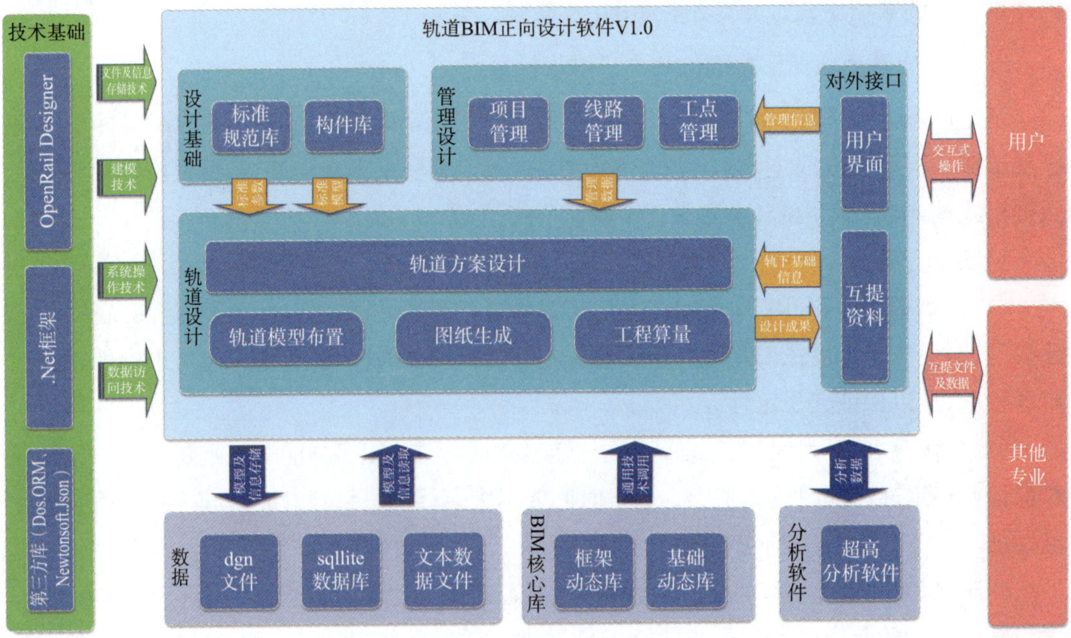

图 4-1 轨道 BIM 正向设计软件框架

1. 主要模块

(1)设计基础模块:包括轨道标准规范库和构件库管理功能,可进行轨道标准规范库和构件库的查询修改,为轨道 BIM 设计提供相应的规范参数和基本构件。

(2)管理设计模块:包括项目管理、线路管理、工点管理等功能。主要提供轨道实际设计过程中,项目信息收集与处理信息、轨道段划分以及项目各信息存取等。

(3)轨道设计模块:包括轨道方案设计、轨道模型布置、图纸生成、工程算量等功能。实现轨道设计的参数确定、轨道专业模型创建、模型编码附加以及基于模型构建工程量与图纸等内容。

(4)对外接口模块:包括用户界面与互提资料。用户界面以 ORD 平台界面为基础,在其基础上扩展属性界面与模态界面,为用户提供好用的交互式窗口。互提资料主要提供各种接口文件存储与数据转换工作。

2. 基础技术

基础技术主要包含 ORD 基础技术和 dotNet 框架和其他第三方动态链接库。ORD 基础技术提供 dgn 文件操作、BIM 模型建立、信息附加与软件运行框架等。dotNet 框架提供文件读写、windows 窗体、算法、数据结构、基类等软件运行公共基础库。

3. BIM 核心库

BIM 核心库包含框架动态库和基础动态库。框架动态库提供铁路线路 BIM 模型操作接口、软件通信模块间通信架构、铁路三维通用变换、模型信息框架、界面框架、ORD 软件流程控制等内容。基础动态库用于实现 Bentley 底层技术与专业软件隔离,提供 BIM 信息附加、Bentley 各种类型组件的创建与应用、几何模型通用建模类、几何信息接口扩展、系统资源应用与管理以及通用算法等内容。

4.1.3　软件逻辑架构

轨道 BIM 正向设计软件基于 ORD 开发,软件整体为微核架构(microkernel architecture)又称为“插件架构”(plug-in architecture)。软件按功能模块设计各插件组件,主要架构如图 4-2 所示。

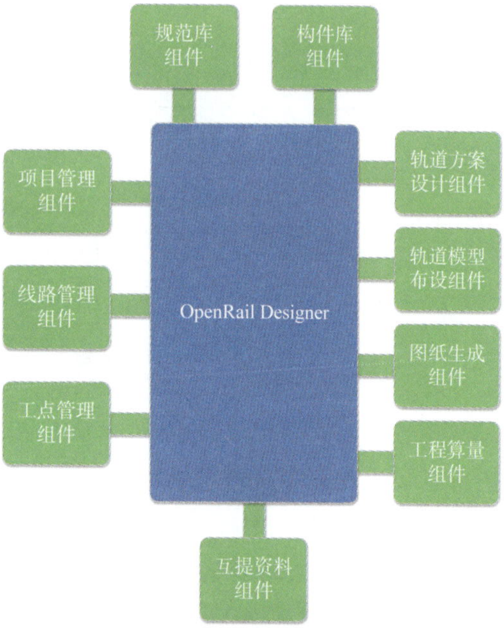

图 4-2　软件逻辑结构

各插件组件内采用分层结构,软件逻

辑架构分为交互层、业务逻辑层、数据处理层、基础层如图 4-3 所示。

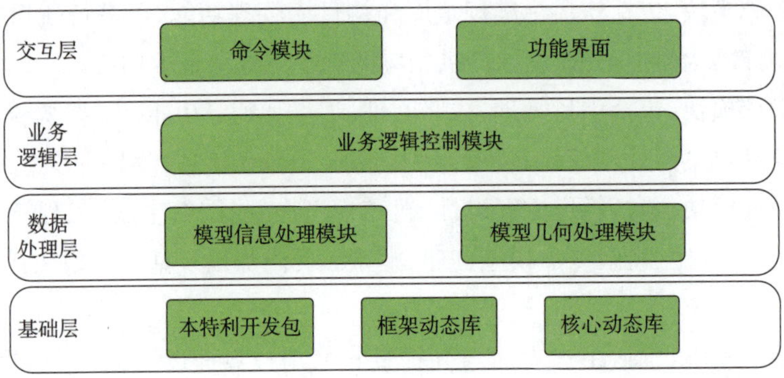

图 4-3　软件分层

1. 交互层

交互层是作为用户与软件沟通的接口，轨道 BIM 正向设计软件为以 ORD 为基础开发的插件型软件，软件通过命令模块与 ORD 命令接口关联执行操作，而各类功能需求的具体交互表达由功能界面呈现。

(1)命令模块：该模块采用 Bentley 自定义用户命令提供界面。由项目管理命令集、接口管理命令集、工点管理命令集、参数库管理命令集、构件库管理命令集、方案库管理命令集、成果输出命令集等组成，上述命令集与 ORD 系统框架关联并驱动相应的功能模块(图 4-4)。

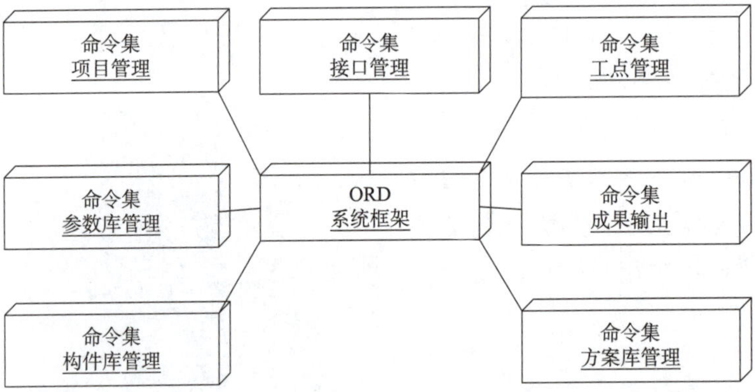

图 4-4　命令模块

其中：

①ORD 系统框架为系统的主执行程序，提供用户调用各个模块功能接口。

②项目管理命令集实现项目管理相关的功能，属于项目管理中心，包括：项目创建、项目打开、项目信息设置等。

③接口管理命令集实现线路、路桥隧等接口管理相关功能，包括：线路增加、线路移除、

信息设置、线路方案设置、超高设置、接口数据导入等。

④轨道工点管理命令集主要实现工点信息模型管理，工点创建、工点删除、工点方案匹配等。

⑤轨道方案库管理命令集主要实现轨道方案信息模型设计相关参数设置、模型自动创建功能。

⑥轨道参数库管理命令集提供标准参数创建、删除、更新等管理功能。

⑦轨道构件管理命令集提供构件信息模型创建、信息编辑等功能。

⑧成果输出命令集用于成果输出模块，含工程数量统计和二维图纸输出。

(2)功能界面模块主要提供用户交互操作、信息输入等功能。

2. 业务逻辑层

业务逻辑层包含业务逻辑控制模块，主要实现插件功能运行环境识别、界面调用控制、信息调用控制、模型创建配置等中间功能。与命令模块中命令集一一对应，包含了项目信息管理、接口管理、轨道工点管理、参数库管理、构件库管理、方案库管理、成果输出等主要控制模块。项目信息管理模块用于实现工程管理相关逻辑控制。接口管理用于实现线路管理、线路接口信息输入、线路主要方案设计和接口信息相关逻辑控制。轨道工点管理用于实现工点划分管理、工点方案配置等相关逻辑控制。参数库管理用于实现标准参数管理逻辑控制。构件库管理用于轨道构件库管理逻辑控制。方案库管理用于实现轨道方案设置、轨道模型创建等相关逻辑控制。成果输出用于实现工程算量、出图等逻辑控制。

3. 数据处理层

数据处理层主要实现模型文件创建、数据信息存取、模型创建、信息附加等数据处理功能，包含模型信息处理模块和模型几何处理模块。

(1)模型信息处理模块(图 4-5)主要用于 Bentley 文件创建，信息附加等。

其中：

①项目信息模块用于项目文件创建、项目信息附加及获取处理。

②接口信息模块用于轨道线路主文件创建、线路信息附加及获取处理。

③工点信息模块用于轨道工点文件创建、工点信息附加及获取处理。

④方案信息模块用于轨道方案设计文件、相关信息附加及获取处理。

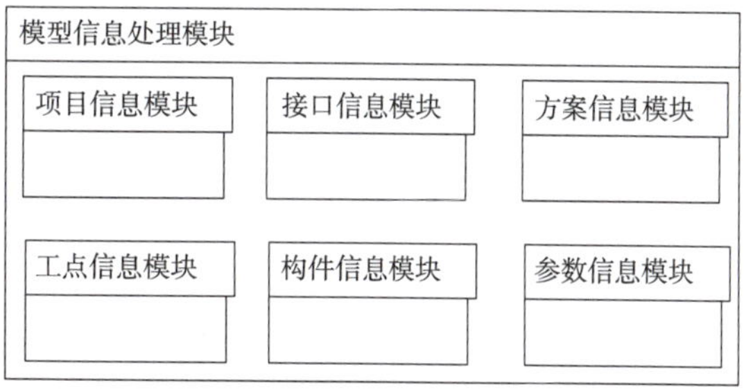

图 4-5　模型信息处理模块

⑤参数信息模块用于各种轨道参数信息附加及获取处理。

⑥构件信息模块用于构件文件创建、信息附加及获取处理。

(2)模型几何处理模块主要用于 Bentley 模型创建、几何算法等功能(图 4-6)。

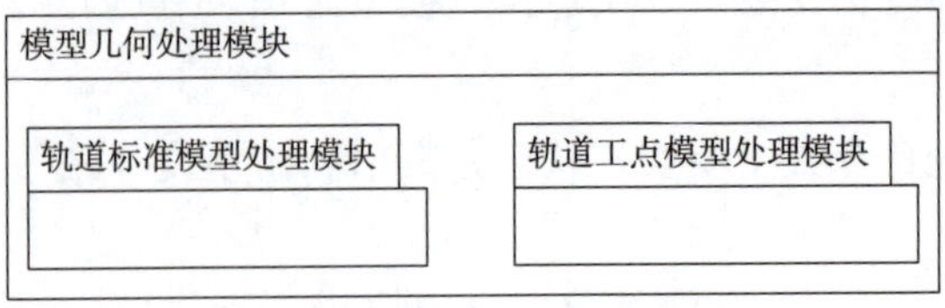

图 4-6 模型几何处理模块

其中:

①轨道标准模型处理模块主要完成钢轨模型、扣件、轨枕等通用构件模型及图纸创建,同时提供通过轨道计算方法,如超高计算、沿线位放置、二三维空间变换等。

②轨道工点模型处理模块用于进行轨道工点模型创建以及完成道床板、底座、隔离层、填充层等与轨道形式相关的模型及图纸创建。

4. 基础层

基础层主要提供操作 Bentley ORD 软件相关操作接口、通用算法、通用数据结构、信息交互框架等,包含本特利基础开发包、轨道 BIM 软件框架动态库和核心动态库。

(1)本特利基础开发包(ORD SDK)提供了 Bentley 技术接口功能。包括 Bentley 文件操作、模型空间操作、模型操作、几何计算、信息附加等功能。

(2)轨道 BIM 软件框架动态库主要用于铁路软件通用框架应用,包括铁路公共线路模块、参数类界面 UI 管理、铁路几何通用变换工具、铁路二三维标记、信息通讯框架、信息数据结构框架等。

(3)轨道 BIM 软件核心动态库主要对 Bentley 技术进行了二次封装,实现 Bentley 技术与通用软件开发技术的隔离,同时还提供通用算法等工具来提高开发效率,包括 Bentley 信息附加扩展、Bentley 几何算法扩展、Bentley 文件操作扩展、Bentley 构件管理接口和通用算法等。

4.1.4 信息存储规划

1. 软件文件规划

轨道设计是一个系统性的工程,BIM 正向设计软件以项目管理根对象,统筹规划整个项目资料。因此软件在项目文件夹下设置项目主文件、线路文件夹,在线路文件下设置线路主文件、接口文件、工点文件,在接口文件夹中存放线路各专业接口数据,在工点文件下放置各工点模型文件,从而构建出了可统筹的项目资料集。项目文件夹结构与命名如图 4-7 所示。

(1)项目文件目录:项目下所有文件资料都存放于这个文件目录中,文件目录的名称为项目名称。文件目录下存在项目主文件和线路文件目录。

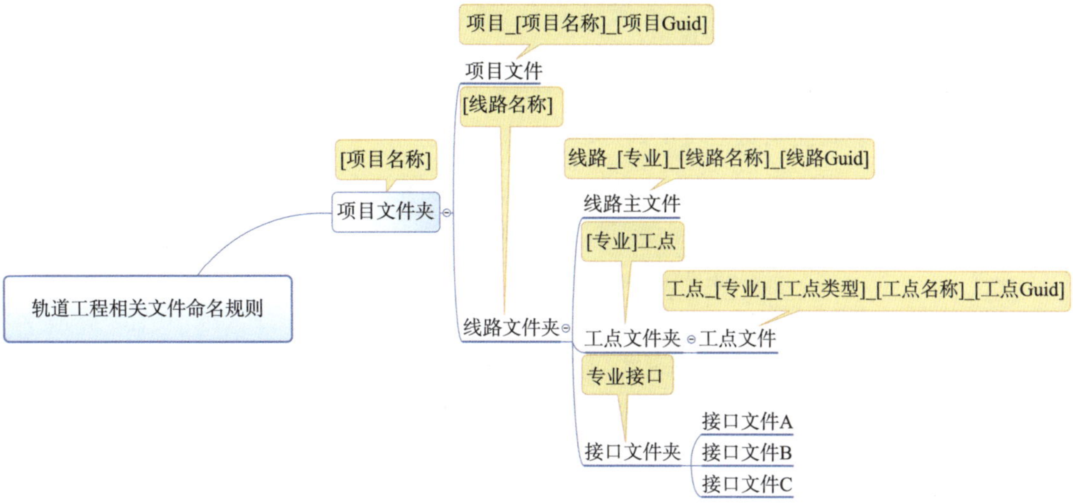

图 4-7　项目文件夹结构与命名

(2)项目主文件:项目主文件是一个项目的模型及信息的根文件。项目主文件中存储了项目信息与线路文件的链接信息。项目主文件名称包括“固定字段”“项目名称”“项目唯一编码”三部分,格式为“项目_[名称]_[Guid]”。

(3)线路文件目录:线路下所有文件资料都存放于这个文件目录中,文件目录的名称为线路名称。文件目录下存在线路主文件、工点文件目录和接口文件目录。

(4)线路主文件:线路主文件是一条线路的设计信息文件。线路主文件中存储了线路信息、超高信息、桥隧接口数据与工点文件的链接信息。线路主文件名称包括“固定字段”“专业”“线路名称”“线路唯一编码”四部分,格式为“线路_轨道_[名称]_[Guid]”。

(5)接口文件目录:线路下所有接口资料文件都存放于这个文件目录中,文件目录的名称为“专业接口”。

(6)工点文件目录:线路下所有工点文件都存放于这个文件目录中,文件目录的名称包括 “专业名称”和“固定字段”,格式为“[专业名称]工点”。

(7)工点文件:工点文件是一个段轨道的模型与信息存储文件。工点文件中存储了工点信息、轨道 BIM 模型、轨道 BIM 模型信息。工点文件名称包括“固定字段”“专业”“工点类型”“工点名称”“工点唯一编码”五部分,格式为“工点_轨道_[类型]_[名称]_[Guid]”。

2. 信息存储机制

信息是 BIM 设计的核心,为项目从前期目标制定规划到后期运维提供了数据依据。软件采用了统一的信息结构与连接方式,构建出轨道项目的关系路径。

1)信息类型划分

轨道软件中存储信息软件将其分为两类。第一类为现实中存在实体概念的,比如工程、线路、工点、钢轨、轨枕、扣件等。第二类为过程信息，是设计过程中的临时参数或过程参数，比如轨道形式方案、轨道超高数据等。

实体构件都基于 BaseEntity 类派生。其信息包含 Guid、LocateFile、LocatedId、Type、Name 和 Platform，属性说明见表 4-1。

表 4-1　BaseEntity 类属性一览表

名　称	说　明	类　型
Guid	唯一识别码。实体创建的时候生成，终生不变且不会重复	string
Name	实体名称。用于识别实体，可能会存在重复的情况	string
Type	实体类型。用于定位实体详细信息类型	string
LocateFile	定位文件。指明实体信息所在的承载文件。轨道软件使用具体 dgn 文件	string
LocateId	定位标识。指明实体信息所在的承载文件中如何获取实体对象。轨道软件中，如果信息存储于模型空间 LocateId 为模型空间名称；如果信息存储于模型对象上，LocateId 为[模型空间名称]_[元素 Id]	string
Platform	用于指明是什么软件软件平台创建的实体数据。目前默认为“Bentley”	string

实体构件包含的其他信息，都基于 BaseEntity 类中的 Type 得到实体的实际类型，从而在实体实际类型上获取对应的其他附加信息。比如 BaseEntity 类中 Type 为 Project 时，可以看出该实体为项目实体，从而可以从其实体上读取项目里程、参数指标等附加信息。

2)信息链接方式

轨道设计涉及模型信息种类和关系繁多，软件为构建项目信息模型关系，定义了 InfoNode 类用于挂载信息及信息间关系。InfoNode 类包含 Children 和 Data 两个属性，其说明见表 4-2。

表 4-2　InfoNode 类属性一览表

名　称	说　明	类　型
Data	信息数据	object
Children	子节点	List<InfoNode>

在同一个 dgn 文件挂接信息时，模型空间层次存储规划对象实体信息，比如：项目、线路、工点。同时在模型空间层次存在当前模型空间中包含的子实体对象模型基础实体(BaseEntity)。

在不同的 dgn 文件采用 Bentley 参考方式进行挂接，创建链接信息时，主文件中的模型空间实体信息为当前节点的信息数据(Data)，每个参考文件为一个子节点，从而构成当前文件下一级文件的链接关系。

通过这两种信息链接方式，从而实现了从项目主文件到项目内所有文件中的实体模型信息关联。

4.1.5　信息通信机制

轨道 BIM 正向设计软件采用模块化的方式开发，各个模块间维护数据与业务独立性强。为降低模块间的耦合关系，软件采用“发布—订阅”模式实现模块间数据通信。

“订阅—发布”模式定义了一种“一对多”的依赖关系，一指发布者，比如某个主题对象，多指订阅者，依赖是订阅者对发布者的依赖；多个订阅者同时监听一个主题对象。当发布者即主题对象的状态发生变化时，会将该变化通知给订阅者，订阅者据此更新自己的状态。

“订阅—发布”模式可降低系统不同模块之间的耦合度。一个复杂的系统一般要划分为好多不同的类，这些对象之间并不独立，存在各种协作关系，这就需要维护对象之间的一致性，这给系统的维护、重用和扩展带来不便，严重限制了系统的灵活性。这样就可以把主动变化因素抽象出来形成发布者，而其他依赖者抽象为订阅者，使他们可以独立的被复用和维护。双方都只依赖于抽象，而不是依赖于具体实现。比如发布者新增一个订阅者时只需要发布者注册一下，订阅者新增依赖时，只需要将自己注册到新的发布者即可(图 4-8)。

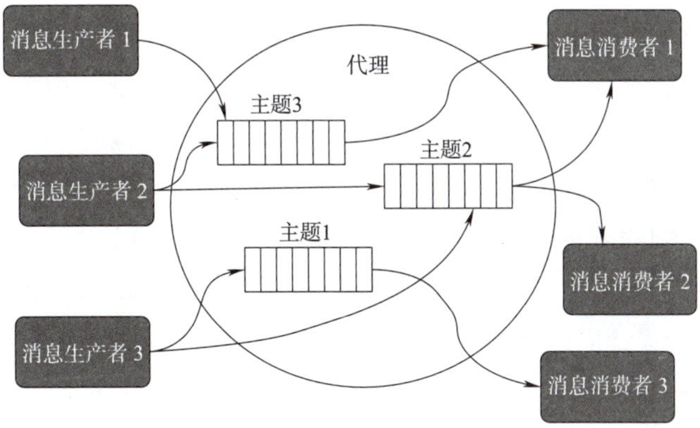

图 4-8　“订阅—发布”模式机制

轨道 BIM 正向设计软件“订阅—发布”模式应用了 PSService 类来实现订阅与发布管理服务，主要实现了发布任务、订阅任务和取消订阅任务三个方法。

4.2　软件流程

基于轨道工程基本由标准件构成的特点，轨道 BIM 设计软件的基本流程设定是：第一步创建轨道构件库和轨道标准参数库，第二步采用积木法创建轨道结构三维设计方案，第三步基于轨道结构方案和线路条件创建线路上的轨道工点设计，第四步自动生成轨道模型和输出接口文件，第五步是基于轨道 BIM 模型进行轨道设计应用，软件整体应用流程如图 4-9 所示。

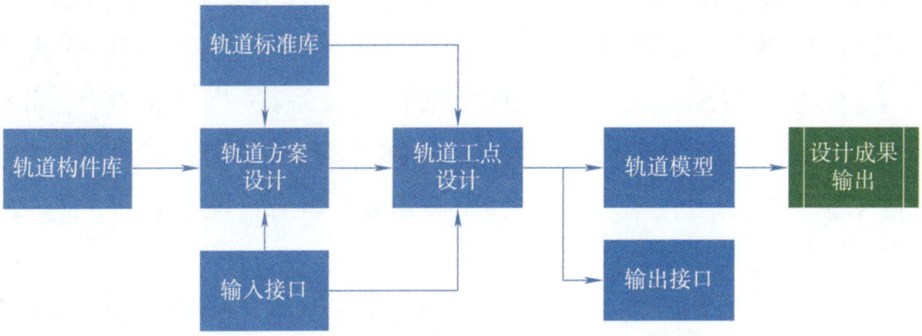

图 4-9　轨道 BIM 设计软件整体应用流程图示

其中轨道构件库、轨道参数库、轨道结构方案创建、轨道工点模型创建以及基于模型的设计应用等主要步骤所涉及的内容如图 4-10 所示。轨道构件库主要包含钢轨、扣件、轨枕、道床、道岔、钢轨伸缩调节器、过渡段以及轨道辅助设施等构件类型，基于上述构件类型的基础上可以任意的扩展构件和构件的非几何属性。轨道参数库中可内置或新增轨道涉及标准，如高速铁路设计规范、铁路轨道设计规范、铁路轨道无缝线路设计规范等，同时可以进行任意的扩展，授权的技术管理人员可以按照既定的规则进行扩展。积木法创建轨道结构方案阶段可根据线路条件、设计规范要求，调用轨道构件库资源和轨道参数库资源创建不同线下基础的轨道方案，并放入方案库中，供后续设计过程使用。创建轨道工点模型阶段则是根据输入接口条件、不同线下基础结构区段的自动划分，调用相应的轨道结构方案自动创建线路上的轨道工点模型，最后组装得到轨道 BIM 模型，并确保轨道 BIM 模型满足交付精度标准要求。基于模型的设计应用则是基于轨道 BIM 模型进行模型的碰撞检查，根据检查结果优化轨道工程内部以及外部边界条件和结构设计、进行工程数量自动统计、进行工程图纸自动生成、提取施工关键数据、进行可视化设计交底等设计应用，达到满足施工阶段建设需求的目的。

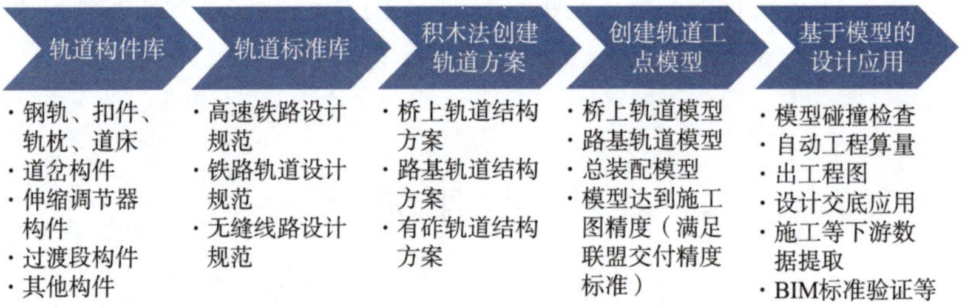

图 4-10　轨道 BIM 设计软件应用流程

4.3 软件性能

1. 功能性

• 计算数据保留结果必须高于 0.001 m。

• 满足专业接口资料的相互转换和导入功能要求。

• 轨道结构方案和线上布置满足轨道设计规范要求。

• 输出的轨道工程数量满足工程经济接口要求。

• 输出的轨道设计图纸满足文件编制深度要求。

• 使用流程简单易懂，对于轨道设计工程师而言，无需经过专门培训就能使用。

• 软件使用流程符合设计需求。

• 几何模型、构件编码、精度等符合中国铁路 BIM 联盟相关规范要求。

2. 可靠性

• 软件可持续运行，稳定性好。

• 具有容错能力和错误指示能力。

3. 易使用性

• 软件系统界面简单，操作方便。

• 软件系统以点击或拖动方式操作为主，减少用户输入操作。

• 软件具有根据边界条件自动生成轨道方案和线上模型的能力，减少人为干预。

4. 效率

• 接口数据导入处理速度在 30 s 内。

• 轨道方案自动生成时间小于 120 s。

• 线上轨道模型生成时间：分成设计过程简化模型和发布实际模型两类，设计过程简化模型生成速度 300 s/100 km，发布实际模型生成速度 30 s/km。

• 工程数量计算时间小于 100 s/100 km。

• 出图时间小于 120 s/册。

5. 可维护性

• 软件代码开发必须遵循代码编写规范，软件代码中必须有注释。

• 各个功能在代码实现时，实现低的耦合度，保证在更新部分功能时，其他的功能受的影响降到最小。

6. 可移植性

• 系统可安装于 windows 系统。

• 安装过程简单。

4.4 轨道工程设计关键算法

4.4.1 超高设计算法

铁路轨道曲线地段超高设计是轨道设计中非常重要的环节，当机车车辆在曲线上行驶时，由于离心力作用，将机车车辆推向外股钢轨，一方面加大了对外股钢轨的压力，另一方面离心力过大会使旅客产生不适。同时，离心力过大还将影响行车安全。曲线地段轨道设置超高的目的就是为了抵消离心力的作用，使轨道与车辆行驶速度相互匹配。曲线轨道超高设置的基本要求是保证内外两股钢轨受力均匀，同时保证旅客有一定的舒适度，在保证这两个条件的前提下机车车辆的行车安全性也将得到保证。

曲线轨道超高设计按照下述计算公式计算并通过不同的判定标准综合确定，判定的标准主要有最大最小限值、超高顺坡率、欠超高允许值以及过超高允许值等，对应不同的线路等级和技术标准要求具有不同的上述判定标准值。

$$h=\frac{11.8\cdot v^2}{R} \tag{4-1}$$

式中 h——曲线超高值；

v——曲线地段范围内的机车车辆平均设计速度；

R——曲线的半径。

在传统设计中，铁路曲线轨道超高计算面临的两个主要问题，一是曲线地段多计算工作量大，计算效率较低；二是判定标准众多，通过人工评判往往容易出错且无法得到最优的超高设计值。本节基于 BIM 技术的设计需求及其协同设计优势，研究了曲线轨道超高设计计算的流程和算法，其过程如图 4-11 所示。

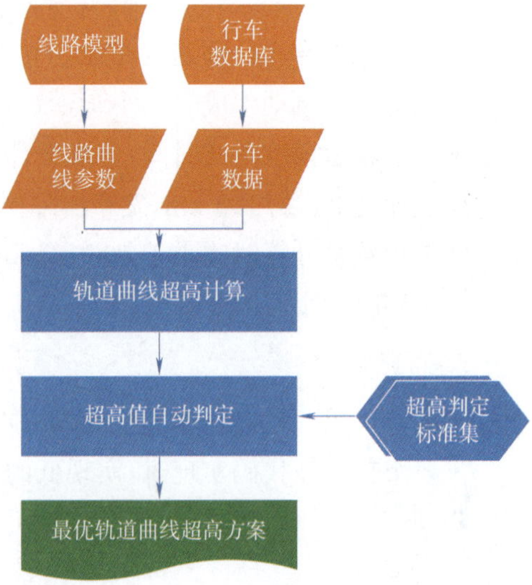

图 4-11　曲线轨道超高计算算法流程

该计算算法自动与线路模型、行车数据库等外部数据和内部判定标准参数关联，对超高计算数据统一集成管理并进行超高自动分析和判定，具体流程：首先是基于关联的线路 BIM 模型，自动提取线路所有曲线参数，包含曲线起终点里程、曲线半径和缓和曲线长度，其次读取全线行车速度并分别自动映射到对应的曲线地段，确定每个曲线地段的平均设计行车速度，最后是根据超高计算公式自动计算所有曲线超高合理取值范围并根据设定的曲线超高判定准则提取最优的曲线超高设计值，将最优超高设计值用于 BIM 模型设计和创建。

4.4.2　Ⅲ型板布置算法

由于板式轨道以轨道板为单元进行铺设，因此在设计阶段需要对不同轨道区段范围内的轨道板布置进行配置，力争得到合理的配置方案，以减少特殊的轨道结构类型并保持最优的轨道结构设计参数，在设计、施工、运维全寿命周期中达到技术经济最优的目标。

本节以 CRTSⅢ型板式无砟轨道结构为例，采用基于整数规划的轨道板配置模型，进行轨道板最优配置问题的分析，所有常数及变量均以符号替代。CRTSⅢ型板式无砟轨道由钢轨、扣件、轨道板、自密实混凝土层、隔离层及底座组成，如图 4-12 所示。CRTSⅢ型板式无砟轨道主要的板型为 P1（简称“主板”，长度为 L_1），辅助板型为 P2（长度为 L_2）及 P3（长度为 L_3），标准板缝宽度 d 为 100 mm，在标准板缝无法满足轨道板配置的情况下，可以在 80～110 mm 之间调整。轨道板的配置示意图如图 4-13 所示。

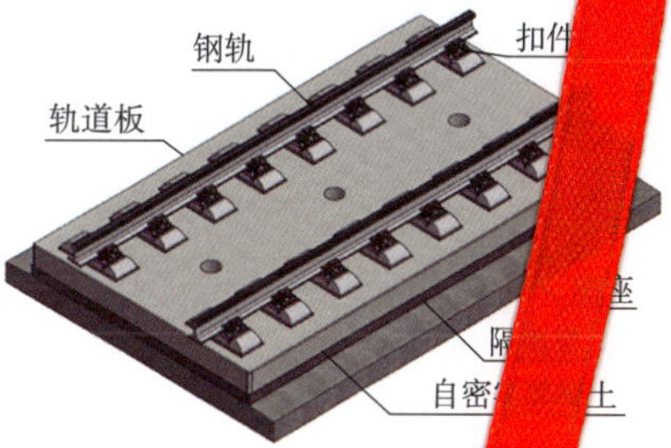

图 4-12　CRTSⅢ型板式无砟轨道组成示意图

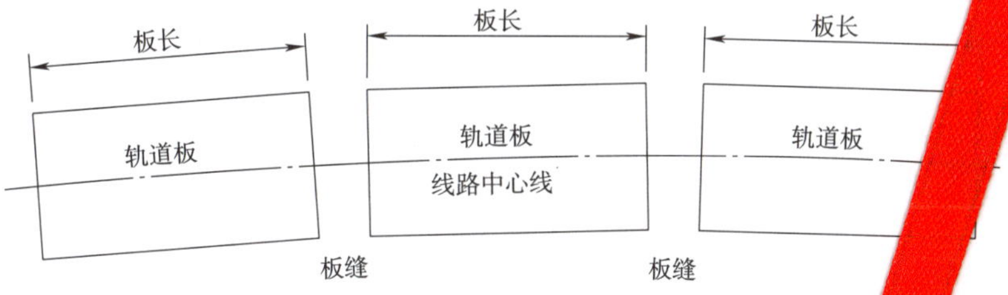

图 4-13　轨道板配置示意图

轨道板布置的总原则为尽量采用主要板型的轨道板及标准板缝进行布置：优先采用主板板型进行布置，在只采用主板板型且调整板缝仍然无法配置的情况下再采用辅助板型并结合板缝调整进行配置，若仍然无法得到配置方案，则可采用特殊板型。由上述原则可以看出，轨道板的布置是一个组合问题，对于同一段线路区段，可以有多种不同的轨道板布置方案，因此，轨道设计的目的是要得到最优的轨道板及板缝的组合方式，以减少轨道结构部件的类型和减少制造、现场施工的复杂度。这是一个组合最优化的问题。在数学理论问题中，最优化理论是运筹学的一个重要的分支，它所研究的问题就是如何从众多的可选方案中找出最优的可行方案，为解决经济、管理、工程应用中这类最优化配置问题提供理论基础和求解的方法。最优化理论是随着电子计算机的日益发展逐渐兴盛的一门学科，它需要依靠电子计算机硬件水平的支撑，发展四十多年来，已出现并形成了线性规划、非线性规划、整数规划、非线性整数规划、多目标规划、动态规划等多个相应的理论和算法分支。由于轨道板长度及轨道板的数量均为整数(以毫米为单位),因此可以通过将轨道板配置抽象为整数规划的数学模型,通过求解其最优解来得到最优的轨道板布置方案。

要求一部分或全部决策变量必须取整数值的规划问题称为整数规划(integer programming，简称 IP)。整数规划数学模型的一般形式如下：

$$\max(\text{或}\ \min)z=\sum_{j=1}^{n}c_jx_j \tag{4-2}$$

$$\text{s.t.}\begin{cases}\sum_{j=1}^{n}c_jx_j \leqslant (=,\geqslant) b_i, i=1,2,\cdots,m\\ x_j\geqslant 0, j=1,2,\cdots,n\\ x_1,x_2,\cdots,x_n\ \text{中部分或全部为整数}\end{cases}$$

对于一段板式轨道结构,其配板流程如图 4-14 所示,详细的配置过程可以分解为四个步骤：

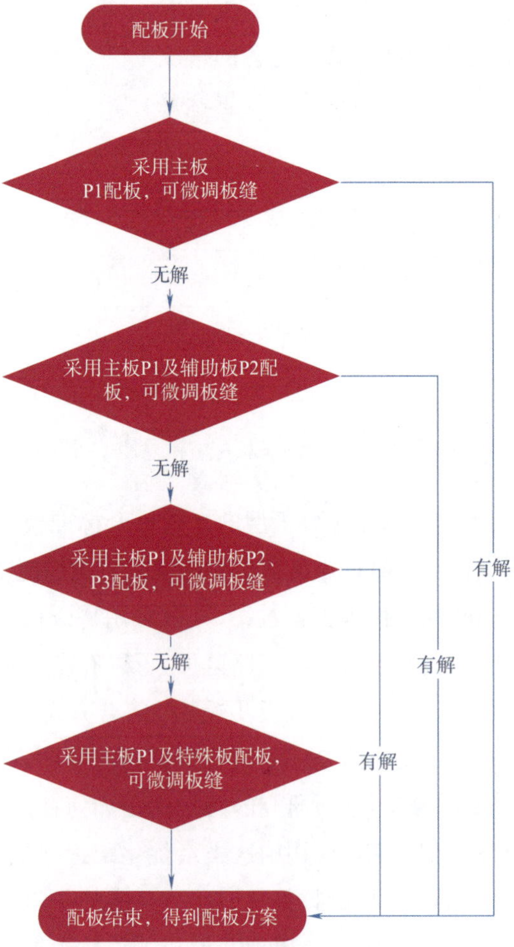

图 4-14　轨道板配置流程图

第一步，首先采用主板 P1，及标准板缝（$d=100$ mm）进行轨道板配置，若无法得到配置方案，则对板缝 d 进行调整，板缝调整范围为 80～110 mm，目标是尽可能多的采用主板 P1 及标准板缝，如果有解，则停止计算，否则进入下一步计算。

以 L_1 表示主板 P1 的长度；x_1 表示主板 P1 的块数；n_1 表示 100 mm 标准板缝的个数；d_1 表示调整的板缝宽度；L 表示待配板轨道区段的线路长度。由于需要尽可能多的采用 100 mm 标准板缝，所以可将 n_1 作为目标取其最大值即可，目标函数为

$$\max n_1 \tag{4-3}$$

加上约束条件后，第一步的整数规划模型如下：

$$\max n_1$$
$$\text{s. t.}\begin{cases} L_1x_1+100\cdot n_1+(x_1-n_1)\cdot d_1=L \\ x_1\geqslant 0\text{，且为整数} \\ 0\leqslant n_1\leqslant x_1\text{，且为整数} \\ 80\leqslant d_1\leqslant 110\text{，且为整数} \end{cases}$$

第二步，采用主板 P1 与 P2 辅助板组合方案进行配板，板缝优先采用 100 mm 标准板缝，目标是主板数量及 100 mm 标准板缝尽可能多，如果有解，则停止计算，否则进入下一步计算。

L_2 表示辅助板 P2 的长度；x_2 表示辅助板 P2 的块数；n_1 表示采用 100 mm 标准板缝的个数；其他参数与前述相同。由于需要尽可能多地采用主板 P1 及 100 mm 标准板缝，目标函数为

$$\max(x_1+n_1) \tag{4-4}$$

加上约束条件后，第二步的整数规划模型如下：

$$\max(x_1+n_1)$$
$$\text{s. t.}\begin{cases} L_1\cdot x_1+L_2\cdot x_2+100\cdot n_1+(x_1+x_2-n_1)\cdot d_1=L \\ x_1,x_2\geqslant 0\text{，且为整数} \\ 0\leqslant n_1\leqslant x_1+x_2\text{，且为整数} \\ 80\leqslant d_1\leqslant 110\text{，且为整数} \end{cases}$$

第三步，采用主板 P1 与辅助板 P2、P3 组合方案进行配板，板缝优先采用 100 mm 标准板缝，目标是主板数量及 100 mm 标准板缝尽可能多，如果有解，则停止计算，否则进入下一步计算。

L_3 表示辅助板 P3 的长度；x_3 表示辅助板 P3 的块数；n_1 表示采用 100 mm 标准板缝的个数；其他参数与前述相同。按照前述原则，得到目标函数为

$$\max(x_1+n_1) \tag{4-5}$$

第三步的整数规划模型如下：

$$\max(x_1+n_1)$$

$$\text{s.t.}\begin{cases}L_1\cdot x_1+L_2\cdot x_2+L_3\cdot x_3+100\cdot n_1+(x_1+x_2+x_3-n_1)\cdot d_1=L\\ x_1,x_2,x_3\geqslant 0\text{,且为整数}\\ 0\leqslant n_1\leqslant x_1+x_2+x_3\text{,且为整数}\\ 80\leqslant d_1\leqslant 110\text{,且为整数}\end{cases}$$

第四步，当采用主板 P1、辅助板 P2 及 P3 组合的方案仍然无法得到轨道板配置的方案时，可采用主板 P1 与特殊长度的轨道板组合的方案进行布板，特殊轨道板的长度 L_s 假设可以在 2 000～7 000 mm 之间选择。

L_s 表示特殊板的长度；n_1 表示采用 100 mm 标准板缝的个数；其他参数与前述相同。

按照前面的原则，得到最后一步的整数规划模型如下：

$$\max n_1 \tag{4-6}$$

$$\text{s.t.}\begin{cases}L_1\cdot x_1+100\cdot n_1+(x_1-n_1)\cdot d_1+L_s=L\\ x_1\geqslant 0\text{,且为整数}\\ 0\leqslant n_1\leqslant x_1\text{,且为整数}\\ 80\leqslant d_1\leqslant 110\text{,且为整数}\\ 2\,000\leqslant L_s\leqslant 7\,000\text{,且为整数}\end{cases}$$

通过前述第一步至第四步的轨道板配置数学模型可以看出，由于轨道板与板缝间存在组合问题，导致约束函数中存在非线性函数，因此，轨道板的配置是一个非线性整数规划的资源配置问题。非线性整数规划问题要求变量必须为整数，其求解方法受到一定限制。对于非线性整数规划问题，在其可行性域内有有限个的整数点，因此在变量规模较小的情况下可以采用穷举法进行搜索，得到最优解，但当变量规模大时，该方法计算量非常巨大，求解时间长。此外，分支定界法、动态规划、0－1 枚举法也是求解非线性整数规划的基本方法，其中比较常用的是分支定界法。分支定界法的基本思路为(1)先求解原问题的松弛问题最优解；(2)如果这个全局最优解是整数解，则这个全局最优解就是该问题的最优解，否则应在全局最优解的基础上进一步求解；(3)进行分支，任意选择一个非整数解的变量，在松弛问题中加上约束组成两个新的松弛问题；(4)对所有分支问题进行求解，若某分支的解是整数且目标函数的值大于等于其他分支的目标值，则其他分支不需要进行计算，剪去即可，如果还存在非整数解并且目标值大于整数解的目标值，则需要继续进行分支，再重复检查求解的步骤，直到获得最优解。如要采用分支定界法求解问题 A，则其基本流程如图 4-15 所示。

为了核实上述轨道板的配置模型的正确性，以某高速铁路项目方案中的 CRTSⅢ型板式无砟轨道的轨道板设计参数为示例进行了验证。主板 P1 的长度为 4 636 mm，辅助板 P2 的长度为 5 184 mm，辅助板 P3 的长度为 5 210 mm，标准板缝宽度为 100 mm，板缝可以在 80～110 mm 之间调整。假设当待配板的轨道结构区段长度为 1 648.126 m、275.412 m、47.66 m 及 23.98 m 的几种情况为例，按照上述四个步骤进行轨道板的配置，得到的配板方案见表 4-3。

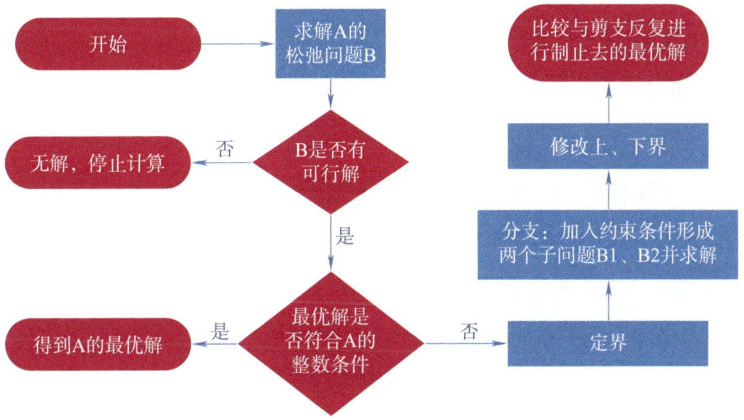

图 4-15　分支定界法基本流程图

表 4-3　轨道板配置方案案例表

配板方案	线路区段长度			
	1 648.126 m	275.412 m	47.66 m	23.98 m
主板 P1(4 636 mm)块数 x_1	348	47	0	4
辅助板 P2(5 184 mm)块数 x_2	0	10	5	0
辅助板 P3(5 210 mm)块数 x_3	0	0	4	0
100 mm 标准板缝个数 n_1	347	56	9	4
调整板缝的个数及宽度 d_1	调整个数为 1 个；板缝宽度为 98 mm	调整个数为 1 个；板缝宽度为 80 mm	无调整	无调整
特殊轨道板长度 L_s	—	—	—	5 036 mm

经过上述验证，表明前述基于非线性整数规划的轨道板模型能得到最优的轨道板配置方案。

4.4.3　轨道道床体积精确指标计算方法

在铁路轨道工程设计中，如何进行轨道工程数量的统计，是设计的关键内容之一。轨道工程数量统计的目的主要是用于铁路轨道工程投资计算和后期甲供物资清单的编制。轨道工程投资估算的惯例都是依据每公里的指标以及铺轨和铺道床的公里数进行计算的，因此轨道工程数量的计算，需要在准确统计铺轨公里的情况下，还需要计算每公里的数量指标，其中道床体积指标是最主要的指标之一。

由于轨道结构是沿着线路的三维空间线形连续铺设的带状结构，同时，在线路中曲线地段，为了抵消或者减缓离心力作用，需要在曲线地段设置轨道超高。由于轨道超高的设置，为满足超高设计要求，将导致轨道道床结构在曲线地段的横断面产生变化，即产生向左或者向右的倾斜，导致道床断面面积增大。而道床断面面积的增大是根据曲线地段设置的超高值确定的。由于不同的曲线会有不同的半径且通过曲线的车辆的速度不尽相同，因此可能造成每个曲线需要设置不同的曲线超高，导致曲线地段轨道道床的横断面面积的增大量也是随机变化的。为提高轨道道床体积计算的效率和精度，本节提出了精确指标系数法。

1. 现有计算方法

现有计算道床体积指标的计算方法，一般有两种方法进行计算，分别为粗略指标系数法和基于 BIM 实体模型的完全精确计算方法。

第一种粗略指标系数法是在目前的传统设计方法中使用最多的方法，为了提高计算的效率，惯例是采用粗略的估算方法进行计算。一般是采用中间超高值的道床体积指标代替全线的轨道道床指标进行计算。这种粗略的道床体积指标估算方法往往造成估算得道床体积偏多，易造成资产和资源浪费，或者估算得指标偏低，引起施工阶段的设计变更，其算法如图 4-16 所示。

第二种基于 BIM 实体模型的完全精确计算方法，需要首先创建精确的轨道 BIM 模型才能进行数量的计算，特别是铁路轨道工程体量巨大，硬件和软件条件均有所欠缺的条件，生成完整精确轨道模型所需要的时间太长，完全失去了计算效率的优势，其算法如图 4-17 所示。

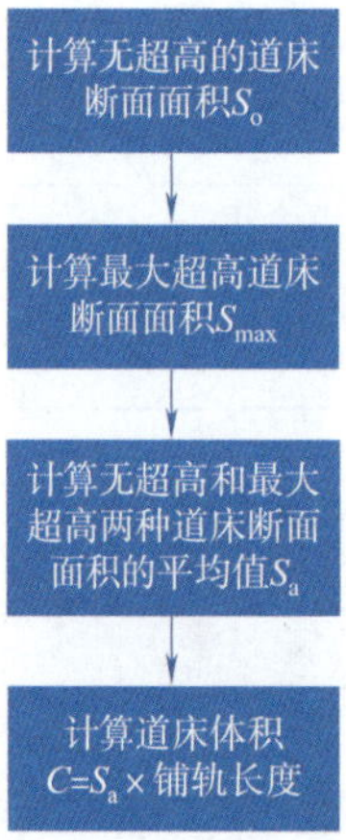

图 4-16　道床体积计算粗略指标系数法计算流程

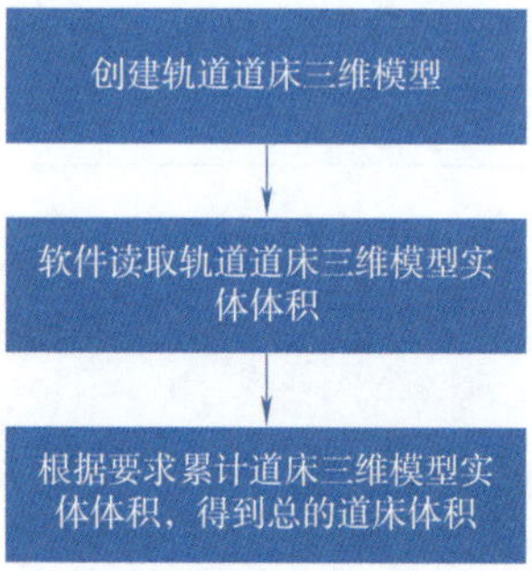

图 4-17　基于 BIM 的道床体积精确计算方法流程

2. 精确指标系数法

根据前述分析，在设计的轨道工程设计中，在提高轨道道床计算精度的同时需要保证计算的效率才能进一步推动设计水平和设计质量的提高。前述目前的轨道道床体积指标计算方法中，第一种计算方法效率高，但精度低；第二种方法精度高但效率低，因此本节提出了一种铁路轨道道床体积指标计算的方法，目的是克服上述两种方法的缺点，找到一个平衡点，提高计算效率的同时保证计算精度。本计算方法依托编制计算机算法实现快速计算，主要的过程如下：

首先通过方案设计，计算得到直线地段的轨道道床体积指标和最大曲线超高值地段的轨道道床体积指标，接着通过线路上所有曲线的长度和对应的超高值计算出道床体积指标系数，最后通过直线地段的道床体积指标与前一步计算得到的道床体积指标系数相乘，得到最终的道床综合体积指标。由于每条线路的曲线比例、行车速度大小和分布均不相同，因此，每条线路的轨道道床综合体积指标均不相同，需要根据实际的情况分别计算，基本流程图如图 4-18 所示。

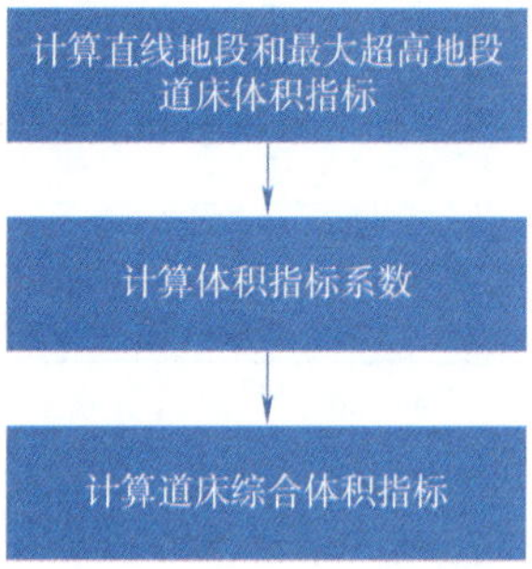

图 4-18　道床体积精确指标法计算流程

详细计算过程为

(1)计算直线地段轨道道床体积指标 C_s。

(2)通过直线地段轨道断面设计方案计算得到轨道道床每公里的道床体积指标 C_s。

(3)计算最大曲线超高值地段轨道道床体积指标 C_{max}。

(4)通过设置最大超高值的轨道断面设计方案计算得到轨道道床每公里的道床体积指标 C_{max}。

(5)计算道床体积指标系数 γ。

道床体积指标系数 γ 需要同时考虑线路上的所有曲线地段的长度、曲线超高设计值及其所在线路上占的比例等因素进行综合确定(表 4-4)。其计算公式如下：

$$\gamma=\frac{\sum_{i=1}^{n}L_i r_{hi}+\left(L-\sum_{i=1}^{n}L_i\right)}{L} \qquad (4\text{-}7)$$
$$r_{hi}=1+\frac{h_i}{h_{max}}\cdot\frac{C_{max}-C_s}{C_s}$$

式中　L——线路全长；

C_s——直线地段的每公里体积指标；

C_{max}——设置最大超高值地段的每公里体积指标；

γ——道床体积指标系数；

L_i——第 i 条曲线的全长；

h_i——第 i 条曲线的超高值；

h_{max}——最大的曲线超高值；

n——曲线的数量；

r_{hi}——第 i 条曲线的超高系数；

表 4-4　曲线数据示意列表

曲线编号 i	曲线全长	曲线超高
1	L_1	h_1
2	L_2	h_2
⋮	⋮	⋮
i	L_i	h_i
⋮	⋮	⋮
n	L_n	h_n

(6)计算轨道道床综合体积指标 C_z。

轨道道床综合体积指标 C_z 按式(4-8)计算即可。

$$C_z = \gamma \cdot C_s \tag{4-8}$$

本计算方法考虑了线路上所有曲线长度、曲线超高对道床体积增大的影响从而计算出道床体积指标系数 γ，通过曲线的长度、超高值及曲线的分布情况即可计算道床体积指标系数 γ，无需进行精确的三维模型建模，在确保计算精度的情况下又保证了计算效率。

为检验本计算方法的效果和正确性，设定了如下的计算条件进行验证。

设定线路全长 L=8 999.846 m，总共 n=17 个曲线。表 4-5 中包含曲线编号、每个曲线长度、曲线超高、曲线超高系数等。曲线最大超高值为 h_{max}=150 mm，直线地段道床体积指标为 C_s=1 505 m³/km，最大超高 150 mm 时曲线地段道床体积指标为 C_{max}=1 918 m³/km。

①按照本节精确指标系数算法计算见表 4-5。

表 4-5　精确指标系数法计算列表

曲线编号 i	曲线全长 L_i/m	曲线超高 h_i/mm	超高系数 r_{hi}	$L_i r_{hi}$
1	197.04	35	1.064 031 008	209.656 669 8
2	166.105	150	1.274 418 605	211.687 302 3
3	186.053	65	1.118 914 729	208.177 442 0
4	501.316	35	1.064 031 008	533.415 768 7
5	422.516	35	1.064 031 008	449.570 125 3
6	290.575	35	1.064 031 008	309.180 810 1
7	182.746	35	1.064 031 008	194.447 410 5
8	514.17	35	1.064 031 008	547.092 823 3
9	169.669	65	1.118 914 729	189.845 143 1

续上表

曲线编号 i	曲线全长 L_i/m	曲线超高 h_i/mm	超高系数 r_{hi}	$L_i r_{hi}$
10	119.704	85	1.155 503 876	138.318 436 0
11	228.634	85	1.155 503 876	264.187 473 2
12	161.588	85	1.155 503 876	186.715 560 3
13	182.993	65	1.118 914 729	204.753 562 9
14	217.173	85	1.155 503 876	250.944 243 3
15	140.397	65	1.118 914 729	157.092 271 2
16	176.413	65	1.118 914 729	197.391 104
17	129.464	65	1.118 914 729	144.859 176 4
汇总	$\sum_{i=1}^{n} L_i = 3\ 986.556$			$\sum_{i=1}^{n} L_i r_{hi} = 4\ 397.335\ 322$

综合体积指标计算系数 γ 为

$$\gamma = \frac{\sum_{i=1}^{n} L_i r_{hi} + (L - \sum_{i=1}^{n} L_i)}{L} = 1.045\ 6 \tag{4-9}$$

综合体积指标 C_z 为

$$C_z = \gamma C_s = 1.045\ 6 \times 1\ 505\ \text{m}^3/\text{km} = 1\ 574\ \text{m}^3/\text{km} \tag{4-10}$$

总体积 $C_{总}$ 为

$$C_{总} = LC_z = 1\ 574\ \text{m}^3/\text{km} \times 8\ 999.846\ \text{m}/1\ 000 = 14\ 163\ \text{m}^3 \tag{4-11}$$

②按照第一种粗略指标计算方法计算如下：

总体积 $C_{总}$ 为

$$C_{总} = L \times (C_s + C_{max})/2 = 8\ 999.846\ \text{m}/1\ 000 \times (1\ 505\ \text{m}^3/\text{km} + 1\ 918\ \text{m}^3/\text{km})/2 = 15\ 403\ \text{m}^3 \tag{4-12}$$

③基于 BIM 设计的完全精确计算方法计算过程如下：

首先按照线路条件、轨道方案以及曲线超高设置参数表创建实际的轨道道床模型，如图 4-19 所示。

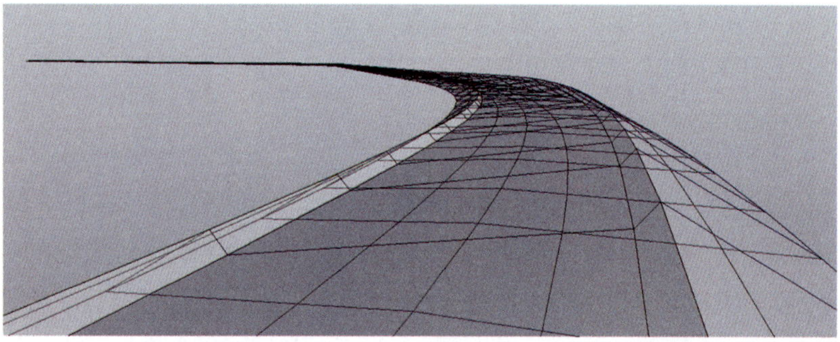

图 4-19 轨道道床三维实体模型

其次通过统计创建的轨道道床实体模型计算得到轨道道床的总体积为 $C_{总-BIM}=14\ 022\ m^3$。采用基于 BIM 设计的完全精确的计算方法需要花费巨大的时间成本创建精细的轨道道床模型才能得到精确的道床体积，在线路规模较大的情况下，需要消耗更多的资源。

根据上述三种方法的计算结果分析粗略指标计算法和本节精确指标计算方法的计算偏差如下：

粗略指标计算法的计算偏差为 $\dfrac{15\ 403-14\ 022}{14\ 022}\times100\%=10\%$

本节精确指标计算方法的计算偏差为 $\dfrac{14\ 163-14\ 022}{14\ 022}\times100\%=1\%$

可见，使用本节的精确指标计算方法与粗略指标计算法进行对比，可以发现在同等条件下，采用粗略指标计算法计算精度差，而使用本方法，可极大提高计算精度的同时提高计算效率，计算偏差仅为 1%，基本消除了计算偏差。采用本文的优化计算方法可以提高道床体积指标的计算效率和精度。

4.5 软件功能研发

根据前述轨道 BIM 设计软件分析，轨道 BIM 软件的研发涵盖了项目管理、专业接口、轨道设计、成果输出、设计辅助、资源管理 6 大功能模块，如图 4-20 所示。资源管理模块用于进行轨道构件库和参数库的管理，项目管理模块用于项目的创建、编辑和项目结构树信息归集管理，专业接口用于线路、桥梁、隧道等专业接口和模型数据管理，轨道设计包含超高设计、轨道方案设计、道岔布置、钢轨伸缩调节器布置、过渡段布置和工点方案设计等，成果输出模块包含工程数量统计和设计图纸输出，设计辅助包含线下基础模型创建和显示、手动布置轨道结构以及桥梁梁跨布置数据转换等。

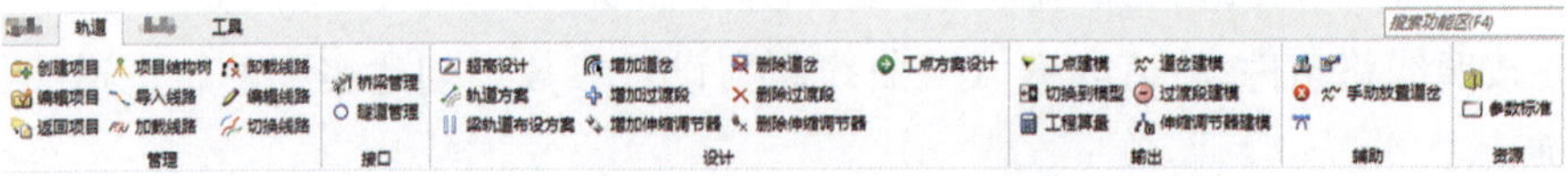

图 4-20　轨道 BIM 设计软件功能界面图

4.5.1 轨道参数库功能

轨道参数库模块需要满足标准可扩展、可共享和可复用的功能需求，轨道参数库采用库文件的方式进行存储，参数库文件存储于安装了轨道 BIM 设计软件的终端电脑上，库文件可以独立于轨道 BIM 软件进行部署和分发。轨道参数库的管理通过参数库管理器执行，如图 4-21 所示。

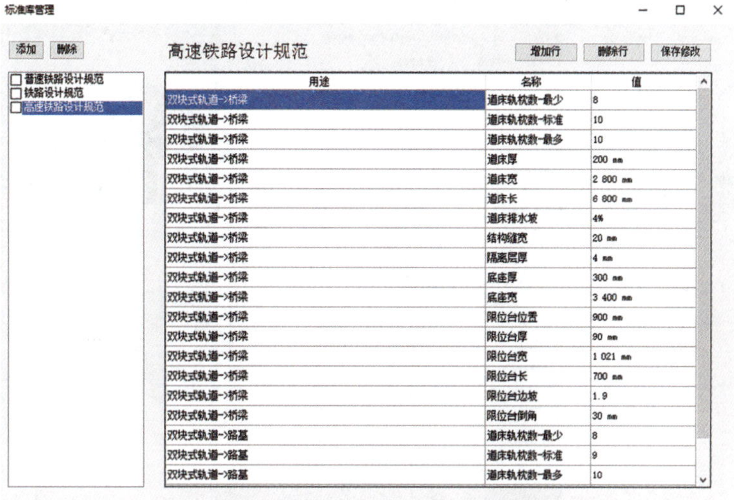

用途	名称	值
双块式轨道->桥梁	道床轨枕数-最少	8
双块式轨道->桥梁	道床轨枕数-标准	10
双块式轨道->桥梁	道床轨枕数-最多	10
双块式轨道->桥梁	道床厚	200 mm
双块式轨道->桥梁	道床宽	2 800 mm
双块式轨道->桥梁	道床长	6 600 mm
双块式轨道->桥梁	道床排水坡	4%
双块式轨道->桥梁	结构缝宽	20 mm
双块式轨道->桥梁	隔离层厚	4 mm
双块式轨道->桥梁	底座厚	300 mm
双块式轨道->桥梁	底座宽	3 400 mm
双块式轨道->桥梁	限位台位置	900 mm
双块式轨道->桥梁	限位台厚	90 mm
双块式轨道->桥梁	限位台宽	1 021 mm
双块式轨道->桥梁	限位台长	700 mm
双块式轨道->桥梁	限位台边坡	1.9
双块式轨道->桥梁	限位台倒角	30 mm
双块式轨道->路基	道床轨枕数-最少	8
双块式轨道->路基	道床轨枕数-标准	9
双块式轨道->路基	道床轨枕数-最多	10

图 4-21　轨道参数库管理器界面图

轨道参数库管理器左侧为标准名称列表，右侧为标准中的关键参数列表。左侧轨道标准规范名称列表列出当前参数库中的所有已经入库的标准规范，设计人员可以在此基础上增加或者删减规范标准项。当设计人员选择左侧某项标准后，将在右侧区域显示选定规范标准中的已入库的关键参数列表，关键参数列表包含用途、名称和值三列。用途列用于指定参数的使用条件，名称列用于指定参数名，值列用于指定参数的详细参考值。

轨道参数库的作用是，当设计人员在进行轨道方案设计时，在轨道方案参数设置过程中，当选定特定参数后，软件将自动检索参数库参数，将与当前设置参数相关的可用标准参数显示出来供设计人员参考或者选用，以达到指导设计的目的。

4.5.2　轨道构件库功能

轨道构件库需要满足构件库可扩展、可共享和可复用的功能需求，因此，轨道构件库采用库文件的方式进行存储，库文件存储于安装了轨道 BIM 设计软件的终端电脑上，库文件可以独立于轨道 BIM 软件进行部署和分发。轨道构件库中的每个构件均包含不同设计阶段精度要求的构件模型。

轨道构件库管理器被设计和实现用于对轨道构件进行管理，可以设置构件库的位置，读取构件库文件并以列表的形式显示构件列表，可以对选定的构件进行构件库文件修改，可以新增构件并设定构件的属性，可以对构件进行删除操作等。轨道构件库管理器的界面设计如图 4-22 所示。

轨道构件库管理器总共分成了四个区域，分别为左侧的构件库列表及操作区、中间上部的构件信息及操作区、中间下部的构件属性显示及编辑区和右侧的构件视图区。

左侧的构件库列表及操作区用于显示当前构件库中的所有构件类型及其所属构件列

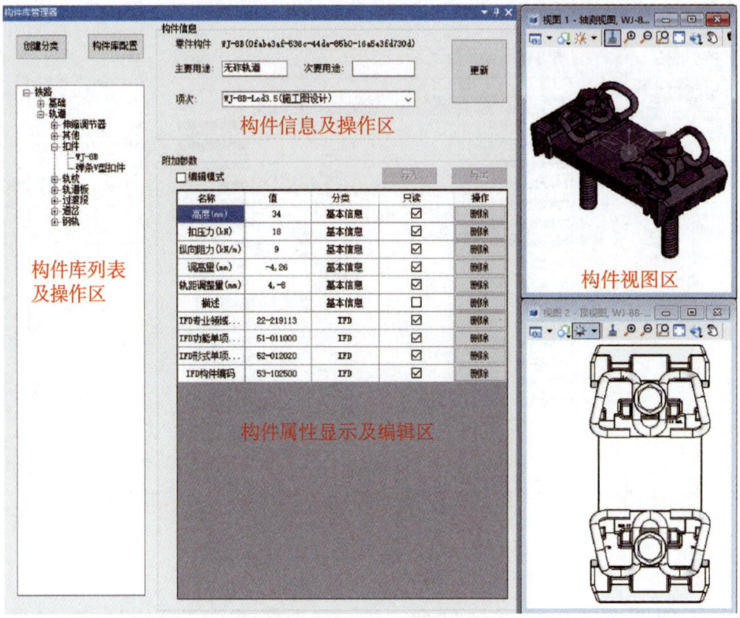

图 4-22　轨道构件库管理器功能界面

表，同时包含了创建构件分类和进行构件库位置配置两个功能按键。在左侧的列表区域点击相应的第三级节点可以导航到指定的构件类别，在第四级的末端节点显示指定构件分类下的构件列表，如图 4-22 中显示了“扣件”节点下的两个扣件构件的列表。当点击末端节点的构件名称后，将在中间及右侧区域显示当前选定构件的信息和几何视图。若要创建新的构件，可在指定的分类名称上单击鼠标右键，在弹出的上下文菜单中选择创建构件菜单。

中间上部的“构件信息及操作区”用于显示当前选定构件的基本信息，包含构件的唯一性编码、主要用途、次要用途以及构件精度等级，此外该区域提供一个更新按键，用于在进行构件修改后的更新保存。该区域中的项次下拉选框中的列表为构件的精度等级列表，包含了 LOD1.0～LOD5.0 各个精度等级，不同精度等级之间的构件模型是相互独立的，当选择不同的精度等级时，将在构件属性列表和右侧视图区显示对应精度等级的属性列表和构件几何模型。

中间下部的“构件属性显示及编辑区”用于显示当前选定构件的指定精度等级构件模型的属性列表，可在显示模式和编辑模式之间切换。当选择编辑模式时，可以对列表的构件属性进行编辑、导入及导出操作。此外，构件管理器支持为任何构件添加任意附加属性，以满足后续阶段对构件属性附加的功能需求。

右侧的“构件视图区”用于显示当前选定的构件的指定精度等级的构件几何模型，在构件视图区可以对构件进行任意不同视图的切换，同时可以在该区域对构件的几何模型进行修改操作。

当选择在特定的构件分类下创建新构件时,则显示如图 4-23 所示的构件创建器。

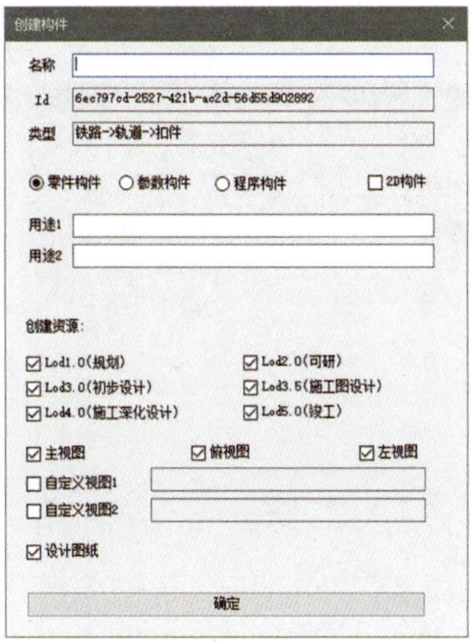

图 4-23　轨道构件创建器功能界面

构件创建器中,指定创建构件的名称、构件形式、用途以及所要创建的资源类型,即可创建一个空白的位于指定类型的构件,创建的构件库文件将按照选定的资源类型自动创建模型空间。创建了空白的构件库文件后,即可在构件管理器的视图区创建构件的几何模型,同时在构件的属性编辑区编辑或者添加属性,完成构件几何模型和属性编辑后,执行更新操作即可保存新构件到构件库中。

4.5.3　轨道项目信息管理功能

轨道项目信息管理功能模块主要包含创建项目、编辑项目以及项目结构树等功能点。创建项目功能界面图如图 4-24 所示。包含指定项目位置、项目名称、项目设计阶段、铁路等级、设计时速、轴重、设计说明、设计负责人、设计审查人员等项目基本信息。

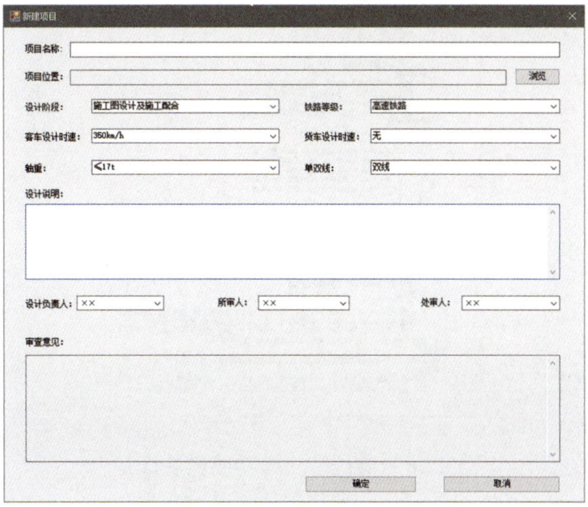

图 4-24　项目创建功能界面图

编辑项目功能模块界面如图 4-25 所示，主要包含对项目设计阶段、铁路等级、设计速度、轴重、单双线、设计说明、设计负责人、设计审查人员以及审查意见进行查看、编辑和管理。

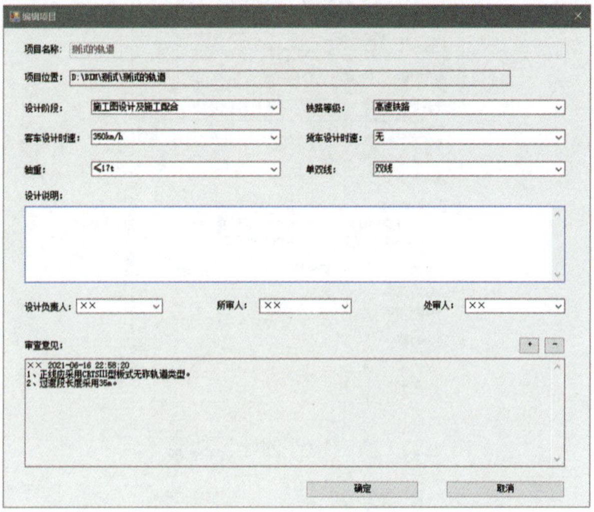

图 4-25　项目编辑功能界面图

项目管理中的项目结构树功能如图 4-26 所示。项目结构树的作用是将项目上所有的几何模型信息和属性信息集中统一归口管理，提供统一的项目模型和信息管理、显示、导航等，为设计人员提供一个了解和掌控整个项目信息的窗口。项目结构树最大层级为 6 级，顶层节点为项目名称节点，每个项目仅有一个顶层节点；第二级节点为线路节点，节点名称为线路名称，由于一个项目中可能有多个线路，因此第二级节点的数目大于等于 1；第三级节

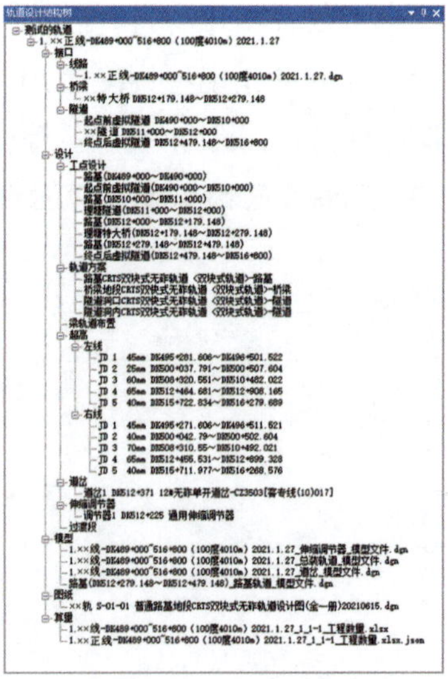

图 4-26　项目结构树功能模块图示

点包含接口、设计、模型、图纸和算量五个节点；接口节点下级节点为线路、桥梁和隧道等接口信息；设计节点的子节点包含工点设计、轨道方案、桥梁轨道布置方案、超高设计方案、道岔、伸缩调节器和过渡段等以及各自的子节点；模型节点内部包含所有轨道区段的已经创建的轨道 BIM 模型列表；图纸节点内部包含所有已创建的二维图纸列表；算量节点则在其下级节点中显示所有已经计算完成的工程数量清单列表。

4.5.4　轨道三维方案设计功能

轨道三维方案设计功能由轨道方案管理器提供，轨道三维方案完全采用参数化的方式进行设计，轨道方案管理器如图 4-27 所示。其功能是供设计人员创建和管理轨道设计方案，当用户创建了特定的轨道结构方案时，轨道方案管理器将根据用户的选择自动或者由设计人员指定引用构件库中的轨道构件，采取搭积木的方式构建想要的轨道结构设计方案。

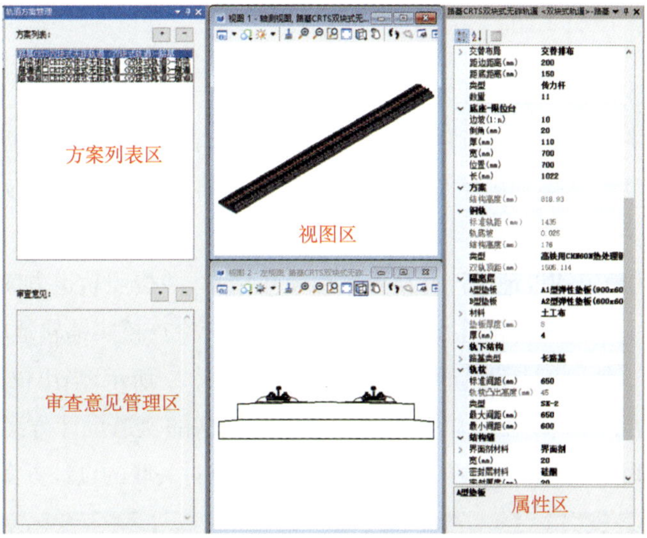

图 4-27　轨道方案管理器功能界面图

轨道方案管理器由四个功能区域组成，包含左侧上部的方案列表区、左侧下部的方案审查意见管理区、中间的方案视图区以及右侧的方案属性区。

方案列表区显示已经创建的方案列表，同时提供创建方案和删除方案的按键功能，当设计人员在方案列表区选择其中某个方案时，将在审查意见管理区显示选定方案的审查意见列表，在视图区显示轨道结构方案三维模型，在属性区显示当前方案的所有参数。

在审查意见管理区，设计人员可对审查意见进行回复和存档管理；在视图区，设计人员可以以任意的角度查看轨道设计方案的不同视图；在属性区，设计人员可以根据设计需求修改当前选定轨道方案的所有参数。

当设计人员选择新建轨道结构方案时，将显示如图 4-28 所示的添加轨道方案窗口，设计人员可指定方案名称、方案类型和工点类型后即可快速地创建标准的轨道结构方案。方案的类型包含有砟轨道、CRTS 双块式无砟轨道以及 CRTSⅢ型板式无砟轨道三种。工点类型包含桥梁、隧道和路基三种。

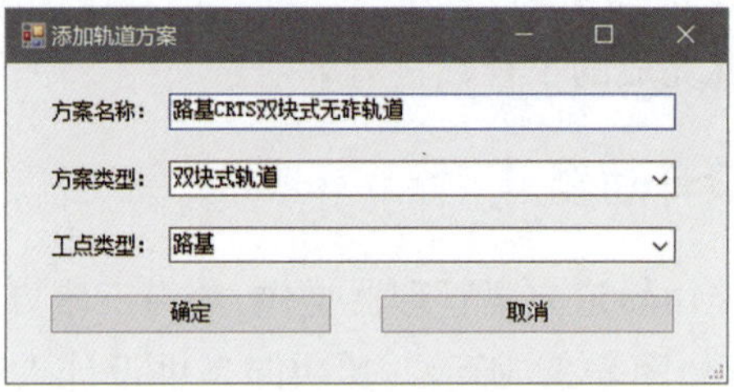

图 4-28　添加轨道方案功能界面图

4.5.5　轨道工点设计功能

轨道工点设计模块研发成果包含如下功能：

首先，根据线路条件、线下基础分布情况、轨道特殊结构分布情况（包括道岔、钢轨伸缩调节器和过渡段等）计算得到轨道铺设地段并将轨道铺设地段映射到实际的三维线路空间上。

其次，根据前述轨道铺设地段计算结果列出轨排清单，并按照轨道方案设计情况，自动为每个轨道铺设地段关联对应的轨道方案，供设计人员进行检查核实铺轨地段及其关联的轨道结构方案是否合理。轨道工点设计管理器如图 4-29～图 4-31 所示，当用户在工点选择栏选择特定的工点后，将在下方列出工点轨排布置列表及其关联的轨道设计方案，列表显示轨排名称、轨排长度和关联设计方案，在关联设计方案列中，可以对关联的设计方案进行调整。

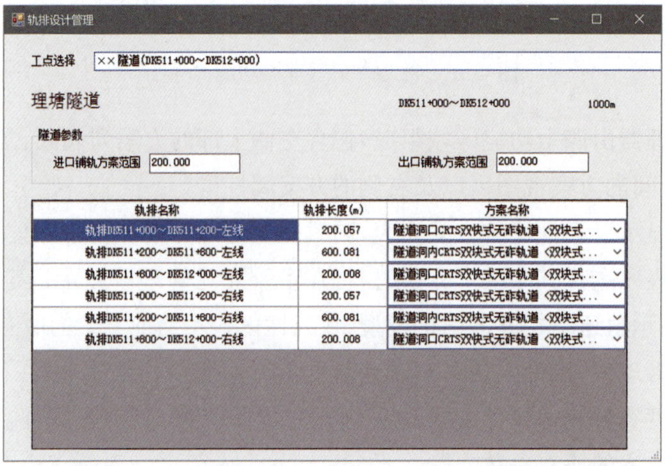

图 4-29　轨道工点设计管理器界面图（隧道地段）

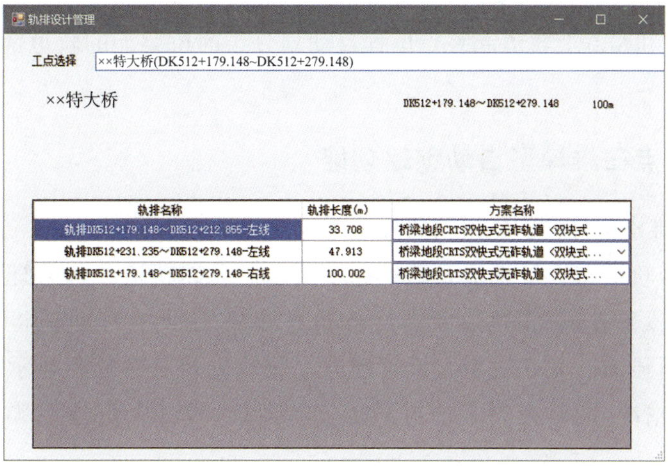

图 4-30　轨道工点设计管理器界面图(桥梁地段)

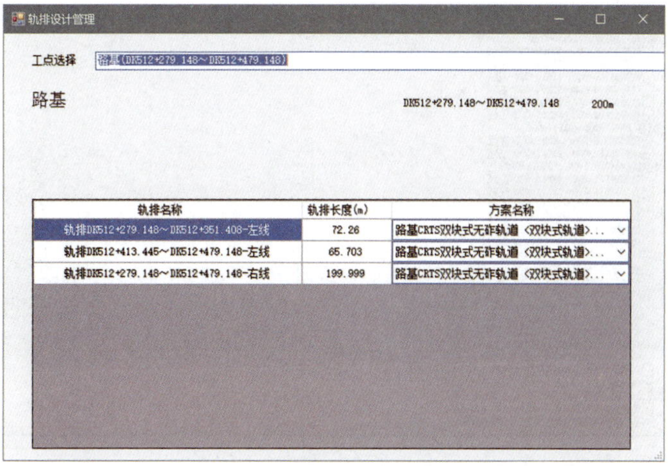

图 4-31　轨道工点设计管理器界面图(路基地段)

当选择的工点的线下基础为隧道地段时,将显示对应工点的隧道名称、隧道地段轨道起终点里程、长度以及隧道进出口洞口范围无砟轨道的铺设长度,工点管理器将根据设定的隧道进出口轨道方案铺设长度、道岔布置位置等自动划分当前隧道的轨道铺设地段并关联轨道设计方案。

当选择的工点的线下基础为桥梁地段时,将显示对应工点的桥梁名称、桥梁地段轨道起终点里程以及长度,若桥上设置有钢轨伸缩调节器时,工点管理器将根据设定的钢轨伸缩调节器位置、桥上轨道起终点里程和桥跨布置参数自动划分当前路基上的轨道铺设地段并关联轨道设计方案。

当选择的工点的线下基础为路基地段时,将显示对应工点的路基名称、路基地段轨道起终点里程以及长度，若该路基地段设置有道岔区、过渡段时，工点管理器将根据设定的道岔位置、过渡段位置和路基上轨道起终点里程自动划分当前桥梁上的轨道铺设地段并关联轨道设计方案。

4.5.6 轨道工点三维模型自动创建功能

轨道工点三维模型自动创建模块研发成果包含的功能如下：

(1)显示无砟轨道布板管理器，如图 4-32 所示。无砟轨道布板管理器仅按顺序显示无砟轨道铺设地段列表，有砟轨道无需进行布置计算，因此有砟轨道将不再需要进行相关布置计算，不再显示。无砟轨道布板管理器左侧轨排列表按顺序显示不同线下基础条件下的轨排分布情况，同时在列表前方显示选择器，供设计人员指定哪些地段需要进行计算和建模。

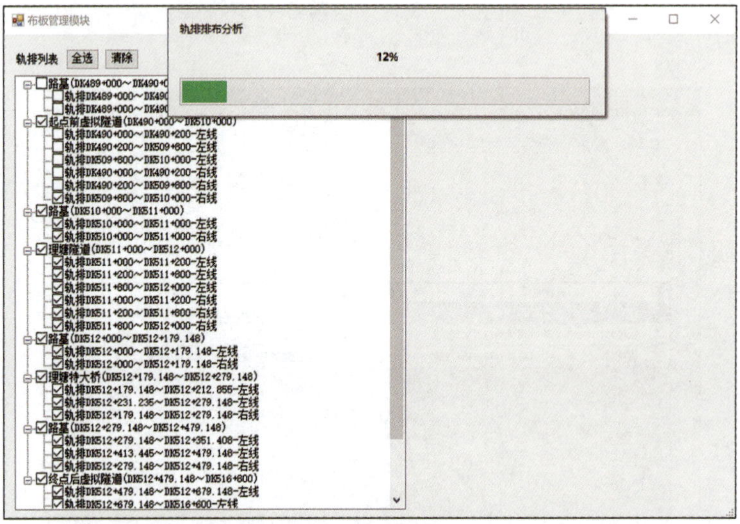

图 4-32 无砟轨道布置管理器(布板计算)

(2)进行选定无砟轨道铺轨地段的布板计算。点击布板计算按键，布板管理器将依次遍历选定的轨排列表，并计算轨道板的布置和底座的布置，得到最优化的轨道板和底座分布方案。若出现在既定的规则条件下无法计算出轨道板布置方案时，管理器将以红色字体在轨排列表中提示无法得到计算结果的轨排名称，供设计人员进行特殊的轨排设计，进而最终完成所有的无砟轨道排布设计计算。

(3)在完成所有无砟轨道排布计算后，管理器提供了显示轨排中无砟轨道详细布置参数的功能。当设计人员选择其中一个轨排区段时，将在管理器右侧显示选定轨排的无砟轨道布板详细参数，供设计人员进行检查确认，如图 4-33 所示。

(4)创建轨道模型功能。在完成无砟轨道布板计算后，利用管理器中的创建模型按键即可一键快速创建选定的轨道模型，如图 4-34 所示。

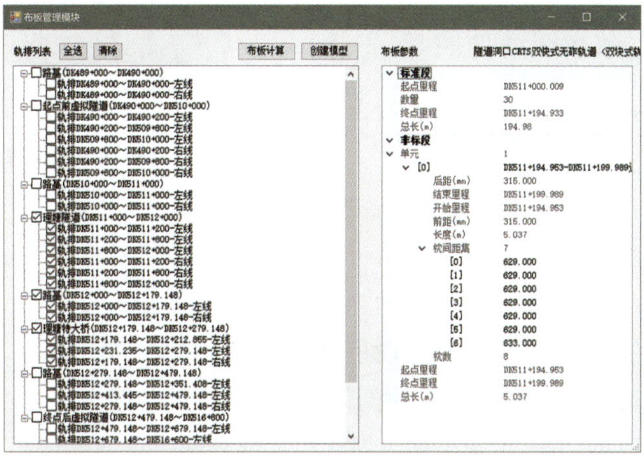

图 4-33 无砟轨道布置管理器(布板计算结果显示)

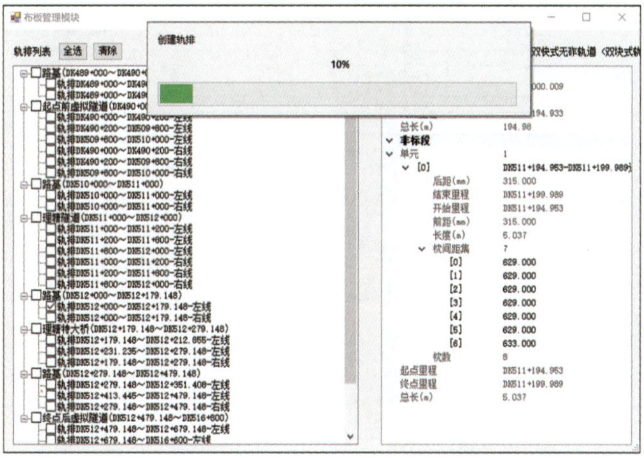

图 4-34 无砟轨道布置管理器(轨道模型创建)

创建完成的轨道模型如图 4-35 所示。

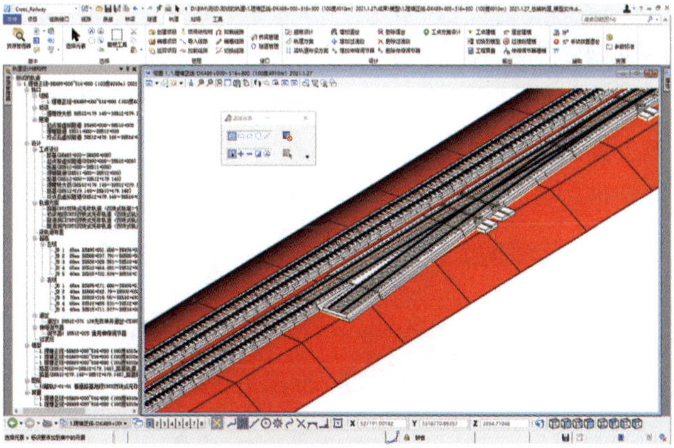

图 4-35 创建的轨道模型图示

4.5.7 轨道工程数量统计功能

轨道工程数量统计模块研发成果包含的功能如下：

轨道工程数量统计模块提供了标段管理器，如图 4-36 所示，在标段管理器中，设计人员可以首先添加标段，其次在标段下层级指定标段的起终点里程，最后选择指定的标段即可统计该标段里程范围内的工程数量。同时标段管理器提供了修改和删除标段的功能。此外，标段管理器提供了导入和导出标段信息的功能，可提高标段创建和管理效率。自动统计完成的轨道工程数量清单如图 4-37 所示。

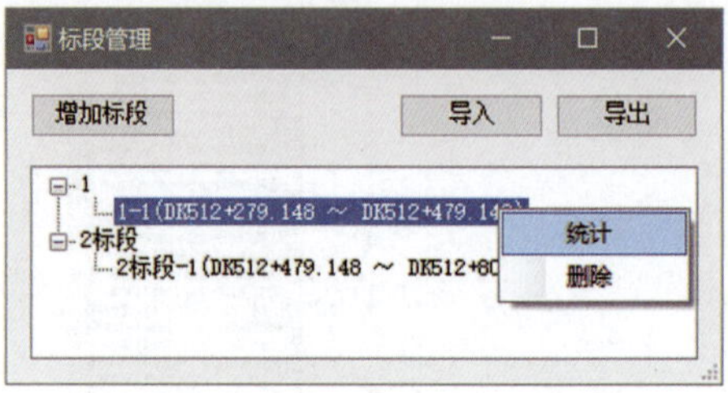

图 4-36 标段管理器界面图

××铁路理塘段轨道工程数量表（DK500+123～DK515+600）						
项目				单位	数量	备注
线路长度				km		
铺轨长度				km	30.11	
（一）新建有砟轨道				km	0	
（二）新建无砟轨道					0	
1.无砟铺轨				km	30.11	
铺轨工程	长路基	线路坡度≤20‰	100m定尺长，60N U75VG无孔新轨，WJ-8A型扣件 3200套/km	km		
			100m定尺长，60N U75VHG在线热处理无孔新轨，WJ-8A型扣件 3200套/km	km	5.30	
		线路坡度>20‰	100m定尺长，60N U75VG无孔新轨，WJ-8A型扣件 3200套/km	km		
			100m定尺长，60N U75VHG在线热处理无孔新轨，WJ-8A型扣件 3200套/km	km	0.84	
	桥梁	线路坡度≤20‰	100m定尺长，60N U75VG无孔新轨，WJ-8A型扣件 3200套/km	km		
			100m定尺长，60N U75VHG在线热处理无孔新轨，WJ-8A型扣件 3200套/km	km	3.64	
		线路坡度>20‰	100m定尺长，60N U75VG无孔新轨，WJ-8A型扣件 3200套/km	km		
			100m定尺长，60N U75VHG在线热处理无孔新轨，WJ-8A型扣件 3200套/km	km	1.76	
	隧道>1km	线路坡度≤20‰	100m定尺长，60N U75VG无孔新轨，WJ-8A型扣件 3200套/km	km		
			100m定尺长，60N U75VHG在线热处理无孔新轨，WJ-8A型扣件 3200套/km	km	18.57	
2.铺无砟轨道						
CRTS双块式无砟轨道	轨道结构	长路基	CRTS双块式无砟轨道	km	6.14	
		短路基	CRTS双块式无砟轨道	km	0	
		刚性路基	CRTS双块式无砟轨道	km	0	
		桥梁	CRTS双块式无砟轨道	km	5.40	
		洞口隧道	CRTS双块式无砟轨道	km	0.80	
		洞内隧道	CRTS双块式无砟轨道	km	18.57	
		桩板	CRTS双块式无砟轨道	km	0	
3.新建岔区无砟轨道						
12号单开道岔	道床	路基	12号单开长枕埋入式无砟道岔	组	5.00	
		桥梁	12号单开长枕埋入式无砟道岔	组	0	
		隧道	12号单开长枕埋入式无砟道岔	组	0	

图 4-37 统计完成的轨道工程数量清单示意图

4.5.8 轨道二维工程图纸创建功能

轨道二维工程图纸创建模块研发成果包含如下功能：

轨道二维工程图纸的创建包含于轨道方案管理器中，轨道图纸的生成基于参数化的轨道设计方案。在轨道方案管理器中，选定轨道结构方案并在右键上下文菜单中选取导出设计图纸即可调出二维图纸创建工具，如图 4-38 所示。

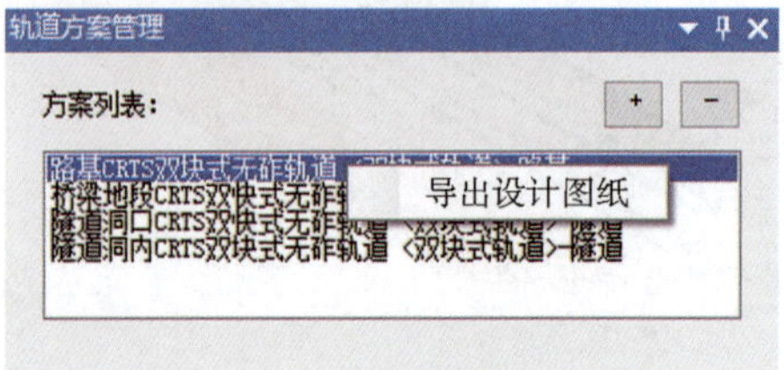

图 4-38 轨道二维图纸创建菜单图示

调出的轨道二维工程图纸创建工具如图 4-39～图 4-41 所示，包含了工程名称、工程类型、设计阶段、图纸名称、图纸编号、出图时间、设计说明、图纸列表、图纸位置等参数设置。设置完成后，图纸创建器将根据轨道参数化设计方案自动生成二维图纸，二维图纸包含了设计说明、无砟轨道平面图纸图、无砟轨道纵断面图纸图、横断面设计图、道床和底座配筋设计图、限位结构设计图、接地设计图以及无砟轨道每公里工程数量指标表等内容。

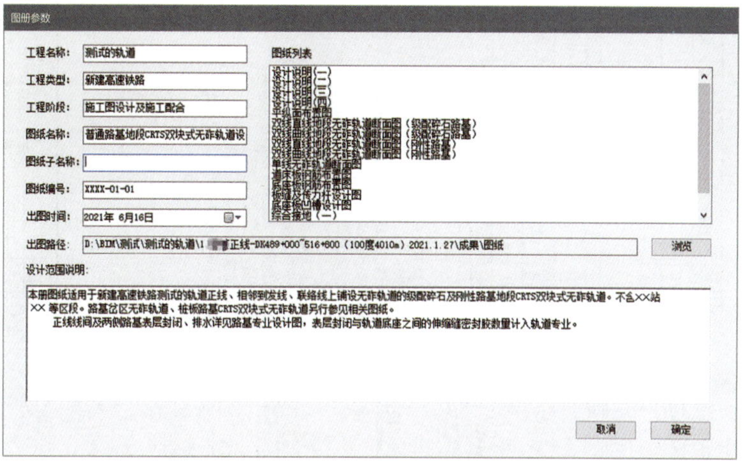

图 4-39　轨道二维图纸生成参数设置图示

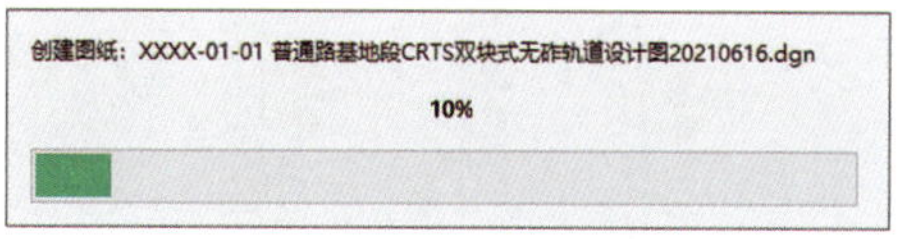

图 4-40　轨道二维图纸生成过程

本章论述了高速铁路轨道工程 BIM 正向设计软件研发的过程和主要内容。根据第 3 章高速铁路轨道工程 BIM 设计场景需求，本章对软件的总体框架、软件流程、软件性能等方面进行了分层次的研究和论证，确定了软件的研发方案、整体框架、软件逻辑架构、信息存储规则和通信机制等，结合软件制定的应用流程和性能要求进行了软件各项需求功能的研发。文中对软件的主要功能的研发情况进行了简述，包含轨道设计参数库、构件库、方案库管理功能模块，以及轨道三维方案辅助设计、轨道工点信息模型设计、轨道工点信息模型自动生成、轨道 BIM 设计成果输出等。此外，本章对轨道 BIM 工程设计中的关键算法进行了论述和实现。

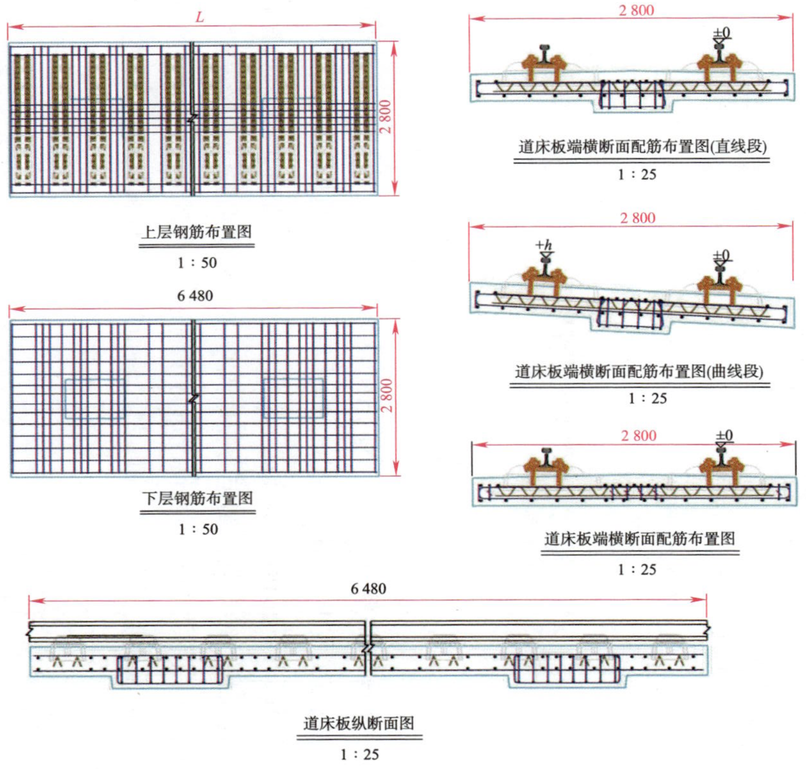

道床板钢筋数量表

钢筋编号	钢筋大样图	直径(mm)	长度(mm)	根数	重量(kg)	合计(kg)
N1	5 770	20	5 770	23	327.520	
N2	136 2 700 136	16	2 972	56	262.864	594.440
N3	120 120 140	12	380	12	4.056	

道床板单个凸形挡台钢筋数量表

钢筋编号	钢筋大样图	直径(mm)	长度(mm)	根数	重量(kg)	合计(kg)
N1	258 166 915 166 258	12	1 763	6	9.396	19.740
N5	237 194 593 194 237	12	1 455	8	10.344	

说明：

1.本图是路基上6 480 mm长道床板的配筋图及钢筋数量表，钢筋型号为HRB400；

2.道床板内上层钢筋架立在桁架钢筋上，下层钢筋距道床板底面的保护层厚度不小于35 mm；

3.道床板内钢筋绝缘采用“普通钢筋+绝缘卡”的方案，除纵、横向接地钢筋间交叉点按规定进行焊接外，其余纵向钢筋与横向钢筋（含轨枕桁架筋横向钢筋）交叉点处均设置绝缘卡；上下层纵横向钢筋、箍筋及与凸台钢筋笼搭接处（含钢筋笼纵横向搭接）也应采用绝缘卡绝缘；道床板内的综合接地方案参照本册相关图纸；

4.钢筋数量未计搭接与损耗；

5.*h*表示曲线地段轨道超高值；

6.本图尺寸单位除注明外均以毫米计。

设计者		×××工程集团有限责任公司 新建××铁路施工图设计及施工配合 路基地段CRTS双块式无砟轨道 道床板钢筋布置图	图号	路基轨道-01-01-11
复核者			比例	
专业设计负责人			日期	2021.05
所技术负责人			第11张 共17张	
院总工程师				

图 4-41　轨道二维图纸示意图

第 5 章　高速铁路轨道工程 BIM 正向设计软件应用实践

高速铁路轨道工程 BIM 正向设计软件经过前期分析、研发和测试等工作后，最终完成所有框架、基础功能和专用功能模块开发，形成具有实践项目生产能力的 BIM 设计应用工具，可以实现铁路轨道工程 BIM 正向设计的全流程工作，覆盖了高速铁路轨道设计所需要的 CRTS 双块式无砟轨道、CRTSⅢ型板式无砟轨道和多种结构形式的有砟轨道等主流的轨道结构形式。基于高速铁路轨道 BIM 正向设计软件，在实际项目中开展了轨道工程 BIM 正向设计应用，以真正提高高速铁路轨道工程设计的数字化、信息化和自动化。本书节选了所研发的轨道 BIM 正向设计软件在部分高速铁路中的设计应用情况，主要包含 CRTS 双块式无砟轨道和 CRTSⅢ型板式无砟轨道的应用，供读者参考。

5.1　CRTS 双块式无砟轨道 BIM 正向设计实践

5.1.1　应用项目概况

节选的 CRTS 双块式无砟轨道 BIM 设计应用为某城际铁路的轨道 BIM 设计应用。该城际铁路正线长度约 93 km，其中桥梁占比 93.6%。

所应用的城际铁路的轨道工程概况如下：正线铺设跨区间无缝线路约 183 铺轨公里，正线以铺设 CRTS 双块式无砟轨道为主，在线路两端连接枢纽或车站地段零星铺设了有砟轨道，其中铺设有砟轨道约 2.8 铺轨公里，铺设 CRTS 双块式无砟轨道约 180 铺轨公里，铺设岔区轨枕埋入式无砟轨道 16 组，铺设单向钢轨伸缩调节器 2 组，正线及到发线铺设了无砟轨道和有砟轨道过渡段结构。有砟轨道由 60N、100 m 定尺长 U71MnG 无螺栓孔热轧钢轨、弹条Ⅴ型扣件、Ⅲc 型混凝土轨枕、特级水洗道砟道床组成；CRTS 双块式无砟轨道由 60N、100 m 定尺长 U71MnG 无螺栓孔热轧钢轨、弹性扣件系统、SK-2 型双块式轨枕、C40 道床板、底座以及隔离层等组成；岔区无砟轨道为轨枕埋入式无砟轨道，由道岔钢轨件、弹性扣件、道岔轨枕、道床板以及底座等组成；桥梁上钢轨伸缩调节器铺设无砟轨道，由调节器钢轨件、调节器配套扣件、配套轨枕、道床板以及底座组成。

在设计过程中进行了轨道工程 BIM 正向设计实践，将 BIM 正向设计成果与传统设计成果进行了对比验证，并将部分 BIM 设计成果应用于施工图设计中。

5.1.2 轨道 BIM 应用难点

难点 1：如何确保本项目轨道工程数量统计精度和效率

轨道工程沿着线路分布于直线和不同半径曲线地段，轨道工程需要根据曲线参数和行车速度设置不同的超高，以往轨道结构工程数量统计一般按指标计算，其计算精度不高，普遍存在较大偏差且效率低；此外，若线路或者线下基础方案调整，轨道工程数量需要重复计算，费时费力，因此如何确保轨道工程数量统计精度和效率是难点之一。

难点 2：如何提高本项目无砟轨道线上模型创建效率

铁路轨道工程具有带状、长距离分布的特点，同时轨道结构需要按照线路三维空间线形以及曲线地段的超高值进行几何计算和模型创建，若采用常规手段创建轨道模型，需要根据加密的桩点进行大规模的几何计算分析，效率极低，难度极大。

难点 3：如何提高桥梁地段的轨道设计效率

本项目桥梁工程占比约 93%，传统设计中并未进行桥梁工点的无砟轨道详细设计，而是只提出施工铺设的原则和控制参数。但在 BIM 设计中，必须进行针对桥梁工点的无砟轨道布置设计和详细结构设计，因此，如何快速地进行桥梁地段无砟轨道道床板布置设计是关键难点之一。

难点 4：如何确保接口协调，减少差错漏碰

本项目轨道工程与桥梁工程、路基工程、给排水工程、站场工程、线路工程等有外部接口，轨道工程内部各零部件间有内部接口。

难点 5：如何在传统设计基础上提升设计精度，向施工阶段延伸

本项目轨道工程以 CRTS 双块式无砟轨道为主，在传统的设计中，无法为下游的施工阶段提供详细的无砟轨道关键部件的控制参数和坐标，如道床板、隔离层、限位凸台、底座板等的控制坐标参数。施工阶段施工单位在施工过程中进行详细控制坐标验算时往往容易出错，造成底座、道床板等关键部件的施工出现较大的不可接受的偏差或者错误。因此，在本项目轨道工程 BIM 正向设计中，思考和研究如何在传统设计基础上提升设计的精度，提升设计成果的价值，向施工阶段提供延伸服务，也是需要解决的关键难点之一。

5.1.3 应用技术路线和工作内容

1. 技术路线

铁路轨道工程结构中，方案主要由各种标准件组成，比如钢轨、扣件、轨枕、无砟轨道部件等，这些标准件沿着三维空间线位按照一定的规则间隔放置或者连续修筑便形成了整体轨道结构，基于此特点，轨道工程 BIM 设计应用采取了下面的技术路线（图 5-1）。

第一步，创建轨道标准构件库，构件库中包含轨道工程所需要的所有构件，包含 60N 钢

轨、扣件系统、双块式轨枕、轨道板模板、底座模板、辅助设施构件、道岔、钢轨伸缩调节器以及过渡段构件等；

第二步，采用积木法引用标准构件创建轨道结构设计方案，在设计方案中建立轨道标准构件之间的联系以及沿着线路方向敷设的规则，创建桥上双块式无砟轨道、路基上双块式无砟轨道以及有砟轨道结构方案；

第三步，沿着线路条件按照不同的线下基础创建工点的轨道结构模型，包含桥上轨道工点模型、路基上轨道工点模型，接着对所有模型进行装配形成轨道结构工点总装配模型，模型达到施工图精度要求；

第四步，基于创建的轨道工点模型进行接口检查、出图、算量和施工设计交底等应用，形成完整的 BIM 设计成果。

图 5-1　城际铁路轨道 BIM 设计应用技术路线

为了解决前文 5.1.2 中提出的难点问题，在本项目轨道工程 BIM 设计的主要应用点是：创建轨道标准构件库、进行参数化自动建模、基于模型的工程数量计算、基于模型的图纸输出、基于模型的接口检查和基于模型的施工关键数据提取。

2. 工作内容介绍

根据前述技术路线创建轨道工程模型，同时创建地形、线下基础简化模型用于展示整体模型关系。在创建模型的基础上，开展一系列的基于 BIM 模型的设计应用，以达到提高设计效率、提高设计质量、提高设计精度和提高设计向下游阶段延伸服务等目的，同时提高项目信息化和数字化水平，为项目后续阶段提供数字化的前置条件。

该城际铁路轨道工程 BIM 正向设计的应用点主要包含轨道标准构件库、轨道方案参数化设计、轨道工点模型自动创建、轨道工程数量自动统计、轨道工程接口碰撞检查、轨道二维施工图纸自动创建、BIM 施工信息提取、BIM 模型编码附加以及可视化交底等等(图 5-2)。通过基于 BIM 模型的创建和应用，依次解决本项目 BIM 设计实践之初所遇到的 5 个难点问题，解决实际工程应用问题，BIM 技术工作中的关键应用要点如下：

(1)创建路基和桥梁地段 CRTS 双块式无砟轨道模型，并在此基础上创建道床板、底座板详细配筋模型。

(2)接口检查，包含轨道结构内部接口检查和与外部专业的接口检查。通过轨道模型结构内部的碰撞检查，发现和修正轨道结构内部各组成部分之间的冲突问题，优化轨道系统设计方案。通过与其他专业合模后的碰撞检查，发现和修正轨道结构与相关专业之间的接口冲突问题,优化铁路系统设计方案,消除或减少施工配合阶段的变更设计。

(3)基于 BIM 模型的轨道结构方案审查,尝试进行基于创建的 BIM 模型的设计方案审查,探索其优势以及存在的问题。

(4)基于设计模型,为后续施工工序提供更加详实的无砟轨道设计数据以及道床板、底座等的施工或预制控制定位参数等,延伸设计服务,使设计和施工更加紧密。

(5)工程数量统计,基于各阶段最终的轨道模型,通过轨道 BIM 正向设计软件按照标段划分要求统计工程数量,提高工程数量统计效率和精度,同时与传统手段设计文件的工程数量进行对比验证,确保工程数量正确合理。

(6)进行基于 BIM 模型的三维轨道施工设计交底,使交底工作更加形象和便于理解,提高交底的效率和质量。

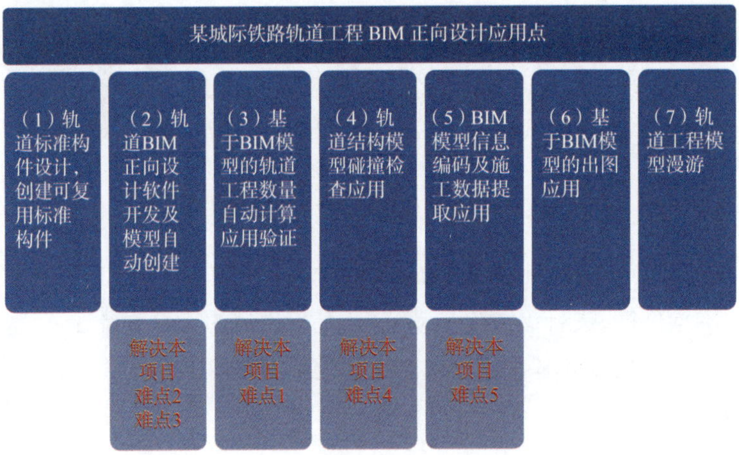

图 5-2　某城际铁路轨道 BIM 正向设计应用点

5.1.4　基础构件设计

根据本项目 BIM 设计需求,需要首先创建的轨道工程基础构件集包含钢轨构件集、CRTS 双块式无砟轨道构件集、有砟轨道构件集以及特殊结构构件集。

钢轨构件集包含中国标准的 60N 钢轨。CRTS 双块式无砟轨道构件集包含 WJ-8B 型扣件、SK-2 型双块式轨枕、标准道床板、隔离层、底座和传力杆等。有砟轨道构件集包含弹条Ⅴ型扣件、Ⅲc 型预应力长轨枕、有砟道床断面等。特殊结构构件集包含 18 号道岔构件、伸缩调节器构件和过渡段构件等,这些特殊结构构件均为嵌套构件,均由多个嵌套构件和基础构件组成。上述基础构件的组成和示意展示如下文。

1. 钢轨

高速铁路用 60N 钢轨构件如图 5-3 所示,钢轨为沿着线路方向连续延伸的轨道部件,钢轨构件为二维平面构件,其内容包含钢轨横断面几何图形以及钢轨对象属性两部分,属性包含高度、材质、强度和标志其类型的 IFD 相关编码等，见表 5-1。

图 5-3　高速铁路 60N 钢轨构件

表 5-1　高速铁路 60N 钢轨构件属性表

名　称	值	单　位	分　类
材质	U71Mn	—	基本信息
密度	7 800	kg/m^3	基本信息
强度	880	MPa	基本信息
弹性模量	206	GPa	基本信息
泊松比	0.28	—	基本信息
体积	—	m^3	基本信息
质量	—	kg	基本信息
是否基本构件	是	—	基本信息
EBS 编码	010101010101	—	EBS
IFD 编码	53-10 07 10	—	IFD
唯一编码	待定	—	基本信息
名称	CHN 60N 钢轨	—	基本信息
父构件	待定	—	基本信息
图号	TB/T 2344.1—2020	—	基本信息
技术标准	钢轨　第 1 部分：43 kg/m～75 kg/m 钢轨（TB/T 2344.1—2020）	—	基本信息
供货商	待定	—	施工信息
生产日期	待定	—	施工信息
安装日期	待定	—	施工信息
安装者	待定	—	施工信息
承包商	待定	—	施工信息

续上表

名　称	值	单　位	分　类
维修信息	待定	—	运维信息
资产信息	待定	—	运维信息
起点连续里程	待定	m	定位信息
终点连续里程	待定	m	定位信息
起点里程	待定	m	定位信息
终点里程	待定	m	定位信息
高度	176	mm	基本信息
轨底宽度	150	mm	基本信息
轨头宽度	70	mm	基本信息
钢轨断面几何对象	待定	—	基本信息
钢轨型号	60N	—	基本信息
每米理论质量	60.64	kg/m	基本信息
钢轨断面面积	77.4	cm^2	基本信息
重心距轨底距离	8.12	cm	基本信息
重心距轨头距离	9.48	cm	基本信息
对水平轴线的惯性力矩	3 215.2	cm^4	基本信息
对垂直轴线的惯性力矩	523.5	cm^4	基本信息
下部断面系数	396	cm^3	基本信息
上部断面系数	339.1	cm^3	基本信息
底侧边断面系数	69.8	cm^3	基本信息
锁定轨温	待定，根据环境确定	℃	无缝线路信息

2. WJ-8B 型扣件

CRTS 双块式无砟轨道构件集中 WJ-8B 型扣件如图 5-4 所示，扣件为沿着线路敷设方向间隔布置的构件，为三维立体构件，同时该构件为嵌套型构件，由 W1 型弹条、S2 螺旋道钉、绝缘块、轨距挡板、轨下橡胶垫板、铁垫板、铁垫板下弹性垫板、D1 预埋套管、平垫圈等子构件组成。WJ-8B 型扣件构件包含上述子构件及其装配件的几何信息以及装配件的对象属性信息，属性包含高度、扣压力、纵向阻力、调高量、轨距调整量以及标志其类型的 IFD 相关编码等，见表 5-2。

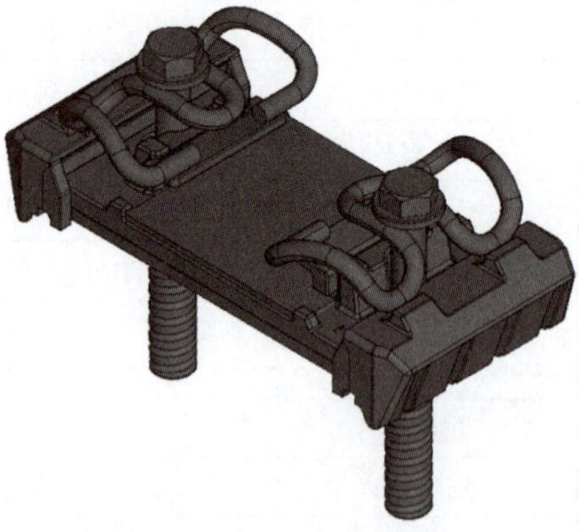

图 5-4　WJ-8B 型扣件构件

表 5-2　高速铁路 WJ-8B 型扣件构件属性表

名　称	值	单　位	分　类
材质	—	—	基本信息
密度	—	kg/m^3	基本信息
强度	—	MPa	基本信息
弹性模量	—	GPa	基本信息
泊松比	—	—	基本信息
体积	0.002 6	m^3	基本信息
质量	15	kg	基本信息
是否基本构件	否	—	基本信息
EBS 编码	010101010101010103	—	EBS
IFD 编码	53-10 25 00	—	IFD
唯一编码	待定	—	基本信息
名称	WJ-8B 型扣件	—	基本信息
父构件	待定	—	基本信息
图号	TB/T 3395.5—2015	—	基本信息
技术标准	高速铁路扣件　第 5 部分： WJ-8 型扣件(TB/T 3395.5—2015)	—	基本信息
供货商	待定	—	施工信息
生产日期	待定	—	施工信息
安装日期	待定	—	施工信息
安装者	待定	—	施工信息
承包商	待定	—	施工信息
维修信息	待定	—	运维信息
资产信息	待定	—	运维信息
扣件位置连续里程	待定	m	定位信息
扣件位置里程	待定	m	定位信息
扣件型号	待定	—	定位信息
扣件模型	待定	—	定位信息
扣压件	待定	—	组成信息
轨距调整件	待定	—	组成信息
紧固件	待定	—	组成信息
预埋铁座	待定	—	组成信息
基板	待定	—	组成信息
轨下垫板	待定	—	组成信息
轨下调高垫板	待定	—	组成信息
基板下垫板	待定	—	组成信息

续上表

名　称	值	单　位	分　类
基板下调高垫板	待定	—	组成信息
减振基板	待定	—	组成信息
减振弹性垫板	待定	—	组成信息
扣压力	18	kN	基本信息
纵向阻力	9	kN/m	基本信息
调高量	−4,26	mm	基本信息
轨距调整量	4,−8	mm	基本信息

3. 弹条Ⅴ型扣件

有砟轨道构件集中弹条Ⅴ型扣件如图 5-5 所示，该扣件为沿着线路敷设方向间隔布置的构件，为三维立体构件，该构件为嵌套型构件，由 W2 型弹条、S1 螺旋道钉、G5 轨距挡板、RP5 轨下橡胶垫板、D1 预埋套管、平垫圈等子构件组成。弹条Ⅴ型扣件构件包含上述子构件及其装配件的几何信息以及装配件的对象属性信息，属性包含高度、扣压力、纵向阻力、调高量、轨距调整量以及标志其类型的 IFD 相关编码等，见表 5-3。

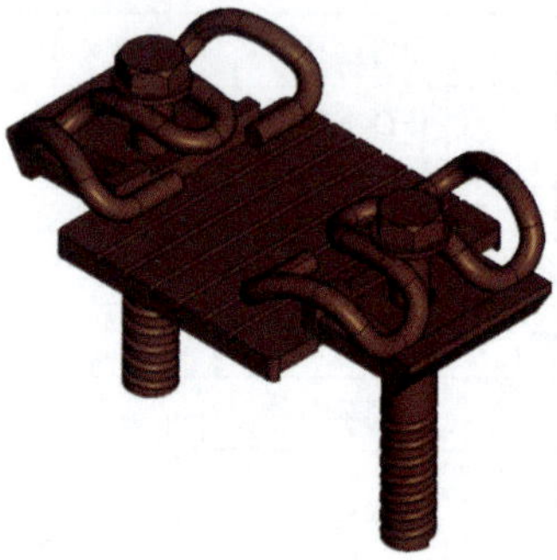

图 5-5　弹条Ⅴ型扣件构件

表 5-3　高速铁路弹条Ⅴ型扣件构件属性表

名　称	值	单　位	分　类
材质	—	—	基本信息
密度	—	kg/m^3	基本信息
强度	—	MPa	基本信息
弹性模量	—	GPa	基本信息
泊松比	—	—	基本信息
体积	0.001 1	m^3	基本信息
质量	6.5	kg	基本信息
是否基本构件	否	—	基本信息
EBS 编码	010101010101010103	—	EBS
IFD 编码	53-10 07 40	—	IFD
唯一编码	待定	—	基本信息
名称	弹条Ⅴ型扣件	—	基本信息
父构件	待定	—	基本信息
图号	研线 0602P	—	基本信息

续上表

名　称	值	单　位	分　类
技术标准	高速铁路扣件　第 3 部分：弹条Ⅴ型扣件(TB/T 3395.3—2015)	—	基本信息
供货商	待定	—	施工信息
生产日期	待定	—	施工信息
安装日期	待定	—	施工信息
安装者	待定	—	施工信息
承包商	待定	—	施工信息
维修信息	待定	—	运维信息
资产信息	待定	—	运维信息
扣件位置连续里程	待定	m	定位信息
扣件位置里程	待定	m	定位信息
扣件型号	待定	—	定位信息
扣件模型	—	—	定位信息
扣压件	待定	—	组成信息
轨距调整件	待定	—	组成信息
紧固件	待定	—	组成信息
预埋铁座	待定	—	组成信息
基板	待定	—	组成信息
轨下垫板	待定	—	组成信息
轨下调高垫板	待定	—	组成信息
基板下垫板	待定	—	组成信息
基板下调高垫板	待定	—	组成信息
减振基板	待定	—	组成信息
减振弹性垫板	待定	—	组成信息
扣压力	18	kN	基本信息
纵向阻力	9	kN/m	基本信息
调高量	10	mm	基本信息
轨距调整量	4,−8	mm	基本信息

4. SK-Ⅱ型双块式轨枕

无砟轨道构件集中 SK-Ⅱ型双块式轨枕如图 5-6 所示，该轨枕为沿着线路敷设方向间隔布置的构件，为三维立体构件，由两个轨枕块和桁架钢筋组成，在轨枕块中预埋了套管用于锚固扣件。SK-Ⅱ型双块式轨枕构件包含几何信息模型以及轨枕对象属性信息，属性包含高度、宽度、混凝土信息、钢筋信息以及标志其类型的 IFD 相关编码等，见表 5-4。

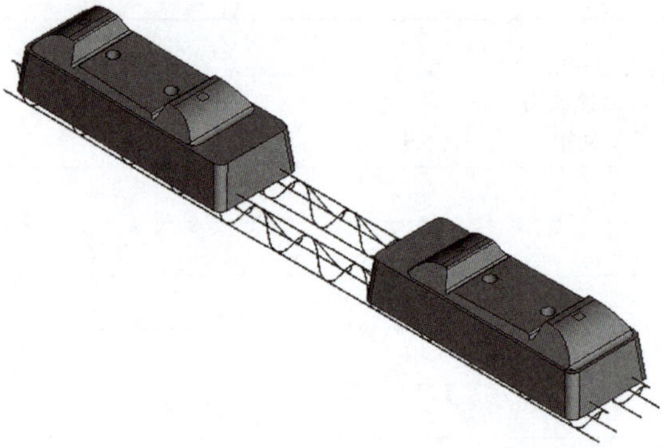

图 5-6　SK-Ⅱ型双块式轨枕构件

表 5-4　SK-Ⅱ型双块式轨枕构件属性表

名　称	值	单　位	分　类
材质	C60	—	基本信息
密度	—	kg/m³	基本信息
强度	—	MPa	基本信息
弹性模量	—	GPa	基本信息
泊松比	—	—	基本信息
体积	0.082	m³	基本信息
质量	200	kg	基本信息
是否基本构件	是	—	基本信息
EBS 编码	010101010102020401	—	EBS
IFD 编码	53-10 07 60	—	IFD
唯一编码	待定	—	基本信息
名称	SK-Ⅱ型双块式轨枕	—	基本信息
父构件	待定	—	基本信息
图号	通线(2011)2351-Ⅰ	—	基本信息
技术标准	TB/T 3397	—	基本信息
供货商	待定	—	施工信息
生产日期	待定	—	施工信息
安装日期	待定	—	施工信息
安装者	待定	—	施工信息
承包商	待定	—	施工信息
维修信息	待定	—	运维信息
资产信息	待定	—	运维信息
轨枕位置连续里程	待定	m	定位信息
轨枕位置里程	待定	m	定位信息

续上表

名　称	值	单　位	分　类
轨枕型号	待定	—	定位信息
轨枕模型	待定	—	定位信息
轨枕高度	198	mm	组成信息
轨枕长度	2 400	mm	组成信息
轨枕宽度	200	mm	组成信息
钢筋信息	待定	—	组成信息
是否弹性轨枕	待定	—	组成信息
套靴	否	—	组成信息
弹性垫板	待定	—	组成信息
预埋套管	待定	—	组成信息
凸出高度	待定	mm	组成信息
埋入高度	待定	mm	组成信息

5. Ⅲ型轨枕

有砟轨道构件集中Ⅲ型轨枕如图 5-7 所示，轨枕为沿着线路敷设方向间隔布置的构件，为三维立体构件，在轨枕块中预埋了套管用于锚固扣件。包含轨枕的几何模型及属性信息，其属性见表 5-5。

图 5-7　Ⅲ型轨枕构件

表 5-5　Ⅲ型轨枕构件属性表

名　称	值	单　位	分　类
材质	C60	—	基本信息
密度	—	kg/m^3	基本信息
强度	—	MPa	基本信息
弹性模量	—	GPa	基本信息
泊松比	—	—	基本信息
体积	0.149	m^3	基本信息
质量	370	kg	基本信息

续上表

名　称	值	单　位	分　类
是否基本构件	是	—	基本信息
EBS 编码	0101010101010102	—	EBS
IFD 编码	53-10 07 60	—	IFD
唯一编码	待定	—	基本信息
名称	Ⅲ型轨枕	—	基本信息
父构件	待定	—	基本信息
图号	专线 3393	—	基本信息
技术标准	TB/T 2190	—	基本信息
供货商	待定	—	施工信息
生产日期	待定	—	施工信息
安装日期	待定	—	施工信息
安装者	待定	—	施工信息
承包商	待定	—	施工信息
维修信息	待定	—	运维信息
资产信息	待定	—	运维信息
轨枕位置连续里程	待定	m	定位信息
轨枕位置里程	待定	m	定位信息
轨枕型号	待定	—	定位信息
轨枕模型	待定	—	定位信息
轨枕高度	230	mm	组成信息
轨枕长度	2 600	mm	组成信息
轨枕宽度	200	mm	组成信息
钢筋信息	待定	—	组成信息
是否弹性轨枕	待定	—	组成信息
套靴	否	—	组成信息
弹性垫板	待定	—	组成信息
预埋套管	待定	—	组成信息
凸出高度	45	mm	组成信息
埋入高度	185	mm	组成信息

6.18 号单开及单渡线无砟道岔

特殊构件集中 18 号无砟道岔(包含单开道岔和单渡线道岔,图 5-8)为沿着线路敷设方向在特定位置布置的构件,为三维立体构件,由钢轨件、扣件、紧固件、轨枕和道床等诸多下级构件组成,是嵌套性构件,其属性信息列表见表 5-6。

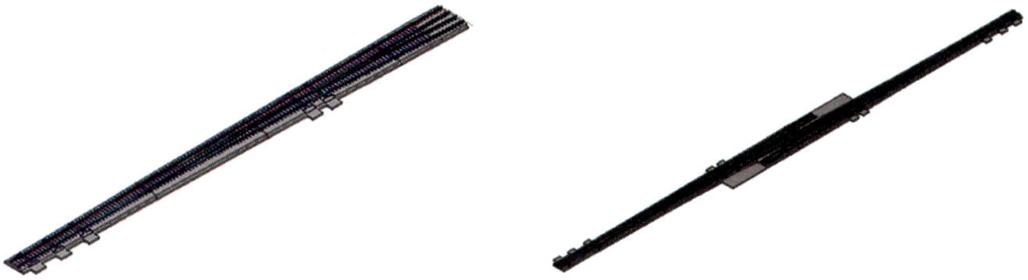

图 5-8　18 号无砟道岔构件

表 5-6　18 号无砟道岔属性表

名　称	值	单　位	分　类
材质	—	—	基本信息
密度	—	kg/m³	基本信息
强度	—	MPa	基本信息
弹性模量	—	GPa	基本信息
泊松比	—	—	基本信息
体积	—	m³	基本信息
质量	—	kg	基本信息
是否基本构件	否	—	基本信息
EBS 编码	01020104	—	EBS
IFD 编码	53-10 07 80	—	IFD
唯一编码	待定	—	基本信息
名称	18 号单开无砟道岔	—	基本信息
父构件	待定	—	基本信息
图号	客专线(07)009	—	基本信息
技术标准	TB/T 3307	—	基本信息
供货商	待定	—	施工信息
生产日期	待定	—	施工信息
安装日期	待定	—	施工信息
安装者	待定	—	施工信息
承包商	待定	—	施工信息
维修信息	待定	—	运维信息
资产信息	待定	—	运维信息
道岔型号	18	—	基本信息
道岔模型	待定	—	基本信息
道岔方向	待定	—	定位信息
道岔中心连续里程	待定	m	定位信息
道岔中心里程	待定	m	定位信息

续上表

名　　称	值	单　　位	分　　类
起点连续里程	待定	m	定位信息
起点里程	待定	m	定位信息
终点连续里程	待定	m	定位信息
终点里程	待定	m	定位信息
a	31.729	m	定位信息
a_1	4.8	m	定位信息
b	48.071	m	定位信息
b_1	10.8	m	定位信息
c	48.175	m	定位信息
c_1	10.696	m	定位信息
尖轨	待定	—	组成信息
基本轨	待定	—	组成信息
辙叉	待定	—	组成信息
护轨	待定	—	组成信息
滑床板	待定	—	组成信息
轨撑	待定	—	组成信息
滚轮	待定	—	组成信息
扣件	待定	—	组成信息
轨枕	待定	—	组成信息
其他	待定	—	组成信息
线间距	5.0	m	定位信息
锁定轨温	待定	℃	无缝线路信息

7. 钢轨伸缩调节器

特殊构件集中钢轨伸缩调节器为沿着线路敷设方向在特定位置布置的构件，为三维立体构件，由钢轨件、扣件、紧固件、轨枕和道床等诸多下级构件组成，是嵌套性构件。其几何模型示意图如图 5-9，属性列表见表 5-7。

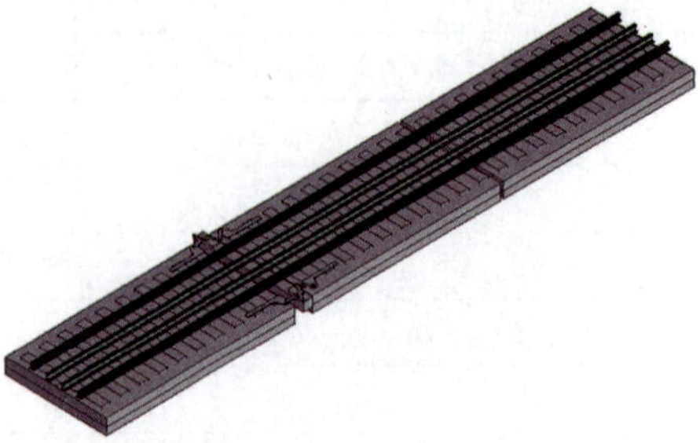

图 5-9　钢轨伸缩调节器构件

表 5-7　钢轨伸缩调节器构件属性表

名　称	值	单　位	分　类
材质	—	—	基本信息
密度	—	kg/m^3	基本信息
强度	—	MPa	基本信息
弹性模量	—	GPa	基本信息
泊松比	—	—	基本信息
体积	—	m^3	基本信息
质量	—	kg	基本信息
是否基本构件	否	—	基本信息
EBS 编码	0101010101020601	—	EBS
IFD 编码	53-10 07 90	—	IFD
唯一编码	待定	—	基本信息
名称	钢轨伸缩调节器	—	基本信息
父构件	待定	—	基本信息
图号	CN600-AS	—	基本信息
技术标准	TB/T 3401	—	基本信息
供货商	待定	—	施工信息
生产日期	待定	—	施工信息
安装日期	待定	—	施工信息
安装者	待定	—	施工信息
承包商	待定	—	施工信息
维修信息	待定	—	运维信息
资产信息	待定	—	运维信息
钢轨伸缩调节器型号	CN600-AS	—	基本信息
钢轨伸缩调节器模型	待定	—	基本信息
钢轨伸缩调节器方向	待定	—	定位信息
钢轨伸缩调节器中心连续里程	待定	m	定位信息
钢轨伸缩调节器中心里程	待定	m	定位信息
起点连续里程	待定	m	定位信息
起点里程	待定	m	定位信息
终点连续里程	待定	m	定位信息
终点里程	待定	m	定位信息
a	6.235	m	定位信息
a_1	0	m	定位信息
b	12.145	m	定位信息

续上表

名　称	值	单　位	分　类
b_1	0	m	定位信息
尖轨	待定	—	组成信息
基本轨	待定	—	组成信息
轨撑	待定	—	组成信息
扣件	待定	—	组成信息
轨枕	待定	—	组成信息
一体化抬轨器	待定	—	组成信息
其他	待定	—	组成信息
桥梁	待定	—	组成信息
锁定轨温	待定	℃	无缝线路信息

8. CRTS 双块式道床

无砟轨道构件集中 CRTS 双块式道床为沿着线路敷设方向连续布置的构件，为三维立体基本构件。其几何模型示意图如图 5-10 所示，属性列表见表 5-8。

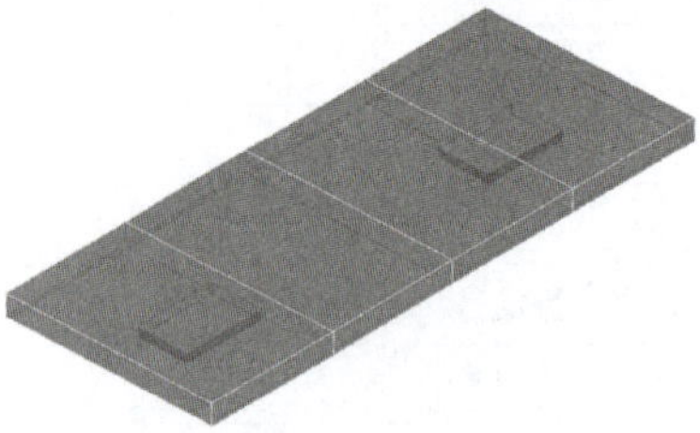

图 5-10　CRTS 双块式道床构件

表 5-8　CRTS 双块式道床构件属性表

名　称	值	单　位	分　类
材质	C40	—	基本信息
密度	—	kg/m^3	基本信息
强度	—	MPa	基本信息
弹性模量	—	GPa	基本信息
泊松比	—	—	基本信息
体积	—	m^3	基本信息
质量	—	kg	基本信息
是否基本构件	是	—	基本信息
EBS 编码	01010103010402	—	EBS
IFD 编码	53-100830	—	IFD
唯一编码	待定	—	基本信息

续上表

名　称	值	单　位	分　类
名称	CRTS 双块式道床	—	基本信息
父构件	待定	—	基本信息
图号	通线(2018)2351	—	基本信息
技术标准	通线(2018)2351	—	基本信息
供货商	待定	—	施工信息
生产日期	待定	—	施工信息
安装日期	待定	—	施工信息
安装者	待定	—	施工信息
承包商	待定	—	施工信息
维修信息	待定	—	运维信息
资产信息	待定	—	运维信息
起点连续里程	待定	m	定位信息
终点连续里程	待定	m	定位信息
起点里程	待定	m	定位信息
终点里程	待定	m	定位信息
轨道结构类型	待定	—	基本信息
道床板型号	待定	—	基本信息
道床板模型	待定	—	基本信息
道床板高度	260	mm	基本信息
道床板宽度	2 800	mm	基本信息
道床板长度	待定	mm	基本信息
道床板断面	待定	—	基本信息
钢筋信息	待定	—	基本信息
控制点列表	待定	—	定位信息

9. CRTS 双块式底座

无砟轨道构件集中 CRTS 双块式底座为沿着线路敷设方向连续布置的构件，为三维立体基本构件。其几何模型示意图如图 5-11 所示，属性列表见表 5-9。

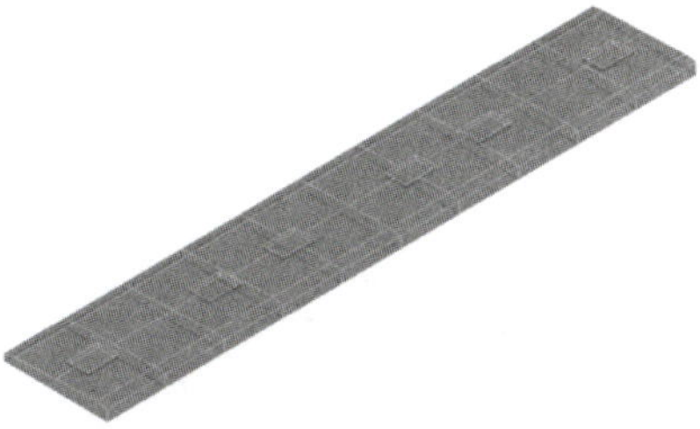

图 5-11　CRTS 双块式底座构件

表 5-9　CRTS 双块式底座构件属性表

名　称	值	单　位	分　类
材质	C30	—	基本信息
密度	—	kg/m³	基本信息
强度	—	MPa	基本信息
弹性模量	—	GPa	基本信息
泊松比	—	—	基本信息
体积	—	m³	基本信息
质量	—	kg	基本信息
是否基本构件	是	—	基本信息
EBS 编码	01010103010401	—	EBS
IFD 编码	53-10 08 60	—	IFD
唯一编码	待定	—	基本信息
名称	CRTS 双块式底座	—	基本信息
父构件	待定	—	基本信息
图号	通线(2018)2351	—	基本信息
技术标准	通线(2018)2351	—	基本信息
供货商	待定	—	施工信息
生产日期	待定	—	施工信息
安装日期	待定	—	施工信息
安装者	待定	—	施工信息
承包商	待定	—	施工信息
维修信息	待定	—	运维信息
资产信息	待定	—	运维信息
起点连续里程	待定	m	定位信息
终点连续里程	待定	m	定位信息
起点里程	待定	m	定位信息
终点里程	待定	m	定位信息
轨道结构类型	待定	—	基本信息
钢筋信息	待定	—	基本信息
底座断面	待定	—	基本信息
底座模型	待定	—	基本信息
底座厚度	210	mm	基本信息
底座宽度	2 800	mm	基本信息
底座长度	待定	mm	基本信息
控制点列表	待定	—	基本信息

5.1.5 轨道BIM模型应用详情

基于轨道BIM专用设计软件，快速创建了轨道结构模型和简化的桥梁路基线下基础模型，如图5-12、图5-13所示。模型遵照铁路BIM相关规范进行了结构分解和构件的编码信息附加，形成了完整的包含三维几何模型和非几何信息的BIM模型。基于BIM模型进行了接口检查、轨道数量统计、图纸输出和施工数据提取等应用，验证了CRTS双块式无砟轨道BIM设计流程的可行性和轨道BIM设计软件的正确性，为铁路轨道BIM设计积累了经验。

图5-12 桥上轨道工点模型图示

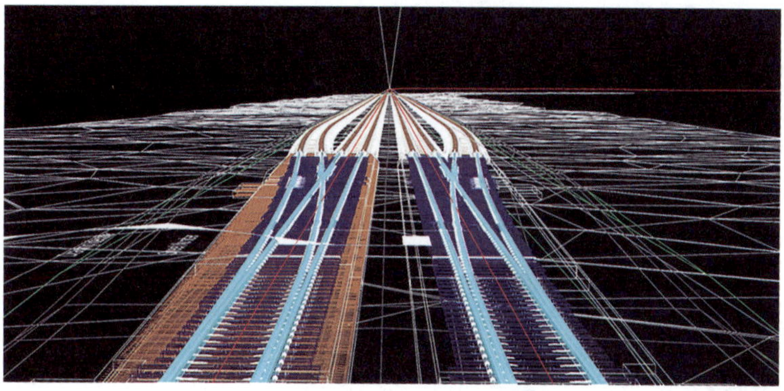

图5-13 路基车站轨道工点模型图示

1. 接口检查

将轨道工点模型与线下基础简化模型进行合模之后可以检查轨道与线下基础之间的接口是否产生冲突或者不匹配问题。在本案例轨道BIM设计中，出现的主要接口冲突主要是轨道板布设与桥梁梁缝是否匹配（图5-14），车站区域道岔区无砟轨道底座与路基面层冲突问题。经过检查发现多处接口冲突，并在后续进行了优化设计，减少了后续施工阶段可能会出现的变更设计，提高了设计的质量和精度。

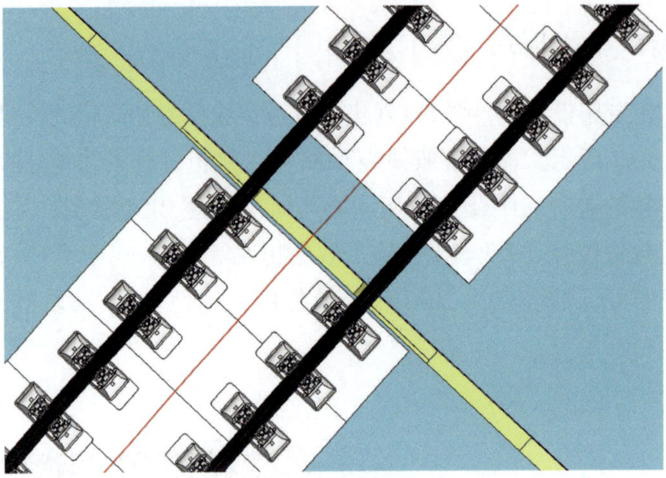

图 5-14　无砟轨道布置与桥梁布跨接口冲突问题图示

2. 数量统计

基于创建的轨道工点模型，按标段划分要求统计了轨道工程数量。轨道工程数量主要包含轨道铺设长度、轨道道床结构数量以及附属设施等。轨道铺设长度完全依据模型创建的三维线形长度进行统计，提高了轨道铺设长度计算精度。轨道道床结构数量依据实际工点三维模型作为依据进行统计，由于模型创建考虑了曲线超高和实际三维空间铺设长度，其统计精度得到大幅提高（图 5-15）。附属设施则根据线路条件及铺轨长度进行精确统计。基于轨道模型进行工程数量计算，在计算精度和效率方面均得到提升。

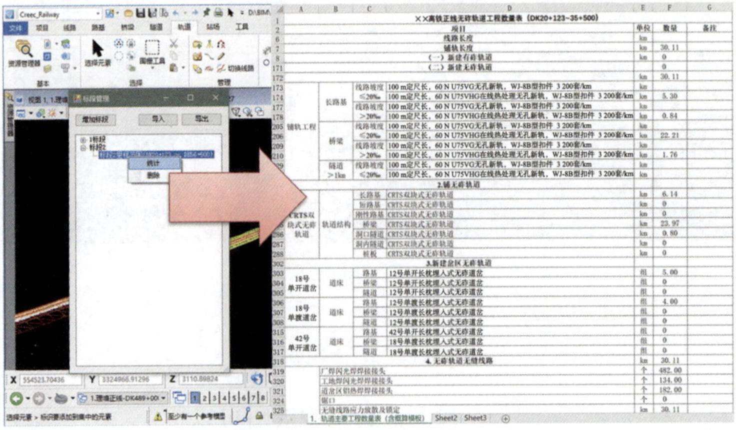

图 5-15　基于模型统计工程数量图示

3. 图纸输出

为了符合当前铁路工程建设的现状需求，根据创建的轨道模型输出二维施工图纸仍旧是当前铁路 BIM 设计应用的一个重要能力。本案例轨道 BIM 设计中，依据创建的参数化轨道设计方案和模型，通过读取模型设计参数，可直接生成标准的无砟轨道二维施工图纸。其次，设计中创建了道岔、钢轨伸缩调节器等特殊的参数化构件，且根据设计需求进行了无砟轨道的三维配筋设计，依据创建的详细三维参数化构件，直接生成了二维施工图纸，如图 5-16 所示。此外，还根据三维模型创建了特殊轨道结构的三维可视化轴测视图图纸，将其补充到现有二维施工图纸中，丰富了传统二维施工图纸的内容，更加利于施工阶段施工人员进行识图和理解。

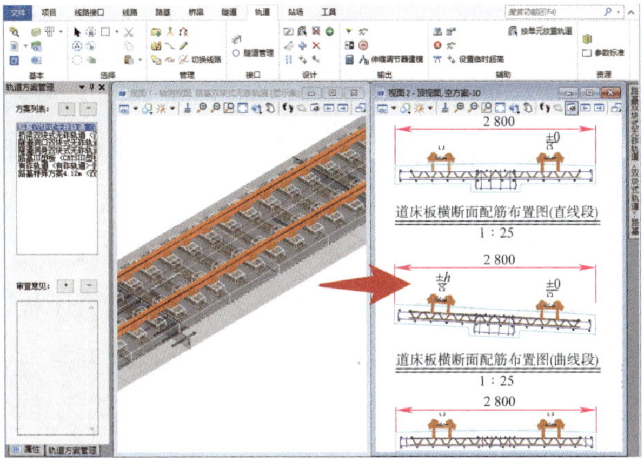

图 5-16　基于轨道模型输出二维图纸示例(单位:mm)

4. 施工数据提取

基于创建的轨道整体模型，根据中国铁路 BIM 联盟相关标准要求，按照 EBS、IFD 标准对模型进行了分解、编码和信息附加，根据轨道工程无砟轨道施工需求附加相应定位信息并通过软件自动提取。本项目应用中通过软件自动提取了无砟轨道道床板关键角点、底座关键点的三维坐标信息以及相应的里程和编码信息(图 5-17)，可供施工阶段铺轨使用，避免施工阶段因人为计算误差造成无砟轨道底座和道床板施工偏差问题。

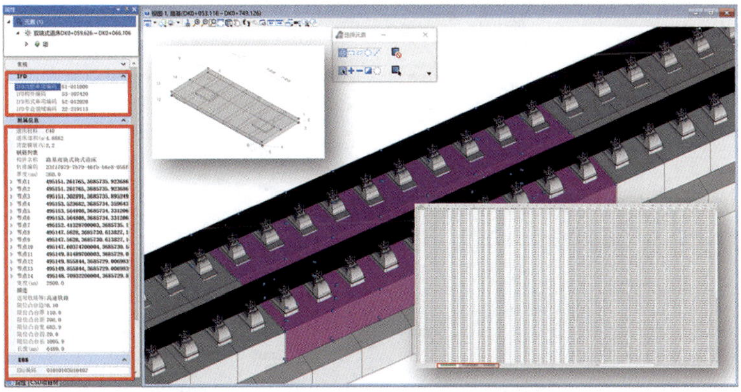

图 5-17　基于模型的施工数据提取图示

5.2 CRTSⅢ型板式无砟轨道 BIM 正向设计实践

5.2.1 应用项目概况

本节节选的 CRTSⅢ型板式无砟轨道 BIM 设计应用为高速铁路的轨道 BIM 设计应用。该高速铁路全长约 260 km,正线数目为双线,设计行车速度为 350 km/h。该高速铁路轨道工程概况为正线铺设跨区间无缝线路,正线以铺设 CRTSⅢ型板式无砟轨道为主,在线路两端连接枢纽或车站地段零星铺设有砟轨道,正线道岔区铺设轨枕埋入式无砟轨道。

CRTSⅢ型板式无砟轨道由 60N、100 m 定尺长 U71MnG 无螺栓孔热轧钢轨、WJ-8B 型扣件系统、SK-2 型双块式轨枕、C50 轨道板、底座以及自密实混凝土层等组成;岔区无砟轨道为轨枕埋入式无砟轨道,由道岔钢轨件、弹性扣件、道岔轨枕、道床板以及底座等组成。

该高速铁路轨道工程设计正线采用以无砟轨道为主的设计方案,其在 BIM 设计中面临的重点难点、应用技术路线和工作内容与 5.1 节中 CRTS 双块式无砟轨道 BIM 设计基本相同,此处不再赘述。

5.2.2 数据管理

轨道工程专业相关数据由轨道 BIM 正向设计软件统一管理,所有数据集中存储于轨道项目文件夹中,其中轨道设计的超高计算相关数据以数据文件存储,设计成果相关数据关联到对应的 BIM 模型,使模型与数据统一。图 5-18 所示数据为以文件方式存储的轨道曲线超高计算相关数据,图 5-19 所示为存储于模型中的编码与轨道结构基本信息属性数据。

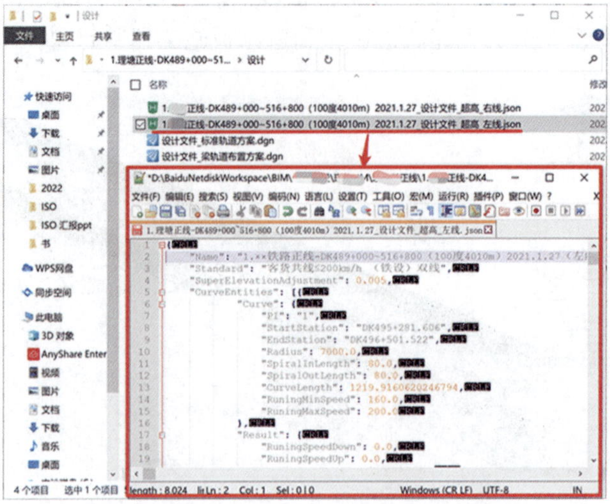

图 5-18 以文件方式存储的轨道曲线超高计算数据

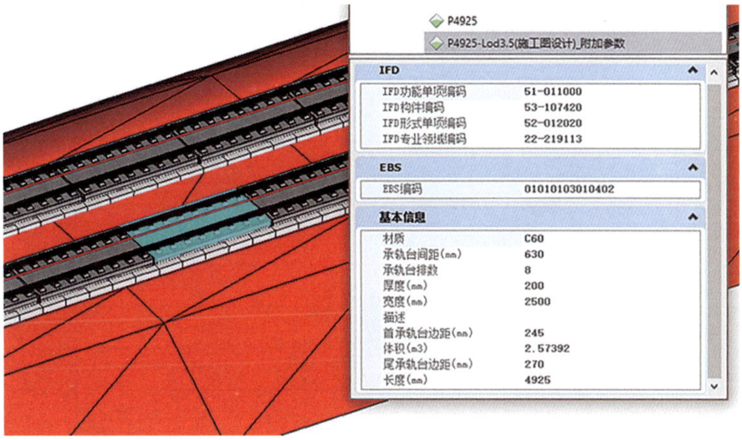

图 5-19　存储于模型中的编码与轨道结构基本信息属性

5.2.3　基础构件设计

根据本项目 BIM 设计需求，需要首先创建的轨道工程基础构件集包含钢轨构件集、CRTSⅢ型板式无砟轨道构件集、有砟轨道构件集以及特殊结构构件集。

上述基础构件中通用的构件集包含钢轨构件集、有砟轨道构件集和特殊结构构件集，与 5.1 节相同，本节不再赘述，对于 CRTSⅢ型板式无砟轨道构件集中的预制轨道板构件的组成见表 5-10，示意图如图 5-20 所示。

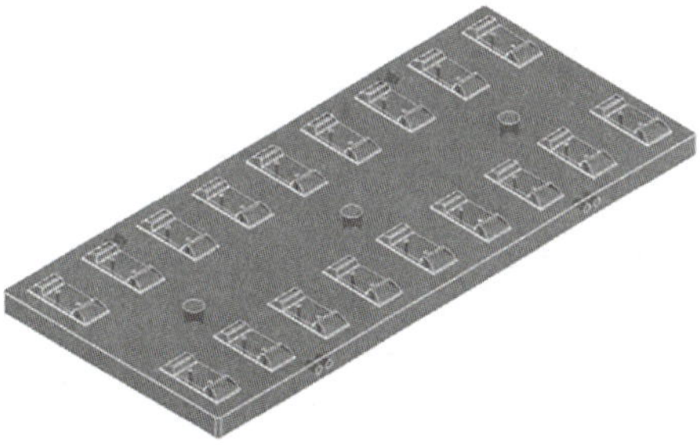

图 5-20　CRTSⅢ型板式无砟轨道预制板构件示意图

表 5-10　预制轨道板构件属性表

名　称	值	单　位	分　类
材质	C60	—	基本信息
密度	2 600	kg/m³	基本信息
强度	60	MPa	基本信息
弹性模量	30	GPa	基本信息
泊松比	0.2	—	基本信息
体积	2.93/2.78/2.54	m³	基本信息
质量	7 618/7 228/6 604	kg	基本信息
是否基本构件	是	—	基本信息
EBS 编码	01010103010402	—	EBS
IFD 编码	53-10 08 20	—	IFD

续上表

名　称	值	单　位	分　类
唯一编码	待定	—	基本信息
名称	P5600/4925/4856 轨道板	—	基本信息
父构件	待定	—	基本信息
图号	通线(2018)2334	—	基本信息
技术标准	通线(2018)2334	—	基本信息
供货商	待定	—	施工信息
生产日期	待定	—	施工信息
安装日期	待定	—	施工信息
安装者	待定	—	施工信息
承包商	待定	—	施工信息
维修信息	待定	—	运维信息
资产信息	待定	—	运维信息
起点连续里程	待定	m	定位信息
终点连续里程	待定	m	定位信息
起点里程	待定	m	定位信息
终点里程	待定	m	定位信息
轨道结构类型	待定	—	基本信息
轨道板型号	P5600/P4925/P4856	—	基本信息
轨道板模型	待定	—	基本信息
轨道板高度	200	mm	基本信息
轨道板宽度	2 500	mm	基本信息
轨道板长度	5 600/4 925/4 856	mm	基本信息
钢筋信息	待定	—	基本信息
预埋套管	待定	—	基本信息
控制点列表	待定	—	基本信息
承轨台排数	9/9/8	—	基本信息
首承轨台边距	280/245/268.5	mm	基本信息
尾承轨台边距	280/270/268.5	mm	基本信息
承轨台间距	630/630/617	mm	基本信息
描述	—	—	基本信息

5.2.4　轨道方案设计

轨道方案设计采用参数化建模方式，让设计人员通过参数直观检查设计成果，同时随着参数改变能快速核查改变效果。本应用项目无砟轨道为 CRTSⅢ型板式轨道，应用路段包含了一般路基段、桥梁段、隧道段、桩板路基段、岔区路基段、桥梁(道岔梁)段，有砟轨道-路基段等，主要轨道结构方案示意图如图 5-21～图 5-24 所示。

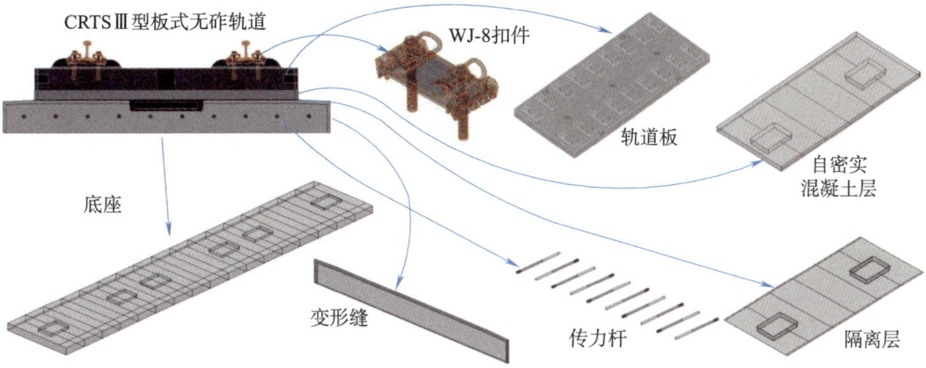

图 5-21　CRTSⅢ型板式无砟轨道结构组成示意图

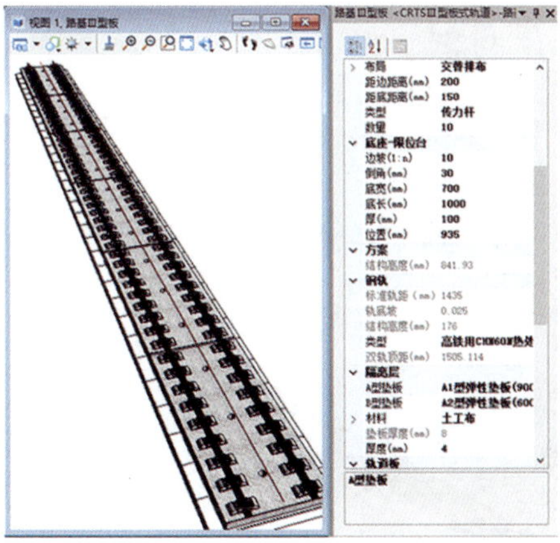

图 5-22　CRTSⅢ型板式轨道(路基段)

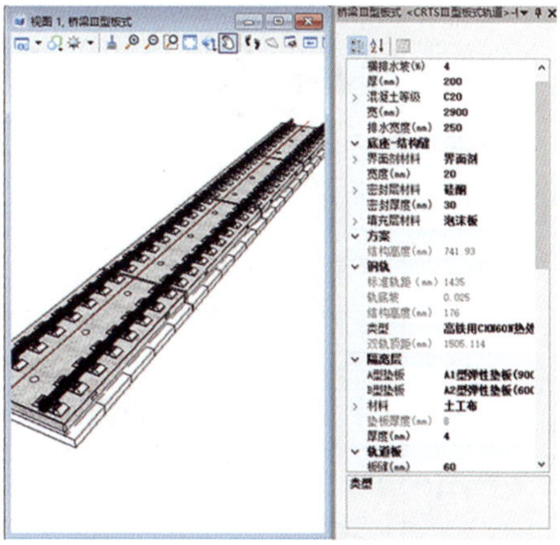

图 5-23　CRTSⅢ型板式轨道(桥梁段)

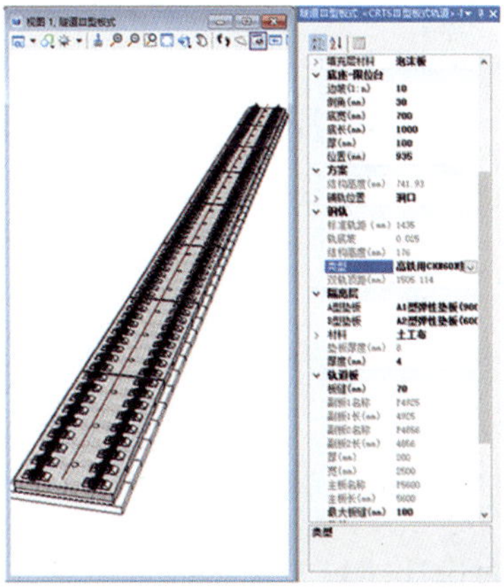

图 5-24　CRTSⅢ型板式轨道(隧道段)

为满足轨道模型交付要求，采用了轨道 BIM 设计软件进行了桥梁上轨道布置设计，对该项目主要桥梁类型进行轨道布置设计，主要包括 24 m 简支梁、32 m 简支梁、(28＋48＋28)m 连续梁、(60＋112＋60)m 连续梁、(68＋128＋68)m 连续梁、(36＋64＋36)m 连续梁和(48＋80＋48)m 连续梁等，如图 5-25～图 5-27 所示。

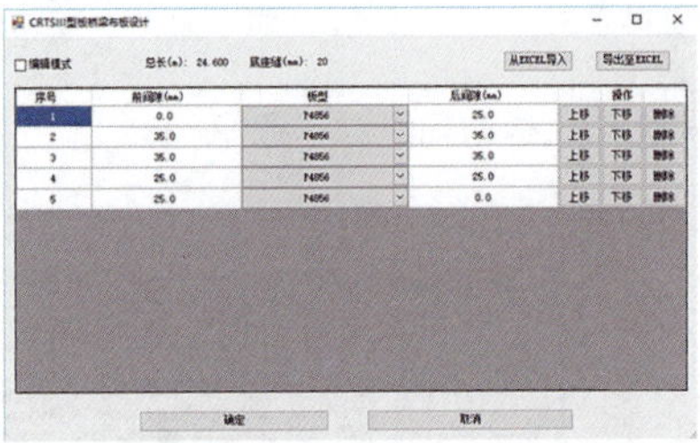

图 5-25　桥梁上板式轨道布置参数编辑

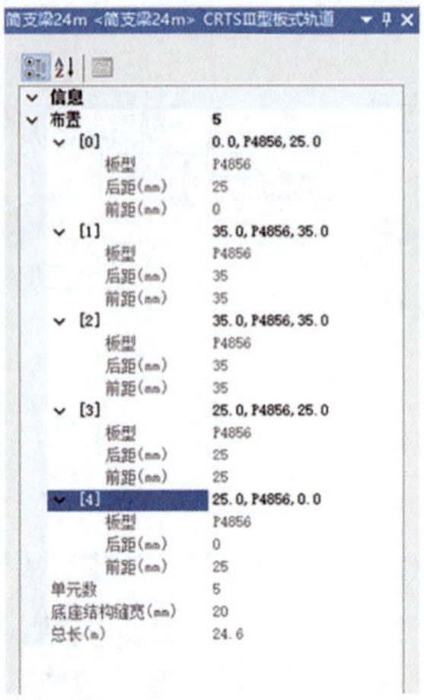

图 5-26　24 m 简支梁板式轨道布置参数查看

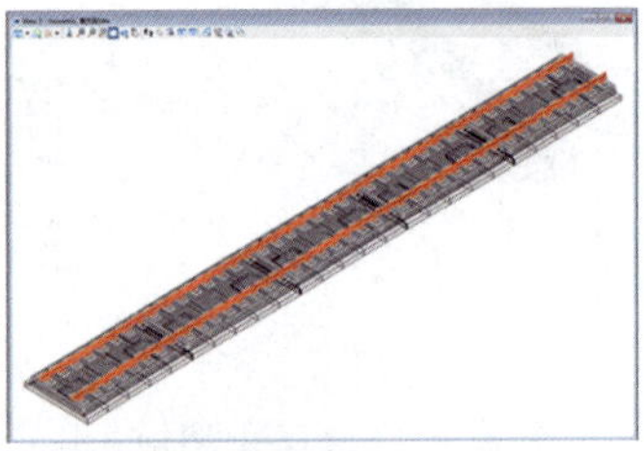

简支梁 24 m

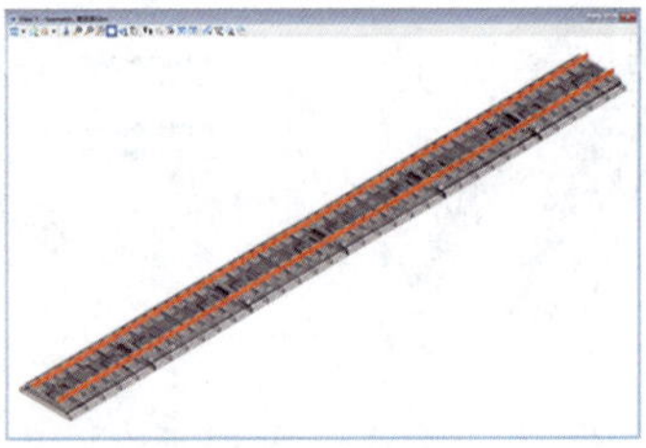

简支梁 32 m

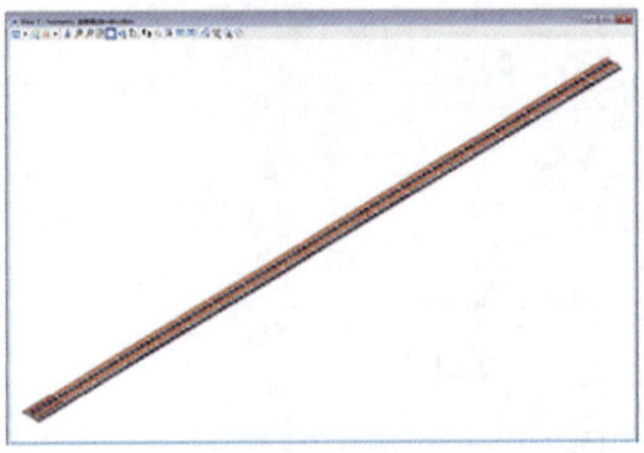

连续梁(28＋48＋28)m

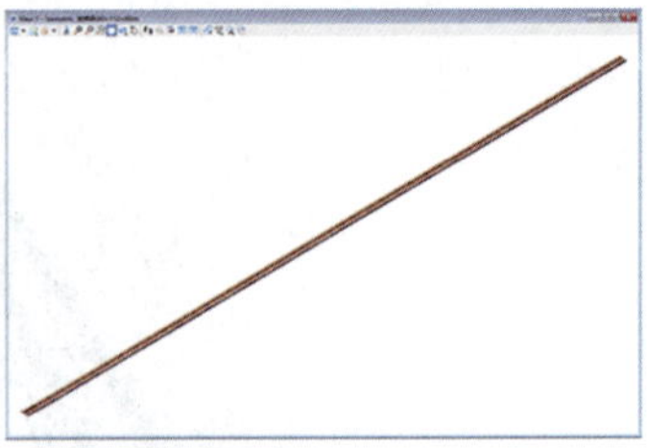

连续梁(60＋112＋60)m

图 5-27　不同桥梁结构板式轨道布置方案模型示意图

为满足轨道专业 BIM 正向设计建模及模型精度要求，依据《高速铁路设计规范》(TB 10621—2014)，利用轨道 BIM 设计软件内置的超高计算模块进行曲线地段轨道超高设计计算分析并将最终超高设计方案与线路关联，建模时利用超高数据进行曲线段轨道超高自动建模，如图 5-28～图 5-30 所示。

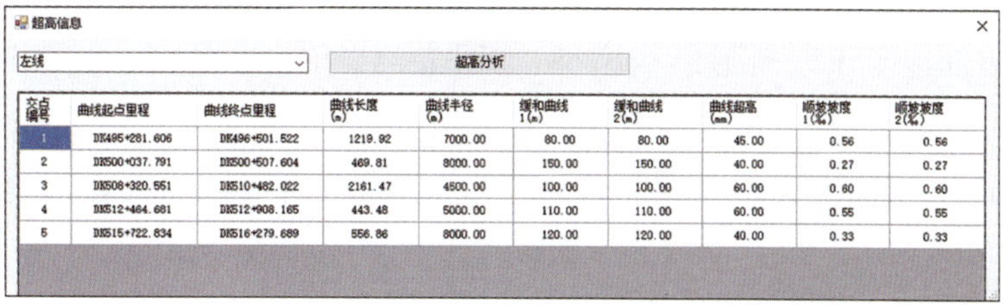

图 5-28　曲线轨道超高信息管理示意图

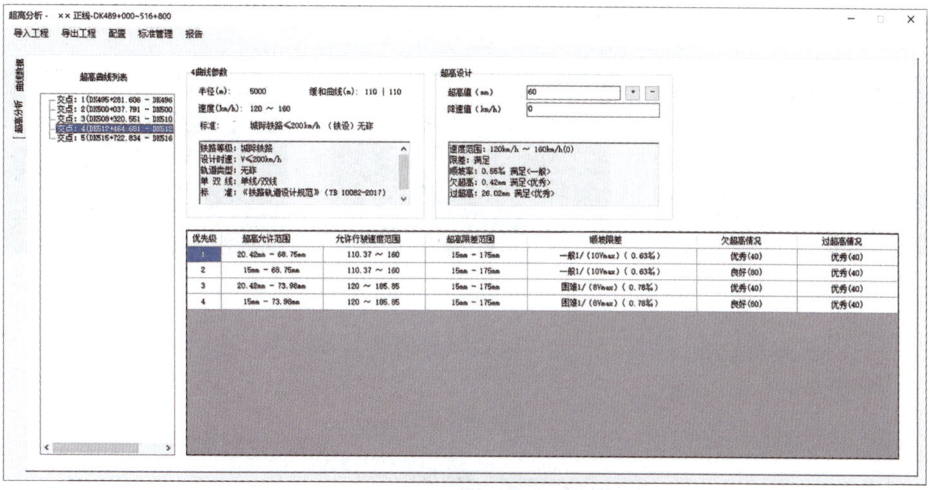

图 5-29　超高计算分析示意图

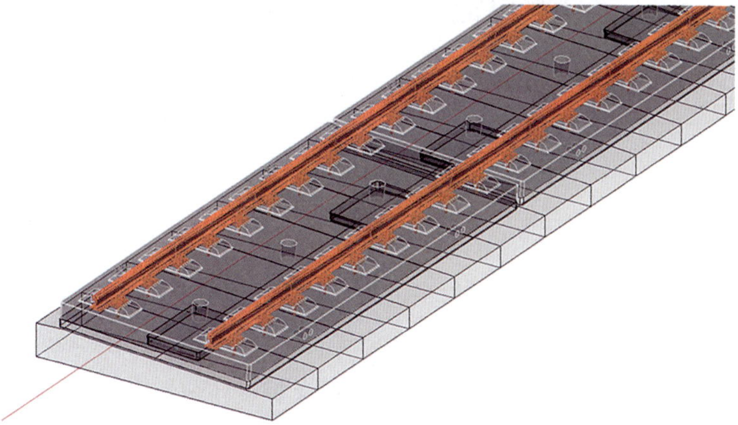

图 5-30　曲线地段底座设置超高示意图

5.2.5 轨道 BIM 模型应用详情

基于轨道 BIM 专用设计软件，首先进行了有砟无砟过渡段、伸缩调节器、道岔的放置设计，然后快速创建了正线轨道结构模型，如图 5-31、图 5-32 所示。模型遵照铁路 BIM 相关规范进行了结构分解和构件的编码信息附加，形成了完整的包含三维几何模型和非几何信息的 BIM 模型，基于 BIM 模型进行了接口验证、轨道数量统计、二维图纸出图和施工数据提取等应用，验证了 CRTSⅢ型板式无砟轨道 BIM 设计流程的可行性和轨道 BIM 设计软件的正确性，为铁路轨道 BIM 设计积累了实战的经验。轨道工程数量统计和二维图纸出图 5.1 节应用相同，本节不再赘述，下面论述接口验证和预制轨道板施工数据提取情况。

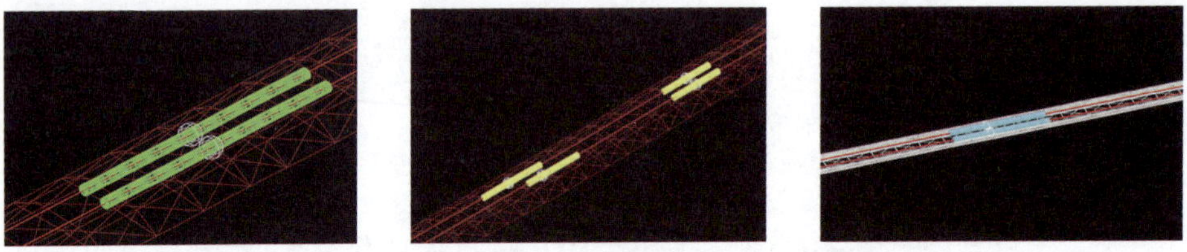

图 5-31　道岔、过渡段和调节器构件放置示意图

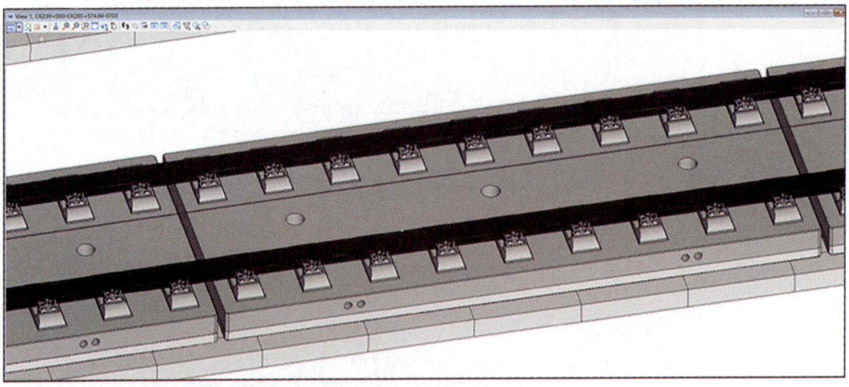

图 5-32　路基地段 CRTSⅢ型板式无砟轨道工点模型示意图

1. 接口验证

将轨道工点模型与线下基础简化模型进行合模之后可以检查轨道与线下基础之间的接口是否产生冲突或者不匹配问题。在本案例中进行了 CRTSⅢ型板式无砟轨道布置与桥梁桥跨布置之间的接口检查，无砟轨道与隧道之间的变形缝和标高位置检查，无砟轨道与路基之间的标高位置检查，钢轨伸缩调节器安装位置检查和车站咽喉区道岔间轨道板配置布置检查。图 5-33 所示为钢轨伸缩调节器位置检查示意图，图 5-34 所示为车站咽喉区无砟轨道布置检查示意图。

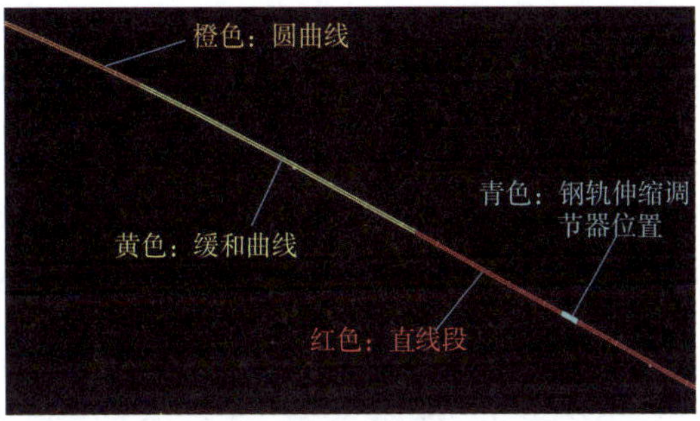

图 5-33　钢轨伸缩调节器位置检查示意图

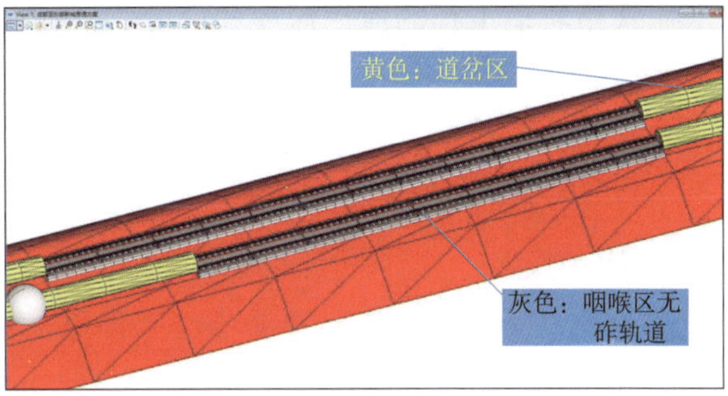

图 5-34　车站咽喉区无砟轨道布置检查示意图

2. 施工数据提取

基于创建的轨道整体模型，根据中国铁路 BIM 联盟相关标准要求，按照 EBS、IFD 标准对模型进行了分解、编码和信息附加，根据轨道工程无砟轨道施工需求附加相应定位信息并通过软件自动提取。本项目应用中通过轨道 BIM 设计软件成果输出功能自动提取了无砟轨道预制轨道板关键控制点、自密实混凝土层和底座关键点的三维坐标信息以及相应的里程和编码信息(图 5-35)，可供下游施工阶段铺轨使用，便于与施工机械和测量控制系统直接进行数据传递。

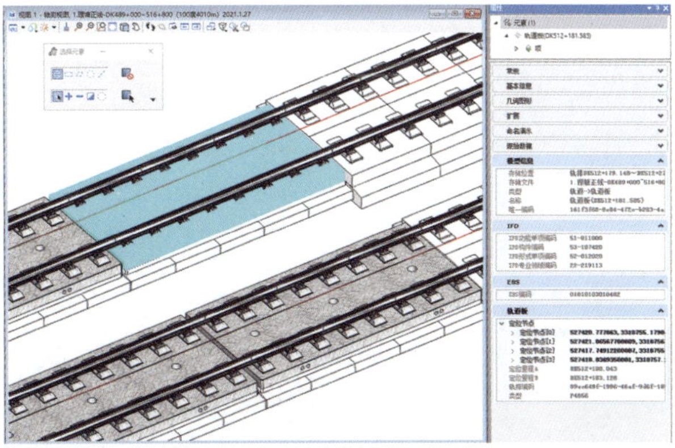

图 5-35　基于模型预制轨道板关键控制点施工数据

围绕如何应用 BIM 技术解决传统设计中的弊端问题，以及解决引入 BIM 技术带来的设计效率问题，依托开发的轨道 BIM 正向设计软件和设计项目，进行了前述第 3 章所研究的轨道 BIM 设计的基本流程和场景的实践应用，进行了轨道 BIM 设计软件的全流程设计应用。在充分利用 BIM 技术所带来的益处的同时，提高了轨道 BIM 设计的效率。应用效果表明前述所研究确定的轨道 BIM 设计流程和场景正确，深化的轨道 BIM 标准成果满足要求，研发的轨道 BIM 正向设计软件功能满足设计要求，符合当前铁路轨道工程 BIM 设计的各项需求，其准确性、高效性和合规性等得到了实践的验证。后续将进一步加强实践和积累经验，提高 BIM 技术在铁路轨道工程的应用深度和广度，为铁路工程新基建和数字化服务。

第6章 展　望

6.1 建设涵盖铁路建设全生命周期 BIM 应用平台

目前铁路行业提出了以铁路工程全寿命周期 BIM 应用为目标，国家层面也在“十四五”规划中提出了全面建设信息化基础设施的纲领，铁路行业进行工程全生命周期 BIM 应用符合“十四五”规划要求，并且是今后国家庞大的铁路线网和基础设施管理的有效工具和手段，是铁路行业发展的必然趋势。不仅包括新建铁路项目的 BIM 化，而且包含既有铁路工程项目的数字化需求，因此，建设涵盖铁路建设全生命周期的 BIM 应用平台亦是必然趋势。只有建设全生命周期的铁路 BIM 应用平台，才能真正发挥 BIM 技术引入铁路工程的作用，提高项目设计、建设和管理的效率和质量，进而实现铁路行业的万物互联和高效运作。

铁路工程全生命周期涵盖规划、设计、设备生产、施工建造、运维开发管理等诸多方面，涉及的时间维度长，空间维度广，资源覆盖面大，管理部门众多，因此，涵盖铁路全生命周期 BIM 应用平台宜采取“统一标准、分散建设”的指导思想进行建设，做好顶层设计和规划。首先建立“铁路建设全生命周期 BIM 应用平台管理和准入标准”，在标准中对项目各个参与方的职责、平台接入认证方法、权限管理、接口数据内容和格式等进行详细规定，通过该标准将铁路项目建设各参与方串联起来并进行有效的管理。其次，根据统一标准创建铁路工程项目的信息模型存储云平台，供各参与方按照规定的权限发布或者读取信息模型。最后，铁路工程的建设管理、设计咨询、施工建造、设备生产、运维开发等部门分别按照统一标准的要求，结合特殊需求建设自身独立的 BIM 技术应用子平台，且能按照统一标准要求接入项目的信息模型存储云平台，进行信息模型的发布和读取。采取该指导思想进行铁路全生命周期 BIM 应用平台建设，可避免创建庞大的统一平台，因为统一的平台往往无法满足所有参与方的所有需求，且体量巨大，运行管理效率低下。按照“统一标准、分散建设”的指导思想进行铁路全生命周期 BIM 应用平台建设，统一的标准是基础，通过标准来约束参与方的行为，可以简化建设主管部门的管理，同时减少统一平台的开发和维护成本，充分利用和调动各参与方的资源。其结构组成如图 6-1 所示。

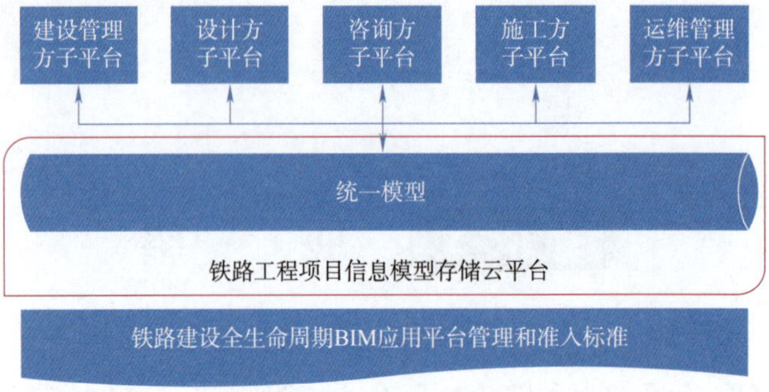

图 6-1　铁路全生命周期 BIM 应用平台组织模式图

6.2　研发具有自主知识产权的基础建模平台

基于 BIM 技术的铁路工程设计，创建工程的三维模型是最基础的关键内容，是所有 BIM 技术应用的基础，因此如何创建铁路模型以及创建基础三维模型的建模平台显得尤为重要，但遗憾的是目前国内具有自主知识产权的基础建模平台凤毛麟角。国内在基础图形建模平台研发方面起步晚，应用晚，由于受到先入为主的国外基础建模平台的冲击和其根深蒂固的使用圈的影响，国内基础图形建模平台很难得到收益，举步维艰。目前国际上的基础建模平台的研发和维护主要是四大厂，分别是美国的欧特克、本特利和天宝公司以及法国的达索公司。欧特克公司旗下的 CIVIL 3D 和 REVIT 软件用于土木行业 BIM 设计，本特利公司旗下的 OPENRAIL DESIGNER 软件用于铁路行业 BIM 设计，天宝公司旗下 TAKLA 软件用于结构 BIM 设计，达索公司旗下 3D EXPRESS 系列软件用于土木等多个行业 BIM 设计。

当前，基础设施行业的基础建模平台研发和发展受欧美等国外公司垄断，各方面均受到制约，若受到制裁则会严重影响国内相关行业的正常运行，因此，研发具有自主知识产权的适用于国内建设需求的基础建模平台显得尤为重要。

6.3　基于人工智能的铁路轨道工程设计

铁路轨道工程设计的特点是在特定的边界条件下轨道方案基本确定，轨道结构基本均由标准构件装配而成，因此，进行铁路轨道工程设计的过程中，将人工智能引入，建立深度学习模型并进行训练，完全有可能由计算机取代更多的人力劳动来进行重复的轨道工程设计，从而进一步的提高生产率。

人工智能技术最早的雏形是 1950 年 Alan Ruring 在发表的《计算机器与智能》中提出来的机器思考，而 1956 年 John McCarthy 在达特茅斯学院举办的首届 AI 会议上创造了“人工智能”一词。人工智能[30]指的是计算机或机器能够模仿人类的思维能力(从示例和经验中学习、识别对象、理解和响应语言、制定决策、解决问题)，同时将这些仿人思维能力与其他能力相结合，执行模仿人类的行为。人工智能是计算机科学的一个分支，它生产出一种新的能以人类智能相似的方式做出反应的智能机器，该领域的研究主要包括机器人、语言识别、图像识别、自然语言处理和专家系统等。与人工智能紧密相关的两个主要内容是机器学习和深度学习。机器学习是人工智能应用中的一个子集，其含义是可以自行学习消化案例和经验数据从而达到能够自我编程，有针对性的执行特定任务并在学习和执行的过程中不断提高准确性的过程。而深度学习是机器学习的一个子集，它可通过自学而无需任何人为干预即可执行特定任务并在自学过程中不断提高准确性，其复杂性更高，能处理更为复杂的任务，更接近人类思维能力。

人们对人工智能在不同的社会发展阶段有不同的认识和理解，随着社会和经济发展，人工智能也在各个领域不断实践和进步，到目前已经取得了较多的突破。在铁路行业领域也逐渐引入人工智能技术并不断应用发展，但大部分的应用均集中于施工建造和运维管理阶段。比如用于高速铁路隧道智能建造、用于识别货物列车车号、铁路关键部件和设备状态智能监测、基于人工智能的铁路车辆自动判别、高速铁路基础设施智能监测集图像智能识别技术等。目前所见，铁路行业的人工智能应用主要集中于运维期间的设备设施维护的监测检测方面，在施工方面的应用较少，将人工智能应用于铁路工程行业设计的案列和经验更加欠缺，但其应用可进一步将设计人员解放出来，提高设计效率，使工程师在创新创造领域有更大的发挥空间，是铁路行业设计发展的必然趋势。

人工智能在铁路轨道工程设计中的应用，主要是创建 AI 模型和系统，使其可以根据既定的规则以及设计案例和经验的学习形成能够应对较复杂的边界条件下的轨道设计专家系统，从而可以代替人类轨道设计工程师的部分重复进行的设计工作。人工智能在铁路轨道工程设计中的应用大致可集中在轨道设计方案智能比选、轨道智能布置、轨道设计自适应调整、轨道施工组织方案优化和轨道智能测控网五个方面，如图 6-2 所示。

图 6-2 基于人工智能轨道设计主要应用组成

6.4 应用构想

铁路工程 BIM 信息模型是贯穿整个铁路工程全生命周期的统一的数据源，所有阶段和所有参建方均围绕同一个项目 BIM 模型履行各自的工作。设计阶段的铁路工程 BIM 技术应用是铁路工程 BIM 技术应用的初始阶段，其在设计阶段的作用是创建最优化的设计方案和详细设计模型，但更大更多的 BIM 技术应用和价值体现在铁路项目的施工、安装和运维阶段。BIM 技术在铁路工程中的应用应在设计、制造、安装、施工和运维等阶段之间能够进行模型和数据的通畅传递，消除信息孤岛。本书从 BIM 技术应用现状、铁路轨道工程设计概况、铁路轨道工程 BIM 技术应用标准、铁路轨道工程 BIM 设计场景、轨道 BIM 设计软件研发和轨道工程 BIM 正向设计实践案例等方面探讨了高速铁路轨道工程 BIM 设计技术实践和软件研发，形成了高速铁路轨道工程 BIM 设计的全流程场景和配套的轨道 BIM 设计软件工具，为我国高速铁路轨道工程 BIM 设计提供完整的思路和设计方法。但为了能够将 BIM 技术应用到铁路工程全生命周期中，特别是满足高速铁路轨道工程设备制造、设施安装、土建施工和工务运维管理等阶段实现数字化建造管理和运维的迫切需求，下一步需要联合生产厂家、施工承包商和运维管理部门等进行深入研究，研究轨道工程 BIM 设计向轨道设备制造、设施安装、土建施工和工务维保领域延伸的关键数字化技术，包含场景、标准、指南、软件平台和硬件架构等，形成高速铁路轨道工程全生命周期的数字孪生技术体系，并将高速铁路铁路轨道工程 BIM 全生命周期技术体系融入高速铁路整体 BIM 技术体系之中，促进我国铁路工程 BIM 技术应用的发展。

附　　录

附录 A　轨道工程构件 IFC 对象详细定义

本节根据轨道工程构件在全生命周期中的计算分析、施工、运维等方面的需求，对轨道工程构件进行详细的存储模型和信息定义，规定了各轨道构件的实体模型和信息附加的要求，供软件开发者和轨道专业设计者进行对象的创建、定义和存储。完整的轨道构件列表及其相互之间的层级关系见本书 2.3 节。由于本著作所涉及应用范围为高速铁路轨道工程 BIM 正向设计，所以下文所列轨道工程构件仅含与高速铁路相关的构件。

A.1　"轨道基元"构件

因为所有的轨道工程构件将在项目全生命周期范围持续可用以及可维护，所以其属性应包含覆盖全生命周期的完整信息。所有构件均包含名称、编码等基本信息，材质、定位等设计信息，来源、安装等制造施工信息，更换、拆除和调整等运维管理信息，因此，为了简化构件的定义，将首先定义一个名称为"轨道基元"的基础轨道工程对象，该对象包含了所有共有信息，并作为所有其他轨道工程实体构件的基类，可被继承复用。"轨道基元"为一个虚拟的构件基类，其只包含构件的公共属性，"轨道基元"的属性定义见附表 A-1。

附表 A-1　"轨道基元"构件属性表

序号	字　段	数据格式	单位	说　明	精度等级
1	唯一编码	字符串	—	唯一编码	LOD1.0
2	名称	字符串	—	名称	LOD1.0
3	EBS 编码	字符串	—	轨道构件的 EBS 编码	LOD1.0
4	IFD 编码	字符串	—	轨道构件的 IFD 构件编码	LOD1.0
5	父构件	对象	—	父构件索引	LOD1.0
6	图号	字符串	—	图号	LOD2.0
7	技术标准	字符串	—	轨道构件所遵循的技术标准和技术条件的索引	LOD3.0
8	是否基本构件	布尔值	—	标志是否是基本构件(非嵌套的构件)	LOD1.0
9	材质	字符串	—	轨道构件的材质信息，针对基本构件的属性，嵌套构件该属性为空	LOD1.0

续上表

序号	字　段	数据格式	单位	说　明	精度等级
10	密度	实数	kg/m^3	轨道构件的密度信息，针对基本构件的属性，嵌套构件该属性为空	LOD1.0
11	强度	实数	MPa	轨道构件的强度信息，针对基本构件的属性，嵌套构件该属性为空	LOD1.0
12	弹性模量	实数	GPa	轨道构件材料的弹性模量	LOD1.0
13	泊松比	实数	—	轨道构件材料的泊松比	LOD1.0
14	体积	实数	m^3	构件体积	LOD1.0
15	质量	实数	kg		LOD1.0
16	供货商	字符串	—	轨道构件的供货商名称	LOD4.0
17	生产日期	日期	—	轨道构件的生产日期	LOD4.0
18	安装日期	日期	—	轨道构件的安装日期	LOD4.0
19	安装者	字符串	—	轨道构件的安装者	LOD4.0
20	承包商	字符串	—	轨道施工承包商名称	LOD4.0
21	维修信息	信息列表	—	包含维修日期时间、维修者和维修的内容说明等信息列表	LOD5.0
22	资产信息	信息列表	—	包含资产名称、成本、税等信息列表	LOD5.0

注：表中精度等级为《铁路工程信息模型交付精度标准》中规定的模型精度基本等级，用于此表中，表示该构件应在当前注明的精度等级及以上等级中具有该属性字段的信息，如表中“材质”字段精度等级为 LOD1.0，表示轨道构件在 LOD1.0～LOD5.0 的模型等级中均应具有该属性，又如表中“承包商”字段的精度等级为 LOD4.0，表示轨道构件在 LOD4.0～LOD5.0 的模型等级中均应具有该属性，而在 LOD1.0～LOD3.0 的模型等级中无需具有该属性，其他以此类推，附录 A 中其他轨道相关构件的属性表亦遵照此规定。

A.2 “轨道”构件

“轨道”构件为轨道工程中最顶层的构件，表示某个特定范围的轨道工程所有内容。“轨道”构件可以由一个或多个“轨道段”构件组成。“轨道”构件继承“轨道基元”构件的全部属性，此外，“轨道”构件的其他属性定义见附表 A-2。

附表 A-2 “轨道”构件属性表

序号	字　段	数据格式	单位	说　明	精度等级
1	起点连续里程	实数	m	轨道的起点的连续里程	LOD1.0
2	终点连续里程	实数	m	轨道的终点的连续里程	LOD1.0
3	起点里程	字符串	m	轨道的起点里程	LOD1.0
4	终点里程	字符串	m	轨道的终点里程	LOD1.0
5	轨道段	对象列表	—	轨道所包含的一个或者多个轨道段列表	LOD1.0
6	超高信息	信息列表	—	轨道所包含的超高信息	LOD2.0

A.3 “轨道段”构件

“轨道段”构件表示某个特定区段的轨道工程内容，该区段采用同一种轨道结构方案，如区间某个路基段落的轨道结构段，某个道岔区轨道结构段，某个过渡段的轨道结构段，或者某个伸缩调节器区的轨道结构段等。“轨道段”构件由“轨排”和道床相关的多个构件组成。“轨道段”构件继承“轨道基元”构件的全部属性，此外，“轨道段”构件的其他属性定义见附表 A-3。

附表 A-3　“轨道段”构件属性表

序号	字　段	数据格式	单位	说　明	精度等级
1	起点连续里程	实数	m	轨道段的起点的连续里程	LOD1.0
2	终点连续里程	实数	m	轨道段的终点的连续里程	LOD1.0
3	起点里程	字符串	m	轨道段的起点里程	LOD1.0
4	终点里程	字符串	m	轨道段的终点里程	LOD1.0
5	轨排	对象	—	轨排构件的索引，此处可以为轨排构件对象、道岔构件对象或者钢轨伸缩调节器构件对象	LOD1.0
6	有砟道床	对象	—	有砟道床的索引	LOD1.0
7	是否有砟轨道	布尔值	—	标志是否是有砟轨道，true 表示有砟轨道，false 表示无砟轨道	LOD1.0
8	轨道方案	对象	—	轨道方案索引	LOD1.0
9	轨道板	对象列表	—	轨道板的索引	LOD2.0
10	道床板	对象列表	—	道床板的索引	LOD2.0
11	隔离层	对象列表	—	隔离层的索引	LOD2.0
12	调整层	对象列表	—	调整层的索引	LOD2.0
13	底座	对象列表	—	底座的索引	LOD2.0
14	连接件	对象列表	—	连接件的索引	LOD2.0
15	伸缩缝	对象列表	—	伸缩缝的索引	LOD2.0

A.4　“轨排”构件

“轨排”构件表示某个特定区段的轨道铺轨工程内容，该区段采用同一种轨道结构方案，如区间某个路基段落的轨排，某个道岔区轨排，某个过渡段的轨排，或者某个伸缩调节器区的轨排等。“轨排”构件由钢轨件（“钢轨”或者“道岔”或者“钢轨伸缩调节器”）、钢轨接头、扣件、轨枕和紧固件等多种构件组成。“轨排”构件继承“轨道基元”构件的全部属性，此外，“轨排”构件的其他属性定义见附表 A-4。

附表 A-4　“轨排”构件属性表

序号	字　段	数据格式	单位	说　明	精度等级
1	起点连续里程	实数	m	轨排的起点的连续里程	LOD1.0
2	终点连续里程	实数	m	轨排的终点的连续里程	LOD1.0
3	起点里程	字符串	m	轨排的起点里程	LOD1.0

续上表

序号	字　段	数据格式	单位	说　明	精度等级
4	终点里程	字符串	m	轨排的终点里程	LOD1.0
5	钢轨	对象列表	—	钢轨列表的索引	LOD1.0
6	钢轨接头	对象列表	—	钢轨接头的索引，可以为焊接接头或者普通结构	LOD2.0
7	扣件	对象列表	—	扣件的索引	LOD2.0
8	紧固件	对象列表	—	紧固件的索引	LOD2.0
9	轨枕	对象列表	—	轨枕的索引，可以为木枕、混凝土枕、其他轨枕或者弹性轨枕	LOD2.0
10	轨距	实数	m	轨距	LOD2.0
11	轨底坡	实数	—	轨底坡	LOD2.0
12	钢轨磨耗信息	信息列表	—	钢轨磨耗信息列表，保存于数据库中并与模型保持关联	LOD5.0
13	轨排几何状态信息	信息列表	—	轨排几何状态信息列表，保存于数据库中并与模型保持关联	LOD5.0

A.5 “钢轨”构件

“钢轨”构件表示铺轨工程中的钢轨，包含不同使用条件下的各种钢轨。“钢轨”构件为基本构件。“钢轨”构件继承“轨道基元”构件的全部属性，此外，“钢轨”构件的其他属性定义见附表 A-5。

附表 A-5 “钢轨”构件属性表

序号	字　段	数据格式	单位	说　明	精度等级
1	起点连续里程	实数	m	钢轨的起点的连续里程	LOD1.0
2	终点连续里程	实数	m	钢轨的终点的连续里程	LOD1.0
3	起点里程	字符串	m	钢轨的起点里程	LOD1.0
4	终点里程	字符串	m	钢轨的终点里程	LOD1.0
5	高度	实数	m	钢轨的高度	LOD1.0
6	轨底宽度	实数	m	轨底宽度	LOD1.0
7	轨头宽度	实数	m	轨头宽度	LOD1.0
8	钢轨断面几何对象	对象	—	钢轨断面的索引	LOD1.0
9	钢轨型号	字符串	—		LOD1.0
10	每米理论质量	实数	kg/m		LOD2.0
11	钢轨断面面积	实数	cm^2		LOD2.0
12	重心距轨底距离	实数	cm		LOD2.0
13	重心距轨头距离	实数	cm		LOD2.0
14	对水平轴线的惯性力矩	实数	cm^4		LOD2.0

续上表

序号	字　段	数据格式	单位	说　明	精度等级
15	对垂直轴线的惯性力矩	实数	cm^4		LOD2.0
16	下部断面系数	实数	cm^3		LOD2.0
17	上部断面系数	实数	cm^3		LOD2.0
18	底侧边断面系数	实数	cm^3		LOD2.0
19	锁定轨温	实数	℃	当前钢轨轨节的锁定轨温	LOD2.0

A.6 "紧固件"构件

"紧固件"构件表示铺轨工程中的各类需要紧固的紧固件对象，"紧固件"构件为嵌套组件型构件，由螺栓、螺母、垫圈和预埋套管组成。"紧固件"构件继承"轨道基元"构件的全部属性，此外，"紧固件"构件的其他属性定义见附表 A-6。

附表 A-6　"紧固件"构件属性表

序号	字　段	数据格式	单位	说　明	精度等级
1	紧固件位置连续里程	实数	m	紧固件位置的连续里程	LOD2.0
2	紧固件位置里程	字符串	m	紧固件位置里程，含冠号信息	LOD2.0
3	紧固件模型	—	—	紧固件模型索引	LOD2.0
4	螺栓	对象	—	螺栓索引	LOD2.0
5	螺母	对象	—	螺母索引	LOD2.0
6	垫圈	对象	—	垫圈索引	LOD2.0
7	预埋套管	对象	—	预埋套管索引	LOD2.0

A.7 "扣件"构件

"扣件"构件表示铺轨工程的用于固定和支撑钢轨的扣件，"扣件"构件为嵌套的组件型构件。"扣件"构件继承"轨道基元"构件的全部属性，此外，"扣件"构件的其他属性定义见附表 A-7。

附表 A-7　"扣件"构件属性表

序号	字　段	数据格式	单位	说　明	精度等级
1	扣件位置连续里程	实数	m	扣件位置的连续里程	LOD2.0
2	扣件位置里程	字符串	m	扣件位置里程，含冠号信息	LOD2.0
3	扣件型号	字符串	—	扣件型号	LOD2.0
4	扣件模型	—	—	扣件模型索引	LOD2.0
5	扣压件	对象列表	—	扣压件索引	LOD2.0
6	轨距调整件	对象列表	—	轨距调整件索引	LOD2.0

续上表

序号	字　段	数据格式	单位	说　明	精度等级
7	紧固件	对象列表	—	紧固件索引	LOD2.0
8	预埋铁座	对象列表	—	预埋铁座索引	LOD2.0
9	基板	对象列表	—	基板索引	LOD2.0
10	轨下垫板	对象列表	—	轨下垫板索引	LOD2.0
11	轨下调高垫板	对象列表	—	轨下调高垫板索引	LOD2.0
12	基板下垫板	对象列表	—	基板下垫板索引	LOD2.0
13	基板下调高垫板	对象列表	—	基板下调高垫板索引	LOD2.0
14	扣压力	实数	kN		LOD2.0
15	纵向阻力	实数	kN/m		LOD2.0
16	调高量	字符串	mm		LOD2.0
17	轨距调整量	字符串	mm		LOD2.0
18	质量	实数	kg		LOD2.0

A.8 “扣压件”构件

“扣压件”构件表示铺轨工程的扣件中用于扣压钢轨的零部件，一般为弹条、弹片或者其他形式的扣压件，“扣压件”构件为基本构件。“扣压件”构件继承“轨道基元”构件的全部属性，此外，“扣压件”构件的其他属性定义见附表 A-8。

附表 A-8 “扣压件”构件属性表

序号	字　段	数据格式	单位	说　明	精度等级
1	扣压件模型	—	—	扣压件模型索引	LOD2.0
2	扣压力	实数	kN	单个扣压件的扣压力	LOD2.0
3	强度	实数	MPa	扣压件强度	LOD2.0

A.9 “轨距调整件”构件

“轨距调整件”构件表示铺轨工程中扣件系统中用于调整轨距的零部件，例如轨距块、轨距扣板等，“轨距调整件”构件为基本构件。“轨距调整件”构件继承“轨道基元”构件的全部属性，此外，“轨距调整件”构件的其他属性定义见附表 A-9。

附表 A-9 “轨距调整件”构件属性表

序号	字　段	数据格式	单位	说　明	精度等级
1	轨距调整件模型	—	—	轨距调整件模型索引	LOD2.0
2	轨距调整件号码	实数	—	轨距调整件的号码，配合不同的号码可以进行轨距的调整	LOD2.0

A.10 “基板”构件

“基板”构件表示铺轨工程中扣件系统用于钢轨承载和限位的主要零部件，“基板”构件为基本构件。“基板”构件继承“轨道基元”构件的全部属性，此外，“基板”构件的其他属性定义见附表 A-10。

附表 A-10　“基板”构件属性表

序号	字　段	数据格式	单位	说　明	精度等级
1	基板模型	—	—	基板模型索引	LOD2.0
2	基板厚度	实数	mm	基板厚度	LOD2.0
3	基板宽度	实数	mm	基板宽度	LOD2.0
4	基板长度	实数	mm	基板长度	LOD2.0
5	基板强度	字符串	Pa	基板强度等级或强度	LOD2.0

A.11 “轨下垫板”构件

“轨下垫板”构件表示铺轨工程中扣件系统用于钢轨与基板之间的弹性支撑零部件，为扣件系统提供弹性性能，“轨下垫板”构件为基本构件。“轨下垫板”构件继承“轨道基元”构件的全部属性，此外，“轨下垫板”构件的其他属性定义见附表 A-11。

附表 A-11　“轨下垫板”构件属性表

序号	字　段	数据格式	单位	说　明	精度等级
1	轨下垫板模型	—	—	轨下垫板模型索引	LOD2.0
2	轨下垫板厚度	实数	mm	轨下垫板厚度	LOD2.0
3	轨下垫板宽度	实数	mm	轨下垫板宽度	LOD2.0
4	轨下垫板长度	实数	mm	轨下垫板长度	LOD2.0
5	轨下垫板垂向静刚度	实数	kN/mm	轨下垫板垂向静刚度	LOD2.0
6	轨下垫板垂向动刚度	实数	kN/mm	轨下垫板垂向动刚度	LOD2.0

A.12 “轨下调高垫板”构件

“轨下调高垫板”构件表示铺轨工程扣件系统中用于进行轨下调高的零部件，当需要进行扣件调高且调高量较小时，可在钢轨下方放入“轨下调高垫板”进行钢轨标高调整，“轨下调高垫板”构件为基本构件。“轨下调高垫板”构件继承“轨道基元”构件的全部属性，此外，“轨下调高垫板”构件的其他属性定义见附表 A-12。

附表 A-12 “轨下调高垫板”构件属性表

序号	字　段	数据格式	单位	说　明	精度等级
1	轨下调高垫板模型	—	—	轨下调高垫板模型索引	LOD2.0
2	轨下调高垫板厚度	实数	mm	轨下调高垫板厚度	LOD2.0
3	轨下调高垫板宽度	实数	mm	轨下调高垫板宽度	LOD2.0
4	轨下调高垫板长度	实数	mm	轨下调高垫板长度	LOD2.0
5	轨下调高垫板垂向静刚度	实数	kN/mm	轨下调高垫板垂向静刚度	LOD2.0
6	轨下调高垫板号数	字符串	—	轨下调高垫板号数，与厚度对应	LOD2.0

A. 13 “基板下垫板”构件

“基板下垫板”构件表示铺轨工程扣件系统中位于基板下方的弹性支撑零部件，为扣件系统提供弹性的另一个部件，“基板下垫板”构件为基本构件。“基板下垫板”构件继承“轨道基元”构件的全部属性，此外，“基板下垫板”构件的其他属性定义见附表 A-13。

附表 A-13 “基板下垫板”构件属性表

序号	字　段	数据格式	单位	说　明	精度等级
1	基板下垫板模型	—	—	基板下垫板模型索引	LOD2.0
2	基板下垫板厚度	实数	mm	基板下垫板厚度	LOD2.0
3	基板下垫板宽度	实数	mm	基板下垫板宽度	LOD2.0
4	基板下垫板长度	实数	mm	基板下垫板长度	LOD2.0
5	基板下垫板垂向静刚度	实数	kN/mm	基板下垫板垂向静刚度	LOD2.0
6	基板下垫板垂向动刚度	实数	kN/mm	基板下垫板垂向动刚度	LOD2.0

A. 14 “基板下调高垫板”构件

“基板下调高垫板”构件表示铺轨工程扣件系统中用于进行基板下调高的零部件，当需要进行扣件调高且调高量较大时，可在基板下垫板的下方放入“基板下调高垫板”进行钢轨轨面标高调整，“基板下调高垫板”构件为基本构件。“基板下调高垫板”构件继承“轨道基元”构件的全部属性，此外，“基板下调高垫板”构件的其他属性定义见附表 A-14。

附表 A-14 “基板下调高垫板”构件属性表

序号	字　段	数据格式	单位	说　明	精度等级
1	基板下调高垫板模型	—	—	基板下调高垫板模型索引	LOD2.0
2	基板下调高垫板厚度	实数	mm	基板下调高垫板厚度	LOD2.0
3	基板下调高垫板宽度	实数	mm	基板下调高垫板宽度	LOD2.0
4	基板下调高垫板长度	实数	mm	基板下调高垫板长度	LOD2.0
5	基板下调高垫板垂向静刚度	实数	kN/mm	基板下调高垫板垂向静刚度	LOD2.0

续上表

序号	字　　段	数据格式	单位	说　　明	精度等级
6	基板下调高垫板号数	字符串	—	基板下调高垫板号数，与厚度对应	LOD2.0

A.15　“螺栓”构件

“螺栓”构件表示铺轨工程中提供紧固作用的零部件之一，是紧固件的组成零件之一，可以用于将扣件垫板锚固于轨枕上，也可以用于将弹条固定于铁座上，或者用于钢轨接头夹板的固定等，可以用于表达任何紧固件的螺栓，“螺栓”构件为基本构件。“螺栓”构件继承“轨道基元”构件的全部属性，此外，“螺栓”构件的其他属性定义见附表A-15。

附表 A-15　“螺栓”构件属性表

序号	字　　段	数据格式	单位	说　　明	精度等级
1	螺栓模型	—	—	螺栓模型索引	LOD2.0
2	螺栓直径	实数	mm	螺栓直径	LOD2.0
3	螺栓长度	实数	mm	螺栓长度	LOD2.0
4	螺栓强度	字符串	Pa	螺栓强度	LOD2.0

A.16　“螺母”构件

“螺母”构件表示铺轨工程中提供紧固作用的零部件之一，是紧固件的组成零件之一，可以用于将扣件垫板锚固于轨枕上，也可以用于将弹条固定于铁座上，或者用于钢轨接头夹板的固定等，可以用于表达任何紧固件的螺母，“螺母”构件为基本构件。“螺母”构件继承“轨道基元”构件的全部属性，此外，“螺母”构件的其他属性定义见附表A-16。

附表 A-16　“螺母”构件属性表

序号	字　　段	数据格式	单位	说　　明	精度等级
1	螺母模型	—	—	螺母模型索引	LOD2.0
2	螺母内部直径	实数	mm	螺母内部直径	LOD2.0
3	螺母厚度	实数	mm	螺母厚度	LOD2.0
4	螺母强度	字符串	Pa	螺母强度	LOD2.0

A.17　“垫圈”构件

“垫圈”构件表示铺轨工程中提供紧固作用的零部件之一，是紧固件的组成零件之一，用于螺母与被紧固体之间，可以用于表达任何紧固件的垫圈，“垫圈”构件为基本构件。“垫圈”构件继承“轨道基元”构件的全部属性，此外，“垫圈”构件的其他属性定义见附表A-17。

附表 A-17 "垫圈"构件属性表

序号	字　段	数据格式	单位	说　明	精度等级
1	垫圈模型	—	—	垫圈模型索引	LOD2.0
2	垫圈内部直径	实数	mm	垫圈内部直径	LOD2.0
3	垫圈厚度	实数	mm	垫圈厚度	LOD2.0
4	垫圈强度	字符串	Pa	垫圈强度	LOD2.0

A.18 "预埋套管"构件

"预埋套管"构件表示铺轨工程中提供紧固作用的零部件之一，是紧固件的组成零件之一，常用于被预埋在主体结构中，配套的螺栓拧入其中后可以将其他构件锚固于主体结构上，"预埋套管"构件为基本构件。"预埋套管"构件继承"轨道基元"构件的全部属性，此外，"预埋套管"构件的其他属性定义见附表 A-18。

附表 A-18 "预埋套管"构件属性表

序号	字　段	数据格式	单位	说　明	精度等级
1	预埋套管模型	—	—	预埋套管模型索引	LOD2.0
2	预埋套管内部直径	实数	mm	预埋套管内部直径	LOD2.0
3	预埋套管长度	实数	mm	预埋套管长度	LOD2.0
4	预埋套管强度	字符串	Pa	预埋套管强度	LOD2.0

A.19 "轨枕"构件

"轨枕"构件表示铺轨工程中的轨枕，可以表达木枕、混凝土枕、宽枕、弹性轨枕等任何的轨枕对象，"轨枕"构件为基本构件。"轨枕"构件继承"轨道基元"构件的全部属性，此外，"轨枕"构件的其他属性定义见附表 A-19。

附表 A-19 "轨枕"构件属性表

序号	字　段	数据格式	单位	说　明	精度等级
1	轨枕位置连续里程	实数	m	轨枕位置的连续里程	LOD2.0
2	轨枕位置里程	字符串	m	轨枕位置里程，含冠号信息	LOD2.0
3	轨枕型号	字符串	—	轨枕型号	LOD2.0
4	轨枕模型	—	—	轨枕模型索引	LOD2.0
5	轨枕高度	实数	mm	轨枕高度	LOD2.0
6	轨枕长度	实数	mm	轨枕长度	LOD2.0
7	轨枕宽度	实数	mm	轨枕宽度	LOD2.0
8	钢筋信息	信息列表	—	钢筋规格、长度等信息列表	LOD2.0
9	是否弹性轨枕	布尔值	—	是否弹性轨枕	LOD2.0

续上表

序号	字　　段	数据格式	单位	说　　明	精度等级
10	预埋套管	对象列表	—	预埋套管索引	LOD2.0
11	凸出高度	实数	mm	轨枕凸出道床面的高度	LOD3.0
12	埋入高度	实数	mm	轨枕埋入道床的高度	LOD3.0

A.20 "道岔"构件

"道岔"构件表示铺轨工程中所有类型的道岔，包含单开道岔、单渡线道岔、交叉渡线及其他特殊道岔，是用于将列车导向到不同方向的轨道结构，"道岔"构件为嵌套型构件，由基本轨、尖轨、辙叉、护轨、滑床板、扣件和轨枕等众多构件组成。"道岔"构件继承"轨排"构件的全部属性，此外，"道岔"构件的其他属性定义见附表 A-20。

附表 A-20 "道岔"构件属性表

序号	字　　段	数据格式	单位	说　　明	精度等级
1	道岔型号	字符串	—	道岔型号	LOD1.0
2	道岔模型	—	—	道岔模型索引	LOD3.0
3	道岔方向	字符串	—	道岔布置的方向	LOD2.0
4	道岔中心连续里程	实数	m	道岔中心连续里程	LOD2.0
5	道岔中心里程	字符串	m	道岔中心里程，含冠号信息	LOD2.0
6	起点连续里程	实数	m	起点连续里程	LOD2.0
7	起点里程	字符串	m	起点里程，含冠号信息	LOD2.0
8	终点连续里程	实数	m	终点连续里程	LOD2.0
9	终点里程	字符串	m	终点里程，含冠号信息	LOD2.0
10	a	实数	m	道岔前长 a	LOD2.0
11	a_1	实数	m	道岔构件自 a 往外延伸的长度	LOD2.0
12	b	实数	m	道岔后长 b	LOD2.0
13	b_1	实数	m	道岔构件自 b 往外延伸的长度	LOD2.0
14	c	实数	m	道岔侧股长 c	LOD2.0
15	c_1	实数	m	道岔构件侧股自 c 往外延伸的长度	LOD2.0
16	尖轨	对象列表	—	尖轨索引列表	LOD3.0
17	基本轨	对象列表	—	基本轨索引列表	LOD3.0
18	辙叉	对象列表	—	辙叉索引列表	LOD3.0
19	护轨	对象列表	—	护轨索引列表	LOD3.0
20	滑床板	对象列表	—	滑床板索引列表	LOD3.0
21	轨撑	对象列表	—	轨撑索引列表	LOD3.0
22	滚轮	对象列表	—	滚轮索引列表	LOD3.0

续上表

序号	字　段	数据格式	单位	说　明	精度等级
23	扣件	对象列表	—	扣件索引列表	LOD3.0
24	轨枕	对象列表	—	轨枕索引列表	LOD3.0
25	其他	对象列表	—	其他子构件索引列表	LOD3.0
26	锁定轨温	实数	℃	当前道岔的锁定轨温	LOD2.0

A.21 "钢轨伸缩调节器"构件

"钢轨伸缩调节器"构件表示铺轨工程中所有类型的钢轨伸缩调节器，包含单向伸缩调节器、双向伸缩调节器等，是用于释放无缝线路应力的轨道结构，"钢轨伸缩调节器"构件为嵌套型构件，由尖轨、基本轨、扣件、轨枕和一体化抬轨器等构件组成。"钢轨伸缩调节器"构件继承"轨道基元"构件的全部属性，此外，"钢轨伸缩调节器"构件的其他属性定义见附表 A-21。

附表 A-21 "钢轨伸缩调节器"构件属性表

序号	字　段	数据格式	单位	说　明	精度等级
1	钢轨伸缩调节器型号	字符串	—	钢轨伸缩调节器型号	LOD1.0
2	钢轨伸缩调节器模型	—	—	钢轨伸缩调节器模型索引	LOD3.0
3	钢轨伸缩调节器方向	字符串	—	钢轨伸缩调节器布置的方向	LOD3.0
4	钢轨伸缩调节器中心连续里程	实数	m	钢轨伸缩调节器中心连续里程	LOD2.0
5	钢轨伸缩调节器中心里程	字符串	m	钢轨伸缩调节器中心里程，含冠号信息	LOD2.0
6	起点连续里程	实数	m	起点连续里程	LOD2.0
7	起点里程	字符串	m	起点里程，含冠号信息	LOD2.0
8	终点连续里程	实数	m	终点连续里程	LOD2.0
9	终点里程	字符串	m	终点里程，含冠号信息	LOD2.0
10	a	实数	m	钢轨伸缩调节器前长 a	LOD2.0
11	a_1	实数	m	钢轨伸缩调节器构件自 a 往外延伸的长度	LOD2.0
12	b	实数	m	钢轨伸缩调节器后长 b	LOD2.0
13	b_1	实数	m	钢轨伸缩调节器构件自 b 往外延伸的长度	LOD2.0
14	尖轨	对象列表	—	尖轨索引列表	LOD3.0
15	基本轨	对象列表	—	基本轨索引列表	LOD3.0
16	轨撑	对象列表	—	轨撑索引列表	LOD3.0
17	扣件	对象列表	—	扣件索引列表	LOD3.0
18	轨枕	对象列表	—	轨枕索引列表	LOD3.0
19	一体化抬轨器	对象	—	一体化抬轨器索引	LOD3.0

续上表

序号	字　段	数据格式	单位	说　明	精度等级
20	其他	对象列表	—	其他子构件索引列表	LOD3.0
21	桥梁	对象	—	所处的桥梁对象的索引	LOD3.0
22	锁定轨温	实数	℃	当前钢轨伸缩调节器的锁定轨温	LOD2.0

A.22　“一体化抬轨器”构件

“一体化抬轨器”构件表示铺轨工程中特大桥梁上梁缝较大处，用于加密轨道轨枕，提高轨道结构及钢轨伸缩调节器平顺性的设备，与钢轨伸缩调节器集成为一体化的结构，“一体化抬轨器”构件为嵌套型构件，由钢梁、钢枕、活动铰及紧固件等构件组成。“一体化抬轨器”构件继承“轨道基元”构件的全部属性，此外，“一体化抬轨器”构件的其他属性定义见附表 A-22。

附表 A-22　“一体化抬轨器”构件属性表

序号	字　段	数据格式	单位	说　明	精度等级
1	一体化抬轨器型号	字符串	—	一体化抬轨器型号	LOD3.0
2	一体化抬轨器模型	—	—	一体化抬轨器模型索引	LOD3.0
3	一体化抬轨器中心连续里程	实数	m	一体化抬轨器中心连续里程	LOD3.0
4	一体化抬轨器中心里程	字符串	m	一体化抬轨器中心里程，含冠号信息	LOD3.0
5	钢梁	对象列表	—	钢梁索引列表	LOD3.0
6	钢枕	对象列表	—	钢枕索引列表	LOD3.0
7	活动铰	对象列表	—	活动铰索引列表	LOD3.0
8	紧固件	对象列表	—	紧固件索引列表	LOD3.0
9	其他	对象列表	—	其他构件索引列表	LOD3.0

A.23　“尖轨”构件

“尖轨”构件表示铺轨工程中的一种特殊钢轨，用于道岔、钢轨伸缩调节器或者伸缩接头中，“尖轨”构件为基本构件。“尖轨”构件继承“轨道基元”构件的全部属性，此外，“尖轨”构件的其他属性定义见附表 A-23。

附表 A-23　“尖轨”构件属性表

序号	字　段	数据格式	单位	说　明	精度等级
1	尖轨型号	字符串	—	尖轨型号	LOD3.0
2	尖轨模型	—	—	尖轨模型索引	LOD3.0
3	尖轨长度	实数	m	尖轨长度	LOD3.0
4	尖轨轨型	字符串	—	尖轨轨型	LOD3.0

A. 24 “基本轨”构件

“基本轨”构件表示铺轨工程中的一种特殊钢轨，用于道岔、钢轨伸缩调节器中，“基本轨”构件为基本构件。“基本轨”构件继承“轨道基元”构件的全部属性，此外，“基本轨”构件的其他属性定义见附表 A-24。

附表 A-24 “基本轨”构件属性表

序号	字　段	数据格式	单位	说　明	精度等级
1	基本轨型号	字符串	—	基本轨型号	LOD3.0
2	基本轨模型	—	—	基本轨模型索引	LOD3.0
3	基本轨长度	实数	m	基本轨长度	LOD3.0
4	基本轨轨型	字符串	—	基本轨轨型	LOD3.0

A. 25 “辙叉”构件

“辙叉”构件表示铺轨工程中的一种特殊钢轨件，用于道岔中满足车辆在不同的线路交叉点实现双向通行的功能要求，“辙叉”构件为基本构件。“辙叉”构件继承“轨道基元”构件的全部属性，此外，“辙叉”构件的其他属性定义见附表 A-25。

附表 A-25 “辙叉”构件属性表

序号	字　段	数据格式	单位	说　明	精度等级
1	辙叉型号	字符串	—	辙叉型号	LOD3.0
2	辙叉模型	—	—	辙叉模型索引	LOD3.0
3	辙叉长度	实数	m	辙叉长度	LOD3.0
4	辙叉角度	字符串	°	辙叉角度	LOD3.0

A. 26 “护轨”构件

“护轨”构件表示铺轨工程中的一种特殊钢轨件，主要用于道岔中，设置于固定辙叉范围基本轨侧，用于防止转向架和轮对脱轨，“护轨”构件为基本构件。“护轨”构件继承“轨道基元”构件的全部属性，此外，“护轨”构件的其他属性定义见附表 A-26。

附表 A-26 “护轨”构件属性表

序号	字　段	数据格式	单位	说　明	精度等级
1	护轨型号	字符串	—	护轨型号	LOD3.0
2	护轨模型	—	—	护轨模型索引	LOD3.0
3	护轨长度	实数	m	护轨长度	LOD3.0
4	护轨高度	实数	mm	护轨高度	LOD3.0
5	护轨轨型	字符串	—	护轨轨型	LOD3.0

A. 27 “滑床板”构件

“滑床板”构件表示铺轨工程中的一种特殊垫板，主要用于道岔中，设置于活动的尖轨下方，用于支撑尖轨并为尖轨的左右滑动提供平整平台，“滑床板”构件为基本构件。“滑床板”构件继承“轨道基元”构件的全部属性，此外，“滑床板”构件的其他属性定义见附表 A-27。

附表 A-27 “滑床板”构件属性表

序号	字 段	数据格式	单位	说 明	精度等级
1	滑床板型号	字符串	—	滑床板型号	LOD3.0
2	滑床板模型	—	—	滑床板模型索引	LOD3.0
3	滑床板长度	实数	mm	滑床板长度	LOD3.0
4	滑床板宽度	实数	mm	滑床板宽度	LOD3.0
5	滑床板高度	实数	mm	滑床板高度	LOD3.0
6	滑床板强度	实数	Pa	滑床板强度	LOD3.0

A. 28 “轨撑”构件

“轨撑”构件表示铺轨工程中的一种特殊钢轨稳定构件，主要用于道岔和钢轨伸缩调节器中，设置于道岔转辙器和辙叉区域，或者设置于钢轨伸缩调节器的基本轨伸缩区域，用于为基本轨、护轨等提供稳定的横向支撑，“轨撑”构件为基本构件。“轨撑”构件继承“轨道基元”构件的全部属性，此外，“轨撑”构件的其他属性定义见附表 A-28。

附表 A-28 “轨撑”构件属性表

序号	字 段	数据格式	单位	说 明	精度等级
1	轨撑型号	字符串	—	轨撑板型号	LOD3.0
2	轨撑模型	—	—	轨撑模型索引	LOD3.0
3	轨撑强度	实数	Pa	轨撑强度	LOD3.0

A. 29 “滚轮”构件

“滚轮”构件表示铺轨工程中的一种特殊钢轨支撑构件，主要用于道岔中，设置于道岔转辙器和辙叉区域的尖轨滑床板位置，用于为尖轨的左右滑动减少阻力并提供稳定的水平支撑，“滚轮”构件为基本构件。“滚轮”构件继承“轨道基元”构件的全部属性，此外，“滚轮”构件的其他属性定义见附表 A-29。

附表 A-29 “滚轮”构件属性表

序号	字 段	数据格式	单位	说 明	精度等级
1	滚轮型号	字符串	—	滚轮型号	LOD3.0

续上表

序号	字　段	数据格式	单位	说　明	精度等级
2	滚轮模型	—	—	滚轮模型索引	LOD3.0
3	滚轮强度	实数	Pa	滚轮强度	LOD3.0

A.30 "钢梁"构件

"钢梁"构件表示铺轨工程中的一种特殊支撑构件，一般集成于钢轨伸缩调节器之中的一体化抬轨器，位于特殊大跨度桥梁的梁端大梁缝处，用于支撑梁缝处的活动钢枕，"钢梁"构件为基本构件。"钢梁"构件继承"轨道基元"构件的全部属性，此外，"钢梁"构件的其他属性定义见附表 A-30。

附表 A-30 "钢梁"构件属性表

序号	字　段	数据格式	单位	说　明	精度等级
1	钢梁型号	字符串	—	钢梁型号	LOD3.5
2	钢梁模型	—	—	钢梁模型索引	LOD3.5
3	钢梁长度	实数	mm	钢梁长度	LOD3.5
4	钢梁高度	实数	mm	钢梁高度	LOD3.5
5	钢梁宽度	实数	mm	钢梁宽度	LOD3.5
6	钢梁强度	实数	Pa	钢梁强度	LOD3.5

A.31 "钢枕"构件

"钢枕"构件表示铺轨工程中的一种特殊轨枕构件，一般集成于钢轨伸缩调节器之中的一体化抬轨器，位于特殊大跨度桥梁的梁端大梁缝处，是一种活动的轨枕，由钢梁支撑，用于支撑梁缝处的钢轨，"钢枕"构件为基本构件。"钢枕"构件继承"轨道基元"构件的全部属性，此外，"钢枕"构件的其他属性定义见附表 A-31。

附表 A-31 "钢枕"构件属性表

序号	字　段	数据格式	单位	说　明	精度等级
1	钢枕型号	字符串	—	钢枕型号	LOD3.5
2	钢枕模型	—	—	钢枕模型索引	LOD3.5
3	钢枕长度	实数	mm	钢枕长度	LOD3.5
4	钢枕高度	实数	mm	钢枕高度	LOD3.5
5	钢枕宽度	实数	mm	钢枕宽度	LOD3.5
6	钢枕强度	实数	Pa	钢枕强度	LOD3.5

A.32 “活动铰”构件

“活动铰”构件表示铺轨工程中的一种特殊机械构件，一般集成于钢轨伸缩调节器之中的一体化抬轨器，位于特殊大跨度桥梁的梁端大梁缝处，是一种根据梁缝宽度改变可活动的铰结构，连接钢梁和钢枕，用于支撑梁缝处的活动钢枕，“活动铰”构件为基本构件。“活动铰”构件继承“轨道基元”构件的全部属性，此外，“活动铰”构件的其他属性定义见附表 A-32。

附表 A-32 “活动铰”构件属性表

序号	字 段	数据格式	单位	说 明	精度等级
1	活动铰型号	字符串	—	活动铰型号	LOD3.5
2	活动铰模型	—	—	活动铰模型索引	LOD3.5
3	活动铰高度	实数	mm	活动铰高度	LOD3.5
4	活动铰强度	实数	Pa	活动铰强度	LOD3.5

A.33 “碎石道床”构件

“碎石道床”构件表示轨道工程中有砟轨道的道床结构，可以为道床面层、道床底层或者线间的洼垄填砟层，位于轨排下方用于包裹和支撑轨排，为轨排提供竖向和横向支撑，保持轨排平顺和稳定，“碎石道床”构件为基本构件。“碎石道床”构件继承“轨道基元”构件的全部属性，此外，“碎石道床”构件的其他属性定义见附表 A-33。

附表 A-33 “碎石道床”构件属性表

序号	字 段	数据格式	单位	说 明	精度等级
1	起点连续里程	实数	m	碎石道床的起点的连续里程	LOD2.0
2	终点连续里程	实数	m	碎石道床的终点的连续里程	LOD2.0
3	起点里程	字符串	m	碎石道床的起点里程	LOD2.0
4	终点里程	字符串	m	碎石道床的终点里程	LOD2.0
5	碎石道床类型	字符串	—	类型，可以为道床面层、道床底层或者线间的洼垄填砟层等	LOD2.0
6	碎石道床模型	—	—	碎石道床模型索引	LOD3.0
7	道床枕下高度	实数	mm	道床枕下高度	LOD2.0
8	道床顶面宽度	实数	mm	道床顶面宽度	LOD2.0
9	边坡	实数	—	边坡	LOD2.0
10	砟肩宽度	实数	mm	砟肩宽度	LOD2.0
11	砟肩堆高	实数	mm	砟肩堆高	LOD2.0
12	道砟等级	字符串	—	道砟等级，特级、一级、底砟等	LOD2.0
13	道床断面	—	—	道床断面索引	LOD2.0

A. 34 “轨道板”构件

“轨道板”构件表示轨道工程中无砟轨道的工厂预制类轨道板，位于轨排下方用于包裹和支撑轨排，为轨排提供竖向和横向支撑，保持轨排平顺和稳定，“轨道板”构件为基本构件。“轨道板”构件继承“轨道基元”构件的全部属性，此外，“轨道板”构件的其他属性定义见附表 A-34。

附表 A-34 “轨道板”构件属性表

序号	字　段	数据格式	单位	说　明	精度等级
1	起点连续里程	实数	m	轨道板的起点的连续里程	LOD2.0
2	终点连续里程	实数	m	轨道板的终点的连续里程	LOD2.0
3	起点里程	字符串	m	轨道板的起点里程	LOD2.0
4	终点里程	字符串	m	轨道板的终点里程	LOD2.0
5	轨道结构类型	字符串	—	轨道板所适用的轨道结构类型	LOD3.0
6	轨道板型号	字符串	—	轨道板型号	LOD3.0
7	轨道板模型	—	—	轨道板模型索引	LOD3.0
8	轨道板高度	实数	mm	轨道板高度	LOD3.0
9	轨道板宽度	实数	mm	轨道板宽度	LOD3.0
10	轨道板长度	实数	mm	轨道板长度	LOD3.0
11	钢筋信息	对象列表	—	钢筋规格、长度等信息列表	LOD3.0
12	预埋套管	对象列表	—	预埋套管索引	LOD3.0
13	控制点列表	坐标列表	—	每个轨道板 5 个关键控制点列表，坐标列表	LOD3.0

A. 35 “道床板”构件

“道床板”构件表示轨道工程中无砟轨道的现浇道床板，位于轨排下方用于包裹和支撑轨排，为轨排提供竖向和横向支撑，保持轨排平顺和稳定，“道床板”构件为基本构件。“道床板”构件继承“轨道基元”构件的全部属性，此外，“道床板”构件的其他属性定义见附表 A-35。

附表 A-35 “道床板”构件属性表

序号	字　段	数据格式	单位	说　明	精度等级
1	起点连续里程	实数	m	道床板的起点的连续里程	LOD2.0
2	终点连续里程	实数	m	道床板的终点的连续里程	LOD2.0
3	起点里程	字符串	m	道床板的起点里程	LOD2.0
4	终点里程	字符串	m	道床板的终点里程	LOD2.0
5	轨道结构类型	字符串	—	道床板所适用的轨道结构类型	LOD3.0

续上表

序号	字　段	数据格式	单位	说　明	精度等级
6	道床板型号	字符串	—	道床板型号	LOD3.0
7	道床板模型	—	—	道床板模型索引	LOD3.0
8	道床板高度	实数	mm	道床板高度	LOD3.0
9	道床板宽度	实数	mm	道床板宽度	LOD3.0
10	道床板长度	实数	mm	道床板长度	LOD3.0
11	道床板断面	—	—	道床板断面索引	LOD3.0
12	钢筋信息	对象列表	—	钢筋规格、长度等信息列表	LOD3.0
13	控制点列表	坐标列表	—	每个轨道板 14 个关键控制点列表，坐标列表	LOD3.0

A.36 “隔离层”构件

“隔离层”构件表示轨道工程中分层式无砟轨道用于隔离底座与上部结构的结构层，一般位于道床板或者自密实混凝土与底座之间，“隔离层”构件为嵌套型构件，由隔离布、填充体和橡胶垫层等组成。“隔离层”构件继承“轨道基元”构件的全部属性，此外，“隔离层”构件的其他属性定义见附表 A-36。

附表 A-36 “隔离层”构件属性表

序号	字　段	数据格式	单位	说　明	精度等级
1	起点连续里程	实数	m	隔离层的起点的连续里程	LOD2.0
2	终点连续里程	实数	m	隔离层的终点的连续里程	LOD2.0
3	起点里程	字符串	m	隔离层的起点里程	LOD2.0
4	终点里程	字符串	m	隔离层的终点里程	LOD2.0
5	轨道结构类型	字符串	—	隔离层所适用的轨道结构类型	LOD3.0
6	隔离布	对象	—	隔离布索引，一般为土工布或者橡胶薄层	LOD3.0
7	填充体	对象列表	—	填充体索引，一般为泡沫板	LOD3.0
8	橡胶垫层	对象列表	—	橡胶垫层索引	LOD3.0
9	隔离层模型	—	—	隔离层模型索引	LOD3.0
10	隔离层厚度	实数	mm	隔离层厚度	LOD3.0
11	隔离层宽度	实数	mm	隔离层宽度	LOD3.0
12	隔离层长度	实数	mm	隔离层长度	LOD3.0

A.37 “隔离布”构件

“隔离布”构件表示轨道工程中分层式无砟轨道所用隔离层中的隔离布构件，可以为土工布或其他材料的制作的薄层隔离结构，“隔离布”构件为基本构件。“隔离布”构件继承“轨道基元"构件的全部属性,此外,"隔离布"构件的其他属性定义见附表 A-37。

附表 A-37 "隔离布"构件属性表

序号	字　段	数据格式	单位	说　明	精度等级
1	起点连续里程	实数	m	隔离布的起点的连续里程	LOD2.0
2	终点连续里程	实数	m	隔离布的终点的连续里程	LOD2.0
3	起点里程	字符串	m	隔离布的起点里程	LOD2.0
4	终点里程	字符串	m	隔离布的终点里程	LOD2.0
5	轨道结构类型	字符串	—	隔离布所适用的轨道结构类型	LOD3.0
6	隔离布模型	—	—	隔离布模型索引	LOD3.0
7	隔离布厚度	实数	mm	隔离布厚度	LOD3.0
8	隔离布宽度	实数	mm	隔离布宽度	LOD3.0
9	隔离布长度	实数	mm	隔离布长度	LOD3.0

A.38 "填充体"构件

"填充体"构件表示轨道工程中无砟轨道所用隔离层或者伸缩缝结构中的填充体构件,"填充体"构件为基本构件。"填充体"构件继承"轨道基元"构件的全部属性,此外,"填充体"构件的其他属性定义见附表 A-38。

附表 A-38 "填充体"构件属性表

序号	字　段	数据格式	单位	说　明	精度等级
1	轨道结构类型	字符串	—	填充体所适用的轨道结构类型	LOD3.0
2	填充体模型	—	—	填充体模型索引	LOD3.0
3	填充体厚度	实数	mm	填充体厚度	LOD3.0
4	填充体宽度	实数	mm	填充体宽度	LOD3.0
5	填充体长度	实数	mm	填充体长度	LOD3.0

A.39 "橡胶垫层"构件

"橡胶垫层"构件表示轨道工程中无砟轨道所用隔离层或者伸缩缝结构中的弹性垫层构件,"橡胶垫层"构件为基本构件。"橡胶垫层"构件继承"轨道基元"构件的全部属性,此外,"橡胶垫层"构件的其他属性定义见附表 A-39。

附表 A-39 "橡胶垫层"构件属性表

序号	字　段	数据格式	单位	说　明	精度等级
1	轨道结构类型	字符串	—	橡胶垫层所适用的轨道结构类型	LOD3.0

续上表

序号	字　段	数据格式	单位	说　明	精度等级
2	橡胶垫层模型	—	—	橡胶垫层模型索引	LOD3.0
3	橡胶垫层厚度	实数	mm	橡胶垫层厚度	LOD3.0
4	橡胶垫层宽度	实数	mm	橡胶垫层宽度	LOD3.0
5	橡胶垫层长度	实数	mm	橡胶垫层长度	LOD3.0

A.40 "调整层"构件

"调整层"构件表示轨道工程中分层式无砟轨道用于调整和消除无砟轨道高度误差的结构层，一般位于道床板与底座之间，比如CRTSⅢ型板式无砟轨道的自密实混凝土层、CRTSⅠ型板式无砟轨道的CA砂浆层、CRTSⅡ型板式无砟轨道的现浇层等，"调整层"构件为基本构件。"调整层"构件继承"轨道基元"构件的全部属性，此外，"调整层"构件的其他属性定义见附表A-40。

附表 A-40 "调整层"构件属性表

序号	字　段	数据格式	单位	说　明	精度等级
1	起点连续里程	实数	m	调整层的起点的连续里程	LOD2.0
2	终点连续里程	实数	m	调整层的终点的连续里程	LOD2.0
3	起点里程	字符串	m	调整层的起点里程	LOD2.0
4	终点里程	字符串	m	调整层的终点里程	LOD2.0
5	轨道结构类型	字符串	—	调整层所适用的轨道结构类型	LOD3.0
6	钢筋信息	对象列表	—	钢筋规格、长度等信息列表	LOD3.0
7	调整层断面	—	—	调整层断面索引	LOD3.0
8	调整层模型	—	—	调整层模型索引	LOD3.0
9	调整层厚度	实数	mm	调整层厚度	LOD3.0
10	调整层宽度	实数	mm	调整层宽度	LOD3.0
11	调整层长度	实数	mm	调整层长度	LOD3.0

A.41 "底座"构件

"底座"构件表示轨道工程中分层式无砟轨道最下层的结构支撑层，用于支撑上面的道床轨道结构、分散上部荷载到线下基础，比如CRTSⅢ型板式无砟轨道的底座层、CRTSⅠ型板式无砟轨道的底座、CRTSⅡ型板式无砟轨道的底座层、CRTS双块式无砟轨道的底座层或者支承层等，"底座"构件为基本构件。"底座"构件继承"轨道基元"构件的全部属性，此外，"底座"构件的其他属性定义见附表A-41。

附表 A-41 "底座"构件属性表

序号	字　段	数据格式	单位	说　明	精度等级
1	起点连续里程	实数	m	底座的起点的连续里程	LOD2.0
2	终点连续里程	实数	m	底座的终点的连续里程	LOD2.0
3	起点里程	字符串	m	底座的起点里程	LOD2.0
4	终点里程	字符串	m	底座的终点里程	LOD2.0
5	轨道结构类型	字符串	—	底座所适用的轨道结构类型	LOD3.0
6	钢筋信息	对象列表	—	钢筋规格、长度等信息列表	LOD3.0
7	底座断面	—	—	底座断面索引	LOD3.0
8	底座模型	—	—	底座模型索引	LOD3.0
9	底座厚度	实数	mm	底座厚度	LOD3.0
10	底座宽度	实数	mm	底座宽度	LOD3.0
11	底座长度	实数	mm	底座长度	LOD3.0
12	控制点列表	坐标列表	—	每个轨道板 12 个关键控制点列表，坐标列表	LOD3.0

A. 42 "连接件"构件

"连接件"构件表示无砟轨道中各种结构层间的连接设施，用于提高轨道结构的整体性和稳定性，比如底座与线下基础结构之间的连接钢筋、胀锚螺栓等，或者底座与底座之间的传力杆、剪力铰等，"连接件"构件为基本构件。"连接件"构件继承"轨道基元"构件的全部属性，此外，"连接件"构件的其他属性定义见附表 A-42。

附表 A-42 "连接件"构件属性表

序号	字　段	数据格式	单位	说　明	精度等级
1	连续里程	实数	m	连接件所处位置的连续里程	LOD3.0
2	里程	字符串	m	连接件所处位置的里程	LOD3.0
3	组成信息	对象列表	—	连接件组成信息列表	LOD3.0
4	连接件模型	—	—	连接件模型索引	LOD3.0
5	连接件长度	实数	mm	连接件长度	LOD3.0
6	连接件直径	实数	mm	连接件直径	LOD3.0

A. 43 "伸缩缝"构件

"伸缩缝"构件表示无砟轨道中钢筋混凝土结构的伸缩缝构造，用于分割混凝土结构为合适的分块，"伸缩缝"构件为嵌套型构件，一般由填充体、密封胶、界面剂等组成。"伸缩缝"构件继承"轨道基元"构件的全部属性，此外，"伸缩缝"构件的其他属性定义见附表 A-43。

附表 A-43 “伸缩缝”构件属性表

序号	字　段	数据格式	单位	说　明	精度等级
1	连续里程	实数	m	伸缩缝所处位置的连续里程	LOD3.0
2	里程	字符串	m	伸缩缝所处位置的里程	LOD3.0
3	填充体	对象	—	填充体构件索引	LOD3.0
4	密封胶	对象	—	密封胶构件索引	LOD3.0
5	界面剂	对象	—	界面剂构件索引	LOD3.0
6	伸缩缝模型	—	—	伸缩缝模型索引	LOD3.0
7	伸缩缝长度	实数	mm	伸缩缝长度	LOD3.0
8	伸缩缝宽度	实数	mm	伸缩缝宽度	LOD3.0
9	伸缩缝高度	实数	mm	伸缩缝高度	LOD3.0

A.44 “密封胶”构件

“密封胶”构件表示无砟轨道中用于密封伸缩缝的密封结构，“密封胶”构件为基本型构件。“密封胶”构件继承“轨道基元”构件的全部属性，此外，“密封胶”构件的其他属性定义见附表 A-44。

附表 A-44 “密封胶”构件属性表

序号	字　段	数据格式	单位	说　明	精度等级
1	密封胶模型	—	—	密封胶模型索引	LOD3.0
2	密封胶宽度	实数	mm	密封胶宽度	LOD3.0
3	密封胶高度	实数	mm	密封胶高度	LOD3.0

A.45 “界面剂”构件

“界面剂”构件表示无砟轨道中用于伸缩缝中加强密封胶与结构黏结力的涂料对象，“界面剂”构件为基本型构件。“界面剂”构件继承“轨道基元”构件的全部属性，此外，“界面剂”构件的其他属性定义见附表 A-45。

附表 A-45 “界面剂”构件属性表

序号	字　段	数据格式	单位	说　明	精度等级
1	界面剂模型	—	—	界面剂模型索引	LOD3.0
2	界面剂厚度	实数	mm	界面剂厚度	LOD3.0
3	界面剂高度	实数	mm	界面剂高度	LOD3.0

A.46 “减振垫”构件

“减振垫”构件表示轨道工程中设置于道床板下方用于轨道结构减振及隔振的弹性垫层

设备,“减振垫”构件为基本型构件。“减振垫”构件继承“轨道基元”构件的全部属性,此外,“减振垫”构件的其他属性定义见附表A-46。

附表A-46 “减振垫”构件属性表

序号	字　段	数据格式	单位	说　明	精度等级
1	起点连续里程	实数	m	减振垫的起点的连续里程	LOD2.0
2	终点连续里程	实数	m	减振垫的终点的连续里程	LOD2.0
3	起点里程	字符串	m	减振垫的起点里程	LOD2.0
4	终点里程	字符串	m	减振垫的终点里程	LOD2.0
5	角点1坐标	坐标	m	角点1坐标	LOD3.0
6	角点2坐标	坐标	m	角点2坐标	LOD3.0
7	角点3坐标	坐标	m	角点3坐标	LOD3.0
8	角点4坐标	坐标	m	角点4坐标	LOD3.0
9	减振垫模型	—	—	减振垫模型索引	LOD3.0
10	减振垫厚度	实数	mm	减振垫厚度	LOD3.0
11	减振垫宽度	实数	mm	减振垫宽度	LOD3.0
12	减振垫长度	实数	mm	减振垫长度	LOD3.0
13	刚度	实数	kN/mm	刚度	LOD3.0
14	阻尼	实数	N·s/m	阻尼	LOD3.0

附录B　无砟轨道施工数据成果输出示例数据诸表

附表为无砟轨道施工数据成果输出的示例数据,其格式应符合2.5.3中的相关格式要求。其中附表B-1为无砟轨道轨排数据清单示例数据表,附表B-2为CRTS双块式无砟道床数据清单示例数据表,附表B-3为无砟轨道底座数据清单示例数据表。

附表B-1　无砟轨道轨排数据清单示例数据表

序号	1	道床材质	C40
模型名称	轨排DK0+053.116～DK0+749.126-左线	道床板块数	108
构件名称	CRTS双块式无砟轨道轨排	道床板钢筋	HRB400-ϕ20-21;HRB400-ϕ16-26
钢轨名称	60N	底座体积/m³	669.57
扣件名称	WJ-8B	底座材质	C40
轨枕名称	SK-2	底座块数	36
每公里轨枕根数	1 667	底座钢筋	HRB400-ϕ20-35;HRB400-ϕ16-26
起点里程	DK0+053.116	隔离层	1 942
终点里程	DK0+749.126	EBS编码	1.0101E+14

续上表

长度/m	696.01	IFD 专业领域编码	22-219113
轨枕根数	1 072	IFD 功能单项编码	51-011000
扣件套数	2 144	IFD 形式单项编码	52-012020
道床体积/m³	523.55	IFD 构件编码	53—107400

附表 B-2　CRTS 双块式无砟道床数据清单示例数据表

序　号	1	2
模型名称	双块式道床 DK0+744.11～DK0+749.115	双块式道床 DK0+739.085～DK0+744.09
构件名称	路基双块式道床	路基双块式道床
厚度/mm	260	260
宽度/mm	2 800	2 800
长度/mm	5 005	5 005
顶面横坡/%	2,2	2,2
道床体积/m³	3.809 1	3.809 1
道床材料	C40	C40
适用铁路等级	高速铁路	高速铁路
钢筋列表	HRB400-ϕ20-0.5;HRB400-ϕ16-0.6	HRB400-ϕ20-0.5;HRB400-ϕ16-0.6
起点里程	DK0+053.116	DK0+059.126
终点里程	DK0+059.126	DK0+064.126
节点 1_x	494 732.137 564	494735.415 582
节点 1_y	3 685 195.036 264	3 685 198.837 297
节点 1_z	16.281 182	16.281 182
节点 2_x	494 732.137 564	494 735.415 582
节点 2_y	3 685 195.036 264	3 685 198.837 297
节点 2_z	16.026 026	16.026 026
节点 3_x	494 732.175 372	494 735.453 523
节点 3_y	3 685 195.003 544	3 685 198.804 732
节点 3_z	16.034 026	16.034 026
节点 4_x	494 734.216 983	494 737.502 319
节点 4_y	3 685 193.236 676	3 685 197.046 200
节点 4_z	16.034 026	16.034 026
节点 5_x	494 734.254 791	494 737.540 259
节点 5_y	3 685 193.203 956	3 685 197.013 634
节点 5_z	16.026 026	16.026 026
节点 6_x	494 734.254 791	494 737.540 259

续上表

节点 6_y	3 685 193. 203 956	3 685 197. 013 634
节点 6_z	16. 281 182	16. 281 182
节点 7_x	494 733. 196 177	494 736. 477 921
节点 7_y	3 685 194. 120 110	3 685 197. 925 466
节点 7_z	16. 309 182	16. 309 182
节点 8_x	494 728. 860 071	494 732. 150 652
节点 8_y	3 685 191. 255 425	3 685 195. 051 387
节点 8_z	16. 281 182	16. 281 182
节点 9_x	494 728. 860 071	494 732. 150 652
节点 9_y	3 685 191. 255 425	3 685 195. 051 387
节点 9_z	16. 026 026	16. 026 026
节点 10_x	494 728. 897 848	494 732. 188 460
节点 10_y	3 685 191. 222 670	3 685 195. 018 667
节点 10_z	16. 034 026	16. 034 026
节点 11_x	494 730. 937 778	494 734. 230 071
节点 11_y	3 685 189. 453 861	3 685 193. 251 799
节点 11_z	16. 034 026	16. 034 026
节点 12_x	494 730. 975 554	494 734. 267 878
节点 12_y	3 685 189. 421 105	3 685 193. 219 079
节点 12_z	16. 026 026	16. 026 026
节点 13_x	494 730. 975 554	494 734. 267 878
节点 13_y	3 685 189. 421 105	3 685 193. 219 079
节点 13_z	16. 281 182	16. 281 182
节点 14_x	494 729. 917 813	494 733. 209 265
节点 14_y	3 685 190. 338 265	3 685 194. 135 233
节点 14_z	16. 309 182	16. 309 182
轨排编码	23f17079-7b79-46fb-b6e8-056fd6ffad65	23f17079-7b79-46fb-b6e8-056fd6ffad65
EBS 编码	01010103010402	01010103010402
IFD 专业领域编码	22-219113	22-219113
IFD 功能单项编码	51-011000	51-011000
IFD 形式单项编码	52-012020	52-012020
IFD 构件编码	53-107420	53-107420

附表 B-3　无砟轨道底座数据清单示例数据表

序　号	1	2
模型名称	双块式底座 DK0+734.06～DK0+749.115	双块式底座 DK0+716.126～DK0+734.04
构件名称	路基双块式道床	路基双块式道床
厚度/mm	296	296
宽度/mm	3 400	3 400
长度/mm	15 055	17 914
顶面横坡/%	16	16
底坡/%	0	0
底座体积/m^3	14.396 7	17.218 0
底座材料	C40	C40
适用铁路等级	高速铁路	高速铁路
钢筋列表	HRB400-ϕ20-2.5；HRB400-ϕ16-2.6	HRB400-ϕ20-2.5；HRB400-ϕ16-2.6
起点里程	DK0+053.116	DK0+059.126
终点里程	DK0+059.126	DK0+064.126
节点 1_x	494 741.038 397	494 752.579 123
节点 1_y	3 685 200.642 596	3 685 214.402 088
节点 1_z	15.974 026	15.974 026
节点 2_x	494 741.038 397	494 752.579 123
节点 2_y	3 685 200.642 596	3 685 214.402 088
节点 2_z	15.734 026	15.734 026
节点 3_x	494 738.449 227	494 749.958 093
节点 3_y	3 685 202.846 275	3 685 216.567 775
节点 3_z	15.734 026	15.734 026
节点 4_x	494 738.449 227	494 749.958 093
节点 4_y	3 685 202.846 275	3 685 216.567 775
节点 4_z	15.974 026	15.974 026
节点 5_x	494 738.715 759	494 750.227 905
节点 5_y	3 685 202.619 425	3 685 216.344 837
节点 5_z	16.030 026	16.030 026
节点 6_x	494 740.771 864	494 752.309 311
节点 6_y	3 685 200.869 445	3 685 214.625 026
节点 6_z	16.030 026	16.030 026
节点 7_x	494 731.202 213	494 741.051 359
节点 7_y	3 685 189.224 571	3 685 200.657 826
节点 7_z	15.974 026	15.974 026
节点 8_x	494 731.202 213	494 741.051 359

续上表

节点 8_y	3 685 189. 224 571	3 685 200. 657 826
节点 8_z	15. 734 026	15. 734 026
节点 9_x	494 728. 633 412	494 738. 462 190
节点 9_y	3 685 191. 451 960	3 685 202. 861 505
节点 9_z	15. 734 026	15. 734 026
节点 10_x	494 728. 633 412	494 738. 462 190
节点 10_y	3 685 191. 451 960	3 685 202. 861 505
节点 10_z	15. 974 026	15. 974 026
节点 11_x	494 728. 897 848	494 738. 728 722
节点 11_y	3 685 191. 222 670	3 685 202. 634 656
节点 11_z	16. 030 026	16. 030 026
节点 12_x	494 730. 937 778	494 740. 784 827
节点 12_y	3 685 189. 453 861	3 685 200. 884 675
节点 12_z	16. 030 026	16. 030 026
轨排编码	23f17079-7b79-46fb-b6e8-056fd6ffad65	23f17079-7b79-46fb-b6e8-056fd6ffad65
EBS 编码	1010103010401	1010103010401
IFD 专业领域编码	22-219113	22-219113
IFD 功能单项编码	51-011000	51-011000
IFD 形式单项编码	52-012020	52-012020
IFD 构件编码	53-107450	53-107450

参考文献

[1] 赵昂. BIM 技术在计算机辅助建筑设计中的应用初探[D]. 重庆：重庆大学，2006.

[2] 清华大学软件学院 BIM 课题组. 中国建筑信息模型标准框架研究[J]. 土木建筑工程信息技术，2010，2(2)：1-5.

[3] 何关培. 实现 BIM 价值的三大支柱：IFC/IDM/IFD[J]. 土木建筑工程信息技术，2011，3(1)：108-116.

[4] 辛颖. 日本 BIM 导则及其应用研究[D]. 广州：华南理工大学，2018.

[5] 贺灵童. BIM 在全球的应用现状[J]. 工程质量，2013，31(3)：12-19.

[6] 欧阳东，王春光，曹颖，等. 新加坡 BIM 技术应用考察报告[J]. 建筑技艺，2016，250(7)：92-95.

[7] 建设部信息化工作领导小组. 建设事业信息化“十五”计划[J]. 智能建筑，2004(3)：7-13.

[8] 马智亮. BIM 技术及其在中国的应用问题和对策[J]. 土木建筑工程信息技术，2014(4)：12-15.

[9] 中华人民共和国住房和城乡建设部. 2011—2015 年建筑业信息化发展纲要[J]. 中国勘察设计，2011，225(6)：52-57.

[10] 中华人民共和国住房和城乡建设部. 2016—2020 年建筑业信息化发展纲要[J]. 中国勘察设计，2016，289(10)：22-25.

[11] 中国铁路总公司工程管理中心. 中国铁路 BIM 技术研发和应用框架[J]. 铁路技术创新，2014(2)：8-12.

[12] 李华良，杨绪坤，王长进，等. 中国铁路 BIM 标准体系框架研究[J]. 铁路技术创新，2014(2)：12-17.

[13] 国家铁路局. 铁路工程信息模型统一标准：TB/T 10183—2021[S]. 北京：中国铁道出版社有限公司，2021.

[14] 张雪才. BIM 技术在铁路设计行业的应用研究[J]. 铁路技术创新，2014(5)：14-18.

[15] 张雪才. 铁路行业站前专业 BIM 应用技术探讨[J]. 铁路技术创新，2014(2)：18-22.

[16] 杨咏漪，徐勇，陈列. 沪昆客专北盘江特大桥 BIM 应用研究[J]. 铁路技术创新，2014(5)：54-58.

[17] 国家铁路局. 铁路建设项目预可行性研究、可行性研究和设计文件编制办法：TB 10504—2018[S]. 北京：中国铁道出版社，2018.

[18] 中国铁路 BIM 联盟. 铁路工程实体结构分解指南(1.0 版)[J]. 铁路技术创新，2014(6)：5-334.

[19] 刘大园，姚力，庞玲. 基于 BIM 的铁路轨道工程三维数字化设计构想[J]. 高速铁路技术，2013(6)：9-13.

[20] 中国铁路 BIM 联盟. 铁路工程信息模型交付精度标准(1.0 版)[J]. 铁路技术创新，2018(1)：9-127.

[21] 中国铁路 BIM 联盟. 基于信息模型的铁路工程施工图设计文件编制办法[J]. 铁路技术创新，2017(6)：108-180.

[22] 中国铁路 BIM 联盟. 铁路工程数量标准格式编制指南(试行)[J]. 铁路技术创新，2018(3)：11-270.

[23] 国家铁路局. 高速铁路设计规范：TB 10621—2014[S]. 北京：中国铁道出版社，2014.

[24] 国家铁路局. 铁路轨道设计规范：TB 10082—2017[S]. 北京：中国铁道出版社，2017.

[25] 司守奎. 数学建模算法与应用[M]. 北京：国防工业出版社，2015.
[26] 杜江，孟香惠，施保昌，等. 一种改进的分支定界法算法[J]. 数学杂志，1998(s1)：55-58.
[27] 王粉兰. 非线性整数规划问题的若干新算法[D]. 上海：上海大学，2006.
[28] 胡运权. 运筹学基础与应用[M]. 北京：高等教育出版社，2004.
[29] IBM. 什么是人工智能？[DB/OL]. https://www.ibm.com/cn-zh/cloud/learn/what-is-artificial-intelligence.
[30] 刘喆. 铁路隧道智能建造技术的发展与应用[J]. 现代隧道技术，2019，56(s2)：550-556.
[31] 唐光宇，谭懿滨，梁配义. 图像识别技术在货物列车车号识别中的应用[J]. 铁道运营技术，1999(1)：8-11，19.
[32] 佐佐木君章. 状态监测维修的发展动向及铁路应用[J]. 刘丽杰，译. 国外铁道机车与动车，2020，470(2)：45-47.
[33] 张宁，路红英，张海滨，等. 基于人工智能的铁路车辆自动判别方法的研究[J]. 铁道学报，2000(6)：46-49.
[34] 严鹏，廖峪，陈伟庚，等. 图像智能识别技术在高速铁路基础设施检测中的应用[J]. 中国铁路，2019，689(11)：109-113.

高速铁路基础研究与技术创新丛书

第一期(16 册)

(一)基础理论与基础技术系列

高速铁路散体道床宏细观力学行为 赵春发 翟婉明 张 徐 著

ISBN 978-7-113-28857-0

高速铁路线路系统动力学 龙许友 时 瑾 王英杰 编著

ISBN 978-7-113-28997-3

高速铁路弓网关系研究 韩通新 著

ISBN 978-7-113-28941-6

(二)动车组系列

高速列车轻量化设计 李 明 伊召锋 米莉艳 等编著

ISBN 978-7-113-28972-0

(三)供电系列

高速铁路受电弓 韩通新 编著

ISBN 978-7-113-28975-1

高速铁路接触网检测技术 韩通新 著

ISBN 978-7-113-28961-4

(四)工程设计系列

高速铁路桥梁抗震设计 陈兴冲 张永亮 编著

ISBN 978-7-113-28964-5

高速铁路轨道工程 BIM 正向设计软件开发与实践 姚 力 刘大园 董凤翔 等编著

ISBN 978-7-113-28934-8

(五)工程施工与组织系列

高速铁路桥梁 BIM 技术研究与实践 盛黎明 苏 伟 刘延宏 宋树峰 编著

ISBN 978-7-113-28938-6

高速铁路岩溶路基边坡变形与稳定 白明洲 师 海 田 岗 等编著

ISBN 978-7-113-28880-8

高速铁路工程地质灾害超前预报图形判别和解译 李 忠 郝娜娜 等编著

ISBN 978-7-113-28935-5

(六)通信与列控系列

高速铁路宽带无线信道测量与建模技术 周 涛 何睿斯 艾 渤 编著

ISBN 978-7-113-28930-0

(七)测量与检测系列

(八)高铁运营与经济系列

高速铁路社会效益研究——基于时空经济分析 李红昌 夏璇璇 著

ISBN 978-7-113-28942-3

(九)现代信息技术系列

高速铁路物联网技术 史天运 孙 鹏 张惟皎 陈瑞凤 编著

ISBN 978-7-113-29029-0

(十)安全·健康·维护系列

高速铁路道砟飞溅机理及防治 高 亮 石顺伟 殷 浩 著

ISBN 978-7-113-28906-5

高速列车多目标均衡综合节能技术 张 雷 李 明 司志强 等编著

ISBN 978-7-113-28976-8